中国能源产业品牌建设分析报告 2023

Analysis Report on Brand Building of China's Energy Industry 2023

绿能星
GREEN ENERGY STAR

能源品牌师

510 EBW
510中国品牌日
能源产业品牌宣传周

中国品牌日
CHINA BRAND DAY

中国能源研究会能源产业品牌研究与发展分会　中国能源产业发展网
能鸣品牌咨询管理（北京）有限公司　北京韬能咨询顾问有限公司
编著

中国经济出版社
CHINA ECONOMIC PUBLISHING HOUSE
·北京·

图书在版编目（CIP）数据

中国能源产业品牌建设分析报告．2023 / 中国能源研究会能源产业品牌研究与发展分会等编著．-- 北京：中国经济出版社，2024.5

ISBN 978-7-5136-7757-8

Ⅰ．①中… Ⅱ．①中… Ⅲ．①能源工业 - 产业发展 - 研究 - 中国 - 2023 Ⅳ．① F426.2

中国国家版本馆 CIP 数据核字（2024）第 090355 号

责任编辑　高晓晔
责任印制　马小宾
封面设计　任燕飞工作室

出版发行　中国经济出版社
印 刷 者　北京富泰印刷有限责任公司
经 销 者　各地新华书店
开　　本　710mm × 1000mm　1/16
印　　张　16
字　　数　275 千字
版　　次　2024 年 5 月第 1 版
印　　次　2024 年 5 月第 1 次
定　　价　198.00 元
广告经营许可证　京西工商广字第 8179 号

中国经济出版社　**网址** http://epc.sinopec.com/epc/　**社址** 北京市东城区安定门外大街 58 号　**邮编** 100011
本版图书如存在印装质量问题，请与本社销售中心联系调换（联系电话：010-57512564）

联系方式

电话：010–53526198

邮箱：ppyjzx2022@163.com

序

党的十八大以来，党中央、国务院高度重视品牌发展工作，自2017年起，将每年5月10日设立为“中国品牌日”。习近平总书记强调，“要推动中国制造向中国创造转变、中国速度向中国质量转变、中国产品向中国品牌转变”，要“强化品牌意识”“做强做大民族品牌”。2023年2月，中共中央、国务院印发《质量强国建设纲要》，提出品牌建设要取得更大进展，要形成一大批质量过硬、优势明显的中国品牌，要办好中国品牌日系列活动，全方位展示品牌发展最新成果及加强宣传推广和传播，讲好中国品牌故事。

能源是经济社会发展的重要物质基础和动力源泉，也是工业的粮食、国民经济的命脉，保障能源安全关乎国家长治久安，综合实力和竞争力提升。习近平总书记提出“四个革命、一个合作”能源安全新战略，为中国能源高质量发展指明了方向。我国是世界上最大的能源生产国和消费国，电力、光伏等多个产业规模全球领先。近年来，我国能源技术装备的创新能力不断增强，一大批品质优良、具有自主知识产权的装备投入运行，这既保障了我国能源长期安全稳定，又为能源技术装备产品走向海外，参与“一带一路”国际合作奠定了基础。中国能源产业从深耕国内到扬帆出海，品牌建设成果卓著、誉满全球。

中国能源研究会能源产业品牌研究与发展分会是能源品牌专业研究机构，自成立以来，围绕能源品牌开展了一系列相关活动。2023年5月6—12日举办了“510中国品牌日·能源产业品牌宣传周”活动，打造能源品牌嘉年华，在业界获得了广泛的影响。同时，中国能源研究会广泛征集了能源产业品牌建设成果，经过层层筛选，在活动中发布“2023能源产业品牌成果典型案例100”。本书基于已征集的案例，结合能源产业品牌建设背景，提出我国开展能源品牌建设的必要性，梳理了我国能源品牌建设的成就，也分析了能源品牌建设存在的不足，以案例形式展示了重点省市地区、重点能源企业的品牌建设现状和取得的成就，并提出相关建议。本书对于能源企业强化品牌建设意识，优化能源品牌建设措施，推动我国建设能源强国、品牌强国和质量强国具有重要参考意义。

我们身处在一个伟大的时代，应该有伟大的产业和伟大的企业，更呼唤名扬四海的品牌。与消费品等其他产业打造了诸多享誉世界的著名品牌不同，目前，我国能源产业品牌建设还处于起步阶段，存在认识不统一、重视程度不够、发展不平衡等问题，能源产业品牌建设任重道远。在新的发展阶段，能源产业需要高质量推进品牌建设，进一步提升品牌竞争力。

一是要将品牌建设提上重要议程，不断提升品牌意识。品牌是企业参与市场竞争的核心资源，是企业迈向世界的通行证。品牌建设是产业和企业适应市场竞争的需要。在高质量发展、畅通国内国际双循环的当下，品牌能够为高质量发展提供持续动力，因此，品牌建设被国家日益重视并提上日程。我们要让中国的能源品牌拥有与其国际贡献度相匹配的国际话语权和品牌影响力。

二是要将质量提升作为根本，不断夯实品牌根基。我们要加快发展先进制造业，推动制造业高端化、智能化、绿色化发展，推动互联网、大数据、人工智能同实体经济深度融合，推动先进制造业和现代服务业深度融合，推动我国从制造大国迈向制造强国。

三是要以科技创新赋能，不断擦亮品牌成色。科技自立自强是国家强盛之基、安全之要。具有自主知识产权的核心技术，既是企业的“命门”所在，也是品牌竞争力的源头活水。虽然我国目前积累了大量的能源技术储备，但是部分技术仍然存在壁垒。新型能源体系的建设需要构建能源技术创新体系，加快新能源、储能等重点领域技术研发投入，同时，依托大数据、云计算、物联网等先进信息技术，推动能源产业与数字技术融合发展。

四是搭建平台讲好故事，组织传播品牌声音。5月10日是中国品牌日，是我国品牌发展和建设宣传展示的重要日子，中国能源研究会高度重视品牌建设，推出了一系列与品牌有关的活动，为塑造我国能源产业品牌搭建平台，为能源企业品牌建设创造契机，旨在营造重视品牌、追求品牌、争创品牌的良好社会氛围，展现可信、可爱、可敬的能源产业品牌形象。“可信”展示的是企业与产品的科技实力与公信力，“可爱”展示的是服务的温度，“可敬”展示的是企业和企业家的责任感。

中国能源研究会能源产业品牌研究与发展分会将继续发挥能源品牌高端智库作用，努力为构建清洁低碳、安全高效的能源体系作出应有的贡献，推进我国能源产业品牌建设和价值提升，为产业“减碳”，为发展“增绿”，为品牌“赋能”，为幸福“加满”，为我国建设质量强国、品牌强国、能源强国奉献力量。

中国能源研究会理事长　史玉波

2023 年 12 月

编写说明

《质量强国建设纲要》指出，建设质量强国是推动高质量发展、促进我国经济由大向强转变的重要举措，是满足人民美好生活需要的重要途径。到2025年，中国品牌影响力稳步提升，要“形成一大批质量过硬、优势明显的中国品牌”；到2035年，质量强国建设基础更加牢固，先进质量文化蔚然成风，“质量和品牌综合实力达到更高水平”。

品牌是企业乃至国家竞争力的综合体现，是实现质量强国的关键要素。能源关乎国计民生，是国民经济发展的重要支柱和动力源泉。能源产业践行质量强国、品牌强国战略对我国打造能源强国尤为重要。目前，尽管我国能源品牌建设已取得较大成就，但是我国能源领域存在知名品牌数量不多、区域品牌发展不平衡、在激烈的市场竞争中发展后劲不足等问题。因此，我国能源产业需要营造推动品牌建设的良好环境，完善品牌建设相关机制，深化品牌建设能力，提高品牌全生命周期管理运营水平，推动品牌价值评价和结果应用，形成一大批质量过硬的中国品牌。

基于此，中国能源研究会能源产业品牌研究与发展分会在中国能源研究会指导下，就质量强国、能源强国、“双碳”目标、品牌卓著几大战略方针展开研究。本书从我国能源产业品牌建设、行业能源品牌建设、企业品牌建设三个方面展开，研究我国能源品牌建设取得的成效和经验，分析其存在的不足，介绍了能源品牌建设典型案例，旨在为能源品牌建设提供参考，进一步提高能源企业对品牌建设的重视程度，打造更多国际一流能源品牌。

第一章介绍了我国品牌建设概况，梳理了我国品牌建设发展阶段，以增强对我国品牌发展历史的理解；介绍了中国品牌日等里程碑事件和重要举措，从战略层面提出我国推动品牌建设的重要性；介绍了中国能源研究会能源产业品牌研究与发展分会对能源品牌建设所发挥的重要推动作用。

第二章介绍了我国能源品牌建设的背景和必要性，分析了本书采用的主要研究方法和研究创新。

第三章介绍了品牌建设的基本理论，阐述了能源品牌与流通品牌的差异，提出了能源品牌建设的基本观点。

第四章介绍了我国能源品牌建设取得的成效和经验，从技术、项目、服务、人物、文化、责任等角度构建能源品牌立体形象，包括通过技术创新和生态引领建设技术品牌；通过示范工程打造项目品牌；通过提供“以客户为中心”的优质服务建设服务品牌；通过能源企业卓越团队踔厉奋发建设人物品牌；通过特色能源文化和精神特质塑造文化品牌；通过社会责任体系构建塑造责任品牌；通过能源企业国际交流合作塑造国际品牌等内容。

第五章针对我国能源品牌建设普遍存在的不足进行分析，论述导致品牌建设不足的影响因素，以便于为改善我国能源品牌建设现状提供参考。

第六章以案例形式从不同维度介绍我国能源品牌建设情况。一方面，介绍了我国特色省（区）市及园区能源品牌建设状况，从5个清洁能源示范大省（区）、10个能源转型大省（区）、30个特色城市和7个园区中选取案例进行研究，分析其在清洁能源示范省（区）市创建和能源转型过程中的品牌定位和政策规划，树立品牌的举措和取得的成效。总结不同区域能源品牌建设的经验，为其他省（区）市能源品牌建设提供借鉴。另一方面，本章选取了多个具有代表性的能源企业案例进行研究，了解企业品牌建设现状和取得的成效，为其他能源企业品牌建设提供参考。同时，本章介绍了能源行业特有的标志性奖项“绿能星”评奖情况，以及“绿能星”品牌内涵。

第七章针对区域能源品牌建设、行业能源品牌建设、企业能源品牌建设中存在的不足，提出优化能源品牌建设的建议，包括顶层设计品牌发展战略、优化能源品牌管理方式、拓展品牌传播方式和途径、全面提升品牌资产价值、强化品牌实施保障等内容。

第八章介绍我国能源品牌建设机遇和发展趋势，展望能源品牌发展前景。

总之，在我国提出“增品种、提品质、创品牌”，打造走向世界的“中国品牌”，建设世界一流企业，推动中国经济高质量发展的恢宏背景下，中国能源品牌迎来重大战略机遇期。塑造更多国际领先能源品牌，抢占世界能源产业发展制高点，是国家对当代能源企业的内在要求，也是赋予能源企业的光荣使命。本书通过定性分析与定量分析相结合、案例分析等方法针对中国能源产业品牌建设进行研究，对于丰富能源品牌理论丛林，填补研究空白具有重要理论意义；对于强化以能源品牌战略引领企业高质量发展、以企业高质量发展支撑品牌建设、不断增强品牌建设的内生动力，做大做强企业意义重大；为建设质量强国、品牌强国、能源强国提供有益的借鉴。

《中国能源产业品牌建设分析报告》编辑部

2023年12月

CONTENTS

目录

第一章

我国品牌建设概述

一、我国品牌建设基本概况

（一）品牌发展初级阶段

品牌是企业宝贵的资产，是国家文化和综合实力的集中体现。正如英国作家诺曼·道格拉斯所说："透过广告，可以发现一个国家的理想。"源远流长的中华品牌文化是我国优秀传统文化的瑰宝。"六必居"（1530 年）、"王致和"（1669 年）、"全聚德"（1864 年）是食品老字号，"同仁堂"（1669 年）是医药老字号，"老凤祥"（1848 年）是珠宝老字号，这些老字号蕴含着中华优秀传统文化精工细作、精益求精的工匠精神，诚实守信、以义取利的商业哲学，以德服人、仁术仁风的社会价值观，祈求吉祥安康、追求幸福美满的美好心愿。例如，明朝"中和烟铺"（1644 年）中的"和"蕴含"以和为贵""和而不同"的中华传统文化理念。1949 年中华人民共和国成立以后，我国非常重视品牌建设工作，出台一系列法律推动品牌健康发展。1950 年 7 月 28 日，我国发布了《商标注册暂行条例》，这是新中国成立后第一部比较完备的商标法规。1950 年 8 月 28 日公布《商标注册暂行条例施行细则》。1957 年，国务院同意并转发《中央工商行政管理局关于实行商标全面注册的意见》，我国开始实行商标强制注册制度。1963 年，国务院公布了《商标管理条例》和施行细则，要求未使用注册商标的商品不得出厂销售。1982 年全国人大常务委员会通过《中华人民共和国商标法》，这是我国内地的第一部知识产权法律。

此后，我国多次对商标法进行修改并重新公布。

随着我国商标法律的不断完善，品牌数量不断激增。改革开放以来，全聚德、便宜坊、内联升、王麻子等众多老字号品牌迎来新生。1989年，“同仁堂”被国家工商行政管理局授予全国第一个“中国驰名商标”称号。此外，“同仁堂”成为中国第一个申请马德里国际注册的商标、大陆第一个在台湾申请注册的商标。茅台、云南白药、红旗汽车、波司登等高端品牌成为中国老百姓心中的国民品牌。进入千禧年后，我国在科技、汽车、家电、食品饮料、泛家居、美妆日化、服饰、奢侈品等领域涌现出大量新生代品牌。华为、美的、海尔、小米、伊利、安踏、格力、蒙牛、石头以及光明成为2022年中国新国货品牌前10名。虽然经历被国外强势品牌打压、收购的阵痛，但凭借熟悉本土文化、产业链和价格优势，中国本土品牌绝地反击走出一条独具特色的发展之路，并逐渐融入世界。

（二）“一带一路”中国品牌出海阶段

“一带一路”（The Belt and Road）是“丝绸之路经济带”和“21世纪海上丝绸之路”的简称。2013年9月和10月由中国国家主席习近平分别提出建设“新丝绸之路经济带”和“21世纪海上丝绸之路”的合作倡议。

“一带一路”倡议在传承中国古代丝绸之路商贸合作和文化交流的基础上，充分利用世界经济全球化发展的契机，建设全球政治互信、经济融合、文化包容的利益共同体、命运共同体和责任共同体，推动共建国家和地区的经济发展，带来了贸易大增长。2023年10月10日，国务院新闻办公室举行《共建“一带一路”：构建人类命运共同体的重大实践》白皮书新闻发布会。该白皮书指出：“截至2023年6月底，中国与五大洲的150多个国家、30多个国际组织签署了200多份共建‘一带一路’合作文件，形成一大批标志性项目和惠民生的‘小而美’项目。”“一带一路”不仅推动了商贸往来，也促进了各国品牌文化交流。随着更多的中国商品进入海外市场，中国品牌成为中国产业技术实力和国家影响力的主要代言人，逐渐走到世界舞台中心。

（三）我国品牌“三个转变”阶段

1.“三个转变”理论提出

进入21世纪，随着经济全球化不断深入，品牌已经成为全球经济和科技竞争的制高点，是企业乃至国家核心竞争力的重要标志和集中体现。我国作为全球重要的商品生产国和销售国，高度重视品牌建设工作，提出新时代品牌建设重要理论，指导我国品牌发展实践。2014 年 5 月 10 日，习近平总书记在中铁工程装备集团有限公司考察时，作出“推动中国制造向中国创造转变、中国速度向中国质量转变、中国产品向中国品牌转变”的重要指示，为中国产业发展提供新思路。

2.“三个转变”具有重大指导意义和时代意义

（1）实现“三个转变”是企业高质量发展的必由之路

近几年，我国企业改革发展取得重大进展，规模和实力明显提升，发展活力持续增强，很多企业已经步入世界一流企业阵列。但是与主要工业发达国家和我国制造强国目标相比，还有很多企业面临生产经营模式粗犷单一、自主创新能力不强、核心竞争力不足、盈利能力弱、品牌价值不高等难题。从竞争角度而言，制造大国与制造强国的根本区别就在于质量。我国要跻身世界制造强国行列，在全球产业链价值链中居于高端地位，实现产业高质量发展是关键。基于此背景，我国推出“三个转变”是加速推动从数量扩张向质量提高的战略性转变，是企业做强、做优、做大，建设世界一流企业的必由之路。这就要求现代制造企业必须增强自主创新能力，摆脱过去那种主要依靠资源等要素投入推动经济增长的模式，推动中国速度向中国质量转变，着力提升质量和效益，推动我国经济由高速增长转向高质量发展，更好地满足人民多方面日益增长的需求。

（2）实现“三个转变”是建设现代化强国的必然要求

建设社会主义现代化强国是我国长期以来的奋斗目标，是全国各族人民的共同期待。我国提出中国制造向中国创造转变、中国速度向中国质量转变、中国产品向中国品牌转变的发展思路，有利于集中全国人民的智慧，加强理论研究和实践探索，凸显现代先进科技在工程制造、工业制造、流程再造中的基础性、关键性、支撑性作用，打造示范性重点工程，提升产品的科技含量和质量，制定产业标准，占据产业话语权制高点，增加产品美誉度，打造更多享誉世界的中国品牌。

（3）实现“三个转变”是树立中国新形象的必然选择

《国家发展改革委等部门关于新时代推进品牌建设的指导意见》中明确提出：“支持大型骨干企业融入国家形象塑造，参与国际重大交流活动，传递中国品牌理念，不断增强全球消费者对中国制造、中国建造、中国服务的品牌认同。”党的二十大报告提出：“坚守中华文化立场，提炼展示中华文明的精神标识和文化精髓，加快构建中国话语和中国叙事体系，讲好中国故事、传播好中国声音，展现可信、可爱、可敬的中国形象。”企业要发挥中国特色品牌作为中华优秀传统文化传承发展的重要载体作用，不断提升品牌公信力、美誉度、品牌规则制定能力和话语权，讲述中国故事，传播中国理念，树立至信、至爱、至尊、至善、至美的中国品牌新形象。

（四）《质量强国建设纲要》有关品牌建设要求

质量是产品竞争的关键所在，是品牌建设的基本要素。高质量发展成为提升我国产业竞争力、品牌竞争力的有效途径。2023 年 2 月，中共中央、国务院印发《质量强国建设纲要》，并发出通知，要求各地区各部门结合实际认真贯彻落实。品牌是宝贵的无形资产，是企业综合实力和经济高质量发展的重要体现，是实现质量强国的关键要素和内在支撑。《质量强国建设纲要》提出：“到 2025 年，质量整体水平进一步全面提高，中国品牌影响力稳步提升；到 2035 年，质量强国建设基础更加牢固，先进质量文化蔚然成风，质量和品牌综合实力达到更高水平。”质量强国建设目标的提出为我国产业发展规划了美好愿景，带来了发展动力。未来，中国在质量强国道路上必将走出一片广阔天地。

《质量强国建设纲要》指出：“争创国内国际知名品牌，完善品牌培育发展机制，开展中国品牌创建行动，打造中国精品和‘百年老店’；鼓励企业实施质量品牌战略，建立品牌培育管理体系，深化品牌设计、市场推广、品牌维护等能力建设，提高品牌全生命周期管理运营能力；开展品牌理论、价值评价研究，完善品牌价值评价标准，推动品牌价值评价和结果应用；统筹开展中华老字号和地方老字号认定，完善老字号名录体系；持续办好‘中国品牌日’系列活动；支持企业加强品牌保护和维权，依法严厉打击品牌仿冒、商标侵权等违法行为，为优质品牌企业发展创造良好环境。”《质量强国建设纲要》为我国品牌建设工作贯彻实施提供了新路径，指导全社会以创立品牌为出发点，各有侧重，通力合作，打造国际知名品牌，实现品牌强国目标。

《质量强国建设纲要》还提出：“要打造区域质量发展示范工程、重点产品质量阶梯攀升工程、建设工程质量管理升级工程、服务品质提升工程、中国品牌建设工程、质量基础设施升级增效工程、质量安全监督筑堤工程。”这些政策举措为我国质量提升和品牌建设提供了参考依据，有助于打造示范工程，树立特色品牌典范。

二、我国品牌建设重要举措

（一）制定品牌文化发展战略

中国品牌是中华民族优秀思想理念、价值观念、传统美德、人文精神和独特审美的集中体现，是中华优秀传统文化传承发展的重要载体，对于推进文化自信自强和建立社会主义先进文化意义重大。2022 年 7 月 29 日，《国家发展改革委等部门关于新时代推进品牌建设的指导意见》中明确提出：“要积极推动中华文化元素融入中国品牌，深度挖掘中华老字号文化、非物质文化遗产、节庆文化精髓，彰显中国品牌文化特色。推进地域文化融入品牌建设，弘扬地域生态、自然地理、民族文化等特质。培育兼容产业特性、现代潮流和乡土特色、民族风情的优质品牌。”由此可以看出，中国优秀文化与品牌互相成就，相得益彰。中国优秀文化滋养中国特色品牌，反过来，中国特色品牌彰显中国优秀文化。

（二）设定中国品牌日

我国高度重视品牌建设，出台多项举措推动品牌不断向好发展。2016 年 6 月，国务院印发了《关于发挥品牌引领作用推动供需结构升级的意见》，提出设立“中国品牌日”，旨在提高大众对中国品牌建设的重视程度，并积极参与品牌建设。2017 年 4 月 24 日，国务院正式批复国家发展改革委《关于设立“中国品牌日”的请示》，同意自 2017 年起，将每年 5 月 10 日设定为“中国品牌日”。中共中央、国务院在其发布的《关于开展质量提升行动的指导意见》中明确要求，着力打造中国品牌。2018 年 3 月 21 日，国家发展改革委等七部门联合发布中国品牌日标识（见图 1.1）。

图 1.1　中国品牌日标识

百度百科对“中国品牌日”词条标识释义进行了详细解释：“中国品牌日

标识整体为一由篆书‘品’字为核心的三足圆鼎形中国印。‘品’字一方面体现中国品牌日的‘品牌’核心理念，昭示开启品牌发展新时代；另一方面蕴含‘品级、品质、品位’之意，象征品牌引领经济向高质量发展。‘鼎’是中华文明的见证，是立国重器、庆典礼器、地位象征。以鼎作为中国品牌日标识符号要素，象征品牌发展是兴国之策、富国之道、强国之法，彰显中国品牌声誉大名鼎鼎，中国品牌承诺一言九鼎，中国品牌发展迈向鼎盛之时。‘印章’是我国传统文化的代表，是易货的凭证、信誉的标记、权力的象征。以印章作为中国品牌日标识符号要素，体现了中国品牌信守承诺。”中国品牌日标识设计颇具特色，在大众心中呈现了生动形象的品牌印象，既蕴含传统文化的典雅之美，也表现出“鼎”大国重器的力量之美，彰显了中国以品牌立足，成就中国繁荣富强、民族复兴伟业的发展理念。

（三）中国品牌日确定为世界品牌日

联合国发展署统计显示，全球 20% 的知名品牌占据了 80% 的市场份额，标志着全球已经进入品牌时代。我国高度重视品牌建设，自 2014 年“三个转变”重要指示提出以来，在品牌建设理论研究方面不断探索，形成了系统的品牌建设评价体系，并将这些研究成果应用到全球品牌建设评价体系中。2014 年，ISO 中央秘书处正式批准成立“国际标准化组织品牌评价技术委员会（ISO/TC 289）”，中国担任秘书国家。

根据中国品牌建设促进会理事长刘平均介绍，我国对世界品牌评价的贡献具体表现在四个方面。

一是中国联合美国国家标准化机构（ANSI）、德国国家标准化机构（DIN），创新了“品牌价值发展理论”，获得了世界各国的支持。中国的贡献是提出了“质量”和“服务”两个评价指标，德国补充了“技术创新”，美国补充了“无形资产”，加上已有的“有形资产”，形成了“五要素”品牌价值评价理论体系，得到世界各国的支持与认可。

二是在“五要素”理论的基础上，中国和美国向国际标准化组织（ISO）提交联合提案，推动成立国际标准化组织品牌评价技术委员会，并获得支持。

三是由中国、奥地利牵头，会同各成员国家，以“五要素”理论为核心的品牌评价国际主标准 ISO：20671《品牌评价　原则与基础》于 2019 年正式颁布实施，为国际品牌评价提供了标准依据。2023 年 4 月，由中国担任项目组长制定的分类评价国际标准《品牌评价第 3 部分：与地理标志相关品牌评价指南》（ISO 20671-3：2023）国际标准发布，为国际农业区域品牌建设提供了标准依据。

四是由中国主导，美国、英国联合发起成立“国际品牌科学院”，遵照品牌评价的国际标准，为各国建立品牌评价标准体系和发布机制与价值评价发布体系。

鉴于中国在全球品牌评价理论体系、标准体系、评价发布体系方面为全球品牌建设作出的突出贡献，2023 年 12 月 1 日召开的国际标准化组织品牌评价技术委员会（ISO/TC 289）第九次全体会议通过决议，将中国品牌日 5 月 10 日确定为世界品牌日。

中国品牌日晋升为世界品牌日，充分彰显了世界对中国品牌的认可，也将推动中国品牌建设工作不断开创新局面，引领世界进入品牌高质量发展新时代。

三、我国品牌建设权威专业行业组织机构

（一）中国品牌建设促进会

中国品牌建设促进会（以下简称“品促会”）英文名称“China Council for Brand Development”，英文简称“CCBD”。品促会于 2013 年 6 月 18 日在北京正式成立。中国品牌建设促进会是由全国品牌建设领域及相关领域的企事业单位、科研院所、大专院校、品牌创新科研单位、优秀产品及产业单位、相关社会团体和知名专家学者、优秀科技工作者及高级管理人才自愿组成，旨在促进中国品牌建设事业发展和提高产品质量的全国性、非营利性社会团体组织，隶属于国家市场监督管理总局。品促会致力于国家品牌建设和提升产品质量的各项工作；发挥好政府与企事业单位、大专院校、科研机构间的桥梁与纽带作用。近些年，品促会举办了多场品牌传播活动，开展品牌发展战略研究、品牌的培育与建设工作，提升机构的影响力，推动我国品牌建设高质量发展。中国品牌建设促进会为中国品牌建设作出了突出贡献，是中国品牌对接国际的重要平台。

2014 年至 2019 年刘平均理事长主持并参与了国际主标准 ISO：20671《品牌评价　原则与基础》的制定和颁布。该项国际标准作为品牌评价的主标准，规定品牌评价的基础和原则，明确品牌评价过程的整体框架，是中国、美国、

德国等国共同提出的品牌价值“五要素”创新发展理论的重大成果。

2016 年由刘平均牵头编著的《品牌价值发展理论》一书先行出版，书中阐述了品牌价值“五要素”（质量要素、服务要素、创新要素、有形要素、无形要素）的科学性、先进性与关联性。《品牌价值发展理论》一书基于产业、质量、服务视角系统阐述品牌构成基本要素以及各要素关系，搭建了现阶段我国品牌建设的基本框架，对我国品牌建设产生了深远影响。

（二）中国能源研究会品牌分会

中国能源研究会于 1981 年 1 月成立，是由从事能源科学技术的相关企事业单位、社会团体和科技工作者自愿结成的全国性、学术性、非营利性社会组织。中国能源研究会接受业务主管单位中国科学技术协会、社团登记管理机关民政部的业务指导和监督管理。作为中国能源领域最具影响力的学术团体之一，中国能源研究会聚焦能源产业，围绕国家需求，搭建能源相关领域高端智库平台，开展研究、咨询、交流、服务，如，政策研究、标准制定、科技评估、学术交流等，为中国能源产业发展积极贡献智慧和力量。

近年来，中国能源研究会高度重视能源产业品牌发展，于 2022 年 3 月成立了“能源产业品牌研究与传播中心”（专业部门）。中国工程院院士刘吉臻，中国品牌建设促进会理事长刘平均，中国能源研究会监事长、国家能源局原总工程师韩水，国家发展改革委能源研究所原所长韩文科等领导专家，以及来自国家电网有限公司、中国长江三峡集团有限公司、中国广核集团有限公司等能源国企央企和相关机构负责品牌的专业人士出席了成立仪式。

刘吉臻院士在致辞中强调：“我国的能源产业还没有形成与实力相匹配的品牌影响力，能源产业的品牌意识应切实提高；能源产业的品牌建设，任重道远，但也意味着空间巨大，潜力无限；中国能源研究会成立了能源产业品牌研究与传播中心，代表我们能源产业也有了品牌研究、评价体系建设的专业机构，填补了国内空白。”[①] 由此可以看出，我国能源产业品牌建设面临现实挑战，但是未来发展前景广阔。中国能源研究会能源产业品牌研究与传播中心的成立对我国能源品牌建设意义重大。

2023 年，中国能源研究会为进一步推动能源产业品牌建设和发展，充分发挥品牌价值链推动产业发展的作用，营造引领能源产业高质量发展走品牌化道路的良好氛围，经第八届常务理事会第九次会议决定正式成立中国能源

① 徐建华 . 品牌赋能　源头加速［N］. 中国质量报，2022-04-07.

研究会“能源产业品牌研究与发展分会”（以下简称“中国能源研究会品牌分会”），作为中国能源研究会分支机构运行管理。中国能源研究会邀请了品牌界、能源界的行业协会 / 学会、高校专家教授、能源主流企业等相关机构组建了第一届委员会，于 2023 年 8 月 9 日在京召开第一届委员会第一次全体会议并投票选举出了主任委员、副主任委员，提名并聘任了秘书长、常务副秘书长、副秘书长。

中国能源研究会品牌分会以“打造产业品牌价值链、提升发展核心竞争力”为定位，以“引领能源产业发展走品牌化道路”为使命，以“引导企业对品牌建设重要性的认知和发挥品牌价值推动产业发展的优势，营造引领产业高质量发展走品牌化道路的良好氛围，搭建‘产、学、研、用’高端交流平台与企业宣传推广窗口”为宗旨，开展能源产业品牌建设工作。第一届领导班子分别来自中国石油化工集团有限公司、国家电网有限公司、国家能源投资集团有限责任公司、中国南方电网有限责任公司、四川省能源协会、山东省电力行业协会、北京工业大学、中国工业报社、环球网、中国能源产业发展网等机构的品牌相关专业人员。在中国能源研究会的领导下，中国能源研究会品牌分会将紧密依托和团结各位委员和行业专家，秉承中国能源研究会品牌分会的宗旨，紧跟国家和能源行业发展战略，围绕品牌意识和理论科普、品牌研究咨询、品牌发展学术交流、品牌建设培训、品牌发展调研等开展工作，发挥平台智库的应有作用，为中国能源产业品牌建设培养专业人才；为能源产业搭建思想荟萃、交流合作的平台，促进企业品牌建立理念创新和管理创新；为企业搭建品牌建设创新成果展示的舞台，展示企业独特的风采和卓著成就，彰显中国能源品牌的磅礴力量。

中国能源研究会品牌分会近两年推动能源产业品牌发展的重大举措：

- 2022 年 9 月，品牌中心以“创新发展、品牌赋能”为主题，推出了我国首届“能源产业品牌建设年会”；发起了“塑造品牌引领产业高质量发展”倡议；发布了《中国能源产业典型案例分析报告》。

- 2023 年 5 月，品牌中心以“时代机遇、品牌征程”为主题，以“能源产业品牌的世界杯、能源企业品牌的嘉年华”为定位，推出“510 中国品牌日 · 能源产业品牌宣传周”活动，同时，提出《中国能源企业品牌建设指数》研究课题。

- 2023 年 11 月，中国能源研究会品牌分会发布了首部《中国能源产业品牌建设分析报告》，并将正式出版。

- 2023 年 12 月，中国能源研究会品牌分会推出首期“能源品牌师”培训班，被誉为能源行业品牌建设的黄埔军校。

四、我国品牌建设与发展重大活动

（一）首届“中国品牌日”活动

2017 年 5 月 10 日，我国首个“中国品牌日”诞生。“中国品牌日”获国家层面批复，标志着“发挥品牌引领作用”上升到新高度。2017 年 5 月 10 日，首届中国品牌日活动盛大举办。主办方以“深化供给侧结构性改革，全面开启自主品牌发展新时代”为主题，举办了丰富多彩的线上线下活动，通过召开媒体通气会、举办品牌发展研讨会、开辟品牌主题专栏，开展各种品牌创建行动，营造品牌发展良好氛围，推动品牌强国建设。以“走进品牌时代 共享品牌生态”为主题的生态中国品牌论坛暨“生态中国品牌行动”启动仪式在北京举行。中国商业联合会、中国企业联合会联合在北京举办“首届中国品牌日座谈会”。100 多家协会、企业代表参加会议，并签名发布了“中国品牌日宣言”。2017 年 5 月 10 日，中央电视台财经频道围绕“中国品牌日”，推出“品牌的力量”系列主题活动，发布“CCTV 中国品牌榜”首批入围名单。

（二）中国自主品牌博览会

为贯彻落实党的十九大精神，落实好党中央、国务院关于品牌发展的决策部署，深化供给侧结构性改革，促进经济高质量发展，努力实现我国经济更高质量、更有效率、更加公平、更可持续的发展，2018 年，以“中国品牌·世界共享”为主题的中国品牌日活动在上海举办。首届中国自主品牌博览会（以下简称“品博会”）呈现了精彩纷呈的品牌盛宴。活动期间搭建了品牌展示专区，应用现代多媒体技术集中展示品牌特色和优势，讲述品牌故事，展示品牌文化风采。2019 年“中国品牌日”活动以“中国品牌，世界共享；加快品牌建设，引领高质量发展；聚焦国货精品，感受品牌魅力”为主题，在上海隆重举办。活动期间设置自主品牌消费品体验区，增加大众对中国自主品牌的认识和感受。2020—2022 年，“中国品牌日”活动持续开展，集中宣传展示中国品牌发展新成果、新形象，提升了中国品牌的影响力。

2023 年，品博会于 5 月 10—14 日在上海世博展览馆举行，以“中国品牌，世界共享；品牌新力量，品质新生活”为主题，举办 1 场主论坛和 12 场分论坛。主论坛为积极践行习近平总书记关于“推动中国制造向中国创造转变、中国速度向中国质量转变、中国产品向中国品牌转变”的重要指示精神，传递“中国智造”力量，展现“中国品牌”魅力，宣传展示了我国品牌新形象、发展新成果。同时，在中国品牌日到来之际，国务院国资委新闻中心联合《人民日报》、新华社、中央广播电视总台等主流媒体，走进中核集团华龙一号、兵器装备集团青山公司、国机集团中国一拖、东方电气集团 G50、中国宝武宝钢金属、中国中车株机公司、中国中铁装备、中交集团上航局等企业和优秀项目，深入一线切身感受中央企业智能制造高质量发展成就，传递中国品牌新时代强音。

此外，全国各地围绕品牌还组织了形式多样化论坛，开展多领域、深层次、高水平对话交流，解读政策机遇，共绘品牌发展蓝图，携手各级政府部门、智库研究单位、知名品牌企业、专业品牌服务机构等共同探讨新征程、新目标下“品牌强国”的“时代之路、远见之路”。

（三）能源产业创新发展与品牌建设年会

2022 年 9 月，中国能源研究会推出“2022 能源产业创新发展与品牌建设年会”（以下简称“品牌建设年会”）在国家会议中心与服贸会同期召开。首届品牌建设年会以“创新发展　品牌赋能”为主题，围绕“能源‘十四五’规划落实”展开，高度聚焦后疫情时代“能源产业支撑能源安全和国民经济”问题，以及如何制定科学的能源产业品牌评价体系标准和打造具有国际竞争力的品牌等方面进行深度探讨，旨在提高能源品牌对产业发展的推动作用，创造能源品牌新经济发展动能。

品牌建设年会历时 5 天。由 1 个主题大会、7 个专题论坛构成。国家能源局、北京市政府有关领导，国家电网有限公司、中国石油天然气集团有限公司、中国石油化工集团有限公司、国家能源投资集团有限责任公司、中国华能集团有限公司、中国华电集团有限公司、中国大唐集团有限公司、中国广核集团有限公司、中国南方电网有限责任公司、中国电气装备集团有限公司等能源央企领导，中国电力企业联合会、中国石油企业协会、中国品牌建设促进会等行业协会、科研机构院士、专家领导以及投资商等能源领域的专业人士共计 1000 余人出席会议。会议期间发布了《中国能源产业典型案例分析报告》、发起了“塑造品牌引领产业高质量发展倡议”等活动。

国家电网有限公司、中国石油化工集团有限公司、中国石油天然气集团有限公司、国家能源投资集团有限责任公司、中国电气装备集团有限公司、中国东方电气集团有限公司、天合光能股份有限公司等能源企业分别展示了各自转型创新的成就。

品牌建设年会得到政府、行业组织、能源主流企业积极参与和大力支持。国家能源局总工程师向海平，全国政协十三届委员、全国工商联常委、北京市政协副主席、市工商联主席燕瑛，国家电网有限公司党组书记、董事长辛保安，中国石油天然气集团有限公司党组成员、副总经理焦方正，中国华能集团有限公司党组成员、副总经理樊启祥，中国华电集团有限公司党组成员、副总经理吴敬凯，国家能源投资集团有限公司党组成员、副总经理王树民，中国广核集团有限公司党组成员、副总经理李亦伦，中国品牌建设促进会理事长刘平均以及中国能源研究会理事长史玉波、副理事长兼秘书长孙正运、品牌中心主任韩文科等出席了开幕式（见图 1.2）。

图 1.2 2022 能源产业创新发展与品牌建设年会

资料来源：中国能源研究会品牌分会。

品牌建设年会是我国权威行业组织首次以品牌命名举办的专业聚焦品牌的大型高端活动，2023 年并入“510 中国品牌日”活动召开，在业界影响力巨大，将有效推动中国能源品牌建设和发展向着更高更远的目标迈进，为我国能源强国、质量强国、品牌强国作出卓越贡献。

（四）“510 中国品牌日·能源产业品牌宣传周”

为贯彻落实《质量强国建设纲要》提出的“要形成一大批质量过硬、优势明显的中国品牌，办好‘中国品牌日’系列活动”指示精神，发出中国能源品牌的声音，展示中国能源品牌的风貌，中国能源研究会于2023年5月6—12日在京隆重推出首届“510中国品牌日·能源产业品牌宣传周”活动。该活动以“能源产业品牌的世界杯、能源企业品牌的嘉年会”为定位，以“时代机遇　品牌征程”为主题，举办一个主题会、一场思想会，10多场专题论坛，邀请50多位嘉宾发言（见图1.3）。活动主要探讨能源品牌建设相关问题，提出推动能源品牌建设的主流观点和积极建议。活动期间隆重推出了能源企业品牌创新成果展，重点展示能源企业在传统能源转型、新型能源开发利用、新型电力系统建设方面的创新成果。通过生动的视频画面和现场沙盘、海报等展示，让观众真正感受到了能源品牌的盛大与不断超越自我、向绿而行的魅力。

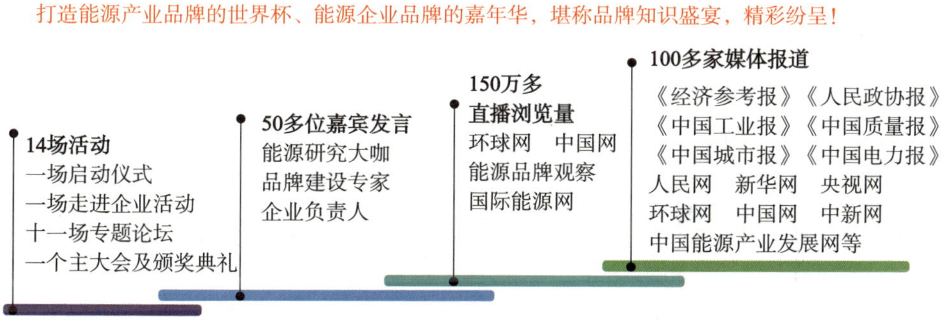

图1.3　“510中国品牌日·能源产业品牌宣传周”数据图

资料来源：中国能源研究会品牌分会整理。

“510中国品牌日·能源产业品牌宣传周”活动深度分析了我国清洁能源示范省（区）市、能源转型大省（区）市、特色城市和产业园区能源品牌建设的经验和成果；发布了能源产业品牌成果100典型案例；举行了能源业独有标志性大奖“绿能星”颁奖典礼。2023年5月9日，主办方组织能源行业专家、媒体参观国家能源集团国华（北京）燃气热电有限公司（以下简称“京燃热电”），并与企业高级管理人员进行交流，感受“智能电站”示范项目高颜值、高科技、高智能化创新成果的魅力，挖掘京燃热电品牌文化基因特色。

首届能源产业品牌宣传周活动亮点：

1. 行业首创、里程碑意义

能源产业首次举办全行业范围的“中国品牌日”相关活动，引起企业内外广泛关注，提升了能源产业对品牌建设的重视程度，为推动我国建设能源强国、质量强国、品牌强国发挥重要作用。

2. 规格高、专业性强

权威智库中国能源研究会与资深媒体《中国质量万里行》共同举办，内容紧扣能源产业品牌主题，演讲话题直击当前发展热点，为企业带来了一堂堂品牌学习的宝贵课堂。

3. 活动丰富、参与度广

活动持续 7 天，共 12 场活动，有论坛、有展览、有参观、有开幕式、闭幕式演出等。众多国企央企、新能源龙头企业等积极参会参展。

4. 关注度高、影响力大

环球网、中国网等多家媒体和平台全程直播，累计 150 万 + 浏览量。《经济参考报》《人民政协报》《中国工业报》《中国质量报》《中国城市报》《中国电力报》《新京报》等数十家权威报纸以及人民网、新华网、央视网、环球网、中国能源产业发展网、国际能源网、中国能源网等 100 余家媒体平台，近一个月持续报道，信息覆盖面广，影响力巨大。

“510 中国品牌日 · 能源产业品牌宣传周”活动期间，第二届品牌建设年会作为主大会融入其中，打造了专业聚集能源品牌的高端权威盛会。

一系列丰富多彩的活动营造了能源产业重视品牌、争创品牌的良好氛围，对于增强能源企业品牌建设能力，提升能源品牌知名度和影响力，促进经济增长，建设能源强国、品牌强国意义重大。

历时 7 天，创造了五个第一：

- 第一个代表能源行业积极响应国家品牌战略的重大举措；
- 第一个专业聚焦分析能源产业品牌发展的高端交流平台；
- 第一个集中展示能源企业品牌建设成果的多元化舞台；
- 第一个能源品牌建设观点和经验分享的思想盛宴；
- 第一个能源行业召开时长最长的高规格活动。

综上所述，从 2017 年到 2023 年，我国大力开展“中国品牌日”活动、大力宣传国货品牌取得了良好的效果。经过多年的发展，中国品牌日已成为引领品牌发展、加强品牌交流的国家级盛会；也是世界了解中国品牌、认可共享中国品牌的重要窗口。随着近几年各政府部门、行业组织的积极响应和持续推动，“中国品牌日”节点活动举办逐步发酵，全社会品牌发展意识不断增强、品牌建设重视程度明显提高。中国能源研究会品牌分会聚焦能源领域推出“510中国品牌日·能源产业品牌宣传周”活动，丰富“中国品牌日”活动形式，为能源品牌建设提供交流合作平台。

（五）“能源品牌师”培训班

2023年12月14日—16日，中国能源研究会品牌分会推出“能源品牌师”培训班。第一期60余位学员分别来自电网、煤炭、电力、石化、天然气、装备、新能源等领域40余家企业。中国能源研究会品牌分会聘请了中国公共关系协会专家咨询委员会执行主任、中国石油化工集团有限公司品牌部原总经理、新闻发言人吕大鹏，国家能源集团企管法律部（改革办）副主任李永生，北京工业大学品牌研究院院长祝合良，首都经贸大学品牌研究中心副主任郑新安，中华商标协会研究室主任臧文如，北京赋能文化创始人、首席赋能官王兵6大讲师，围绕“品牌危机管理、能源企业品牌战略建构、品牌战略与管理、品牌营销与传播、品牌资产与保护、ESG管理”等进行培训，教学内容深入而丰富，通过丰富的理论和生动的案例，为学员带来了一场场精彩的课程。

在开班仪式上，中国能源研究会品牌分会副主任、中国石化出版社党委书记周志明在致辞中强调，“双碳”目标的提出，对能源央企实现“品牌卓著”提出了新要求，也为能源产业的品牌建设提供了新机遇。品牌从业者是企业乃至产业品牌发展的主力军，能源品牌专业人才是建设能源强国、品牌强国的力量源泉。中国能源研究会品牌分会举办“能源品牌师”培训班，就是要培育能源领域一流品牌专业人才，进一步提高能源企业品牌建设水平，为质量强国注入能源品牌强劲力量。国电电力发展股份有限公司企管法律部副主任吴朝晖作为“能源品牌师”第一期学员代表发言，表示企业发展需求是现实，领导重视是责任体现，专业部门推动是关键。人才是第一资源，能源企业对品牌建设与管理有着普遍需求，加强人才培训很有必要。

学员们通过授课+互动+实践模拟、讲师考评等形式完成培训课程并顺利结业（见图1.4）。国家能源集团企管法律部质量品牌处（社会责任处）处长胡永国作为企业代表在结业仪式上表示，期待学员们善用巧用学到的思维、知识和技能，将自己所负责的工作打造成品牌，把自己打造成品牌，为所在单位的品牌建设、品牌传播、品牌维护作出新成绩和新贡献。同时提出建议，建立首届学员档案，定期回访，跟踪学员学以致用的效果，协助解决共性问题，打造卓越“能源品牌师”系列；建议学员配合中国能源研究会把培训模式总结好、优化好，反哺、助力将“能源品牌师”培训班建成能源行业、品牌领域、培训界的第一品牌。

图 1.4 “能源品牌师”培训班第一期结业仪式合影

资料来源：中国能源研究会品牌分会。

中国能源研究会品牌分会副主任兼秘书长牟思南在结业仪式上用两句话六个字总结概括了第一期培训班特点：“短、平、快；新、活、实。”

“能源品牌师”培训班是我国能源行业首次举办的全国性能源品牌建设培训，开了先河，为能源企业品牌建设培育了专业人才，为能源行业培育了第一批“能源品牌师”，被师生以及社会各界誉为能源品牌建设的“黄埔军校”。

第二章

我国能源产业品牌发展概述

一、我国能源产业品牌建设概况

（一）能源产业品牌建设背景

品牌是建设质量强国和能源强国的关键要素，是引领能源行业发展的重要力量。目前，尽管我国能源品牌建设已取得较大成效，但是从整体上看我国还存在知名能源品牌数量不多、区域品牌发展不平衡、品牌核心竞争力不足等问题。能源是人类社会生存发展的物质基础、推动世界进步的重要力量。随着人类现代化步伐的加速以及人口的快速增长，全球对化石能源的需求与日俱增。根据2022年《世界能源统计年鉴》，2021年，一次能源需求增长5.8%，比2019年高1.3%，超过了疫情前的水平。其中，化石燃料占一次能源使用量的82%。由于化石能源被大量消耗，所引发的能源紧缺和环境气候问题日益凸显。2022年11月11日，国际气候科学机构全球碳项目（Global Carbon Project）发布一年一度的《2022年全球碳预算》报告指出，2022年全球二氧化碳总排放量将达到406亿吨，主要来自化石能源。目前，全球碳预算已告急。

2014年习近平总书记提出“四个革命、一个合作”的能源安全新战略，创新我国能源产业发展理论，开辟新时代能源产业发展新路径、新模式，奠定能源强国产业根基。中国提出“双碳”目标，彰显了中国作为人口大国和经济强国，关注全球能源安全和环境气候问题，践行人类命运共同体的负责任大国形象。党的二十大报告强调，“立足我国能源资源禀赋，坚持先立后破，有计划分步骤实施碳达峰行动”“深入推进能源革命”“加快规划建设新型能源体系”。这些重要思想为能源产业发展指明了方向，为建设质量强国、能源强国、品牌强国奠定了绿色发展的底色。

基于此背景，我国能源产业应树立品牌意识，重视品牌建设，营造有利于品牌成长的良好氛围，完善品牌培育、发展、壮大的促进机制和支持制度，建立品牌培育管理体系，形成一大批质量过硬的能源品牌。实施品牌战略对我国能源产业发展至关重要，有利于实现质量强国和能源强国目标，也对推动我国能源绿色转型、早日实现“双碳”目标发挥重要作用。

（二）我国能源品牌建设的必要性

对于能源企业而言，在能源绿色转型的过程中，技术产品和服务质量提升，有利于创建一流品牌企业；反过来，实施品牌战略有利于推动产品和服务质量提升，推动企业高质量发展，成为一流品牌企业。而一流品牌企业则更有机会孵化和培育卓越的产品，进而形成品牌叠加优势和良好效益，在市场中居于创新引领和主导地位。如此往复，形成“卓越产品—卓著品牌—良好效益—创新引领—卓越产品”的良性循环。质量和品牌相辅相成，相得益彰。目前，我国很多能源企业存在不重视品牌建设、品牌知名度不高等不足，影响企业发展壮大。能源企业需强化品牌意识、加强品牌建设，发挥品牌在企业发展中的引领作用，增强核心竞争力，推动企业高质量发展。

二、主要研究范围

2023 年的“510 中国品牌日·能源产业品牌宣传周”活动期间推出能源产业典型案例征集活动，展示能源产业创新成果。评选活动以企业自愿积极申报为主，第三方推荐为辅。主要围绕新时代能源产业发展中诞生的“项目工程、技术产品、解决方案”以及涌现的“能源文化故事、一线能源人物”等给予梳理、总结及评优。评选自 2023 年 2 月 28 日启动至 4 月 18 日，评委会总计收到约 700 项申报。通过筛选、网络公开投票、专家多轮研判，获奖名单于 5 月 12 日揭晓，引起企业内外广泛关注，展示了能源产业品牌建设的成果，提升了能源企业对品牌建设的重视程度。

本书针对能源产业品牌发展现状和活动征集的案例进行研究，分析我国能源品牌建设现状、取得的成效和存在的不足；从 5 个清洁能源示范大省

（区）、10个能源转型大省（区）、30个特色城市和7个园区中选取案例进行研究，分析其在清洁能源示范省（区）创建和能源转型过程中的品牌定位、树立品牌的举措和取得的成效。通过这些分析梳理出区域能源品牌建设的经验，为其他省（区）市创建区域能源品牌提供借鉴。

本书选取了多个具有代表性的能源企业案例进行研究，了解企业品牌建设现状和取得的成效，为其他能源企业品牌建设提供借鉴；介绍了能源行业特有的标志性奖项“绿能星”评奖情况，以及“绿能星”品牌内涵。针对区域能源品牌建设、行业能源品牌建设、企业能源品牌建设中存在的不足提出积极建议，对于我国实现质量强国、品牌强国、能源强国及“双碳”目标具有重要意义。

三、研究方法

（一）文献研究法

本书梳理了能源产业相关文献，包括发展背景、趋势、产业规划和能源创新体系等内容，并整理了参与2023年“510中国品牌日·能源产业品牌宣传周”活动的200多个能源企业的400多个案例，以及品牌相关文献，梳理品牌相关概念、理论，为课题研究提供理论支撑。

（二）定性与定量分析法相结合

本书对区域能源品牌建设、行业能源品牌建设、企业能源品牌建设相关案例进行定性分析，找到能源品牌建设的主要方法；并在定性分析的基础上对能源品牌建设进行定量分析，如研究新能源装机总量、发电量、企业参与品牌活动的积极性等，力图从多角度掌握能源品牌建设现状，发现存在的问题，为形成系统解决方案提供数据支撑。

（三）案例分析法

本书挑选出有代表性的清洁能源示范省（区）、能源转型大省（区）、特色城市、园区进行能源品牌建设研究；挑选出有代表性的企业案例进行分析，如解读中国石油天然气集团有限公司、中国石油化工集团有限公司、国家电网有限公司、国家能源投资集团有限责任公司、中国广核集团有限公司、通威集团有限公司品牌建设的理念、方法、特色、成就，挖掘案例的推广价值，为其他能源企业品牌建设提供参考。

四、研究创新

（一）理论创新

目前，国内外关于品牌建设的研究很多，从品牌规划、品牌定位、品牌个性、品牌传播、品牌价值等角度诠释品牌，取得了丰硕的研究成果。但是，国内外关于能源企业的研究很少，关于能源企业品牌建设的研究更是少之又少。本书分析我国清洁能源示范省（区）、能源转型特色省市和园区品牌建设经验，涵盖区域能源品牌定位、能源产业规划制定、采取的举措、取得的成效等方面。从煤炭、电力、石油和天然气、核能、光伏、风能、水能、能源综合利用等领域的企业技术和产品创新、能源人物风采、能源文化建设角度，诠释能源企业品牌建设成果。本书研究不仅形成了能源品牌建设理论研究成果，也拓展了能源品牌研究的外延，丰富了能源品牌研究理论丛林。鉴于此，本书研究具有重大理论意义。

（二）实践创新

本书借鉴了中外品牌营销经典案例研究的通用方法，从众多能源品牌建设案例中，挖掘品牌建设的精髓和相通之处，剖析能源品牌建设的不足，并基于这些不足提出有针对性的品牌优化策略。本书研究对于提升品牌重视程度，提高品牌规划建设能力、品牌影响力和品牌价值，推动能源产业高质量发展，提升国际竞争力具有现实指导意义；对于建设质量强国、品牌强国、能源强国，促进区域经济增长具有重要参考价值。

五、研究价值

（一）彰显能源品牌创新成果和综合实力

本书针对能源品牌展开研究意义重大，通过对大量能源企业品牌建设的第一手资料进行归集和整理，从区域能源产业规划建设的前瞻性和可行性、能源企业的技术先进性、领军人物和团队成员的风采、品牌文化建设的角度，展示能源产业品牌创新成果，彰显产业创新能力和带动能力；展示优秀能源企业的品牌建设创新成果，打造行业样板，为其他能源企业品牌建设提供参考，引导能源企业加强品牌规划建设能力，发现品牌建设中存在的问题，找到适合的品牌建设方法，提高企业品牌知名度，创造更多价值，推动能源产业高质量发展。

（二）推动质量强国和品牌强国战略实施

质量强国是提升国家工业能力和综合实力的重要举措，是实现品牌强国的重要保障。提升产品和服务质量是质量强国应有之义，是能源品牌建设的重点。在技术和产品质量提升的过程中，客观上也对品牌建设大有裨益。质量和品牌相辅相成、相得益彰。事实上，目前我国很多能源企业的技术比较先进，但是企业不重视品牌建设，严重影响能源企业参与国际竞争。本书通过分析能源品牌建设存在的不足，梳理产品质量建设和品牌建设的关系，唤起能源企业品牌意识，对照能源产业发展现状和自身品牌建设现状，提高对品牌的重视程度，掌握品牌建设的方法，提升品牌规划建设能力，为我国建设质量强国和品牌强国发挥积极作用。

（三）为企业参与“一带一路”建设赋能

关注全球环境气候问题，减少碳排放，积极发展新能源成为全球共识。“双碳”背景下，全球新能源大市场正在逐步形成。本书通过介绍国家电网有限公司、国家能源投资集团有限责任公司、中国广核集团有限公司等企业参与“一带一路”建设的成果和经验，激励其他企业提高品牌建设能力，走出国门参与“一带一路”建设，在世界舞台展示中国能源企业的卓越风采，提升中国企业品牌形象和中国国家形象，为世界能源产业发展贡献中国方案、中国制造、中国智慧和中国力量。

第三章

我国能源品牌建设理论内涵

一、品牌相关理论及模型

（一）品牌概念

品牌的英文单词 Brand，原意为“烙印”。人们用这种方式来标记家畜等需要与其他人相区别的私有财产。在《牛津大辞典》里，品牌被解释为“用来证明所有权，作为质量的标志或其他用途”，即用以区别和证明品质的介质。世界著名广告大师 David Ogilvy（1955）认为：“品牌是一种错综复杂的象征，它是品牌的属性、名称、包装、价格、历史、声誉、广告风格的无形组合，品牌同时也因消费者对其使用的印象及自身的经验而有所界定。”[①]美国市场营销协会（AMA）在 1960 年出版的《营销术语词典》中把“品牌”定义为：“用以识别一个或一群产品或劳务的名称、术语、象征、记号或设计及其组合，以和其他竞争者的产品或劳务相区别。”我国《辞海》（上海辞书出版社 1999 年版）中指出：“品牌，亦称‘厂牌’、‘牌子’，指企业对其提供的货物或劳务所定的名称、术语、记号、象征、设计，或其组合；主要是供消费者识别之用；品牌的组成可分为两部分：一是品牌名称，是指品牌中可用语言称呼的部分；二是品牌标志，是指品牌中可以被识别但不能用言语称呼的部分，如符号、设计、色别等；企业如将某品牌在政府有关主管部门注册

① 徐浩然．企业品牌理论研究及战略运用［J］．南京社会科学，2008，7（7）．

登记以后，即成为商标。”[①] 综合以上概念可知，品牌是进行传播流通的表层符号（名称、包装、价格、属性或标志等）以及符号所指代的内在事物（人、产品和服务等）通过传播扩散，而在消费者或接受者那里产生的倾向性的印象。

（二）品牌内涵

品牌包含“属性、利益、价值、文化、个性和用户”六重属性，本质上代表着销售者对交付给买者的产品特征、利益和服务的一贯性的承诺。由此可以说，老字号和美誉度高的品牌往往是质量和信誉保证的体现。

1. 属性

品牌代表着特定的商品属性，这是品牌最基本的含义。品牌属性是产品或服务的特性和特点。它包括产品的功能、性能、品质等方面。品牌属性是品牌形象的基础，能够帮助消费者快速认知并形成对品牌的印象。例如，一个电子产品品牌的属性可能是高科技、创新、可靠等。例如“国家电网”这一品牌意味着能为中国大多数地区提供安全、稳定、可靠、便捷的电力，以及电力安装、维修等服务。这些属性是企业服务的本分和应有之义。

2. 利益

品牌利益是消费者购买这个品牌产品或服务所能获得的好处。品牌利益可以是物质的，如性能优良、价格合理，也可以是非物质的，如品牌的社会价值、品牌的情感诉求等。品牌利益直接关系到消费者购买行为的决策和动机。用户购买某种商品或服务，意味着享有某种商品或服务带来的好处，如省钱、省力或省时。

3. 价值

品牌价值是品牌在市场中的经济和社会价值。品牌价值可以通过销售额、市场份额、知名度、竞争力等指标来衡量。品牌价值是企业长期发展和增值的基础，是企业的宝贵资产。一个具有高品牌价值的品牌能够吸引更多消费者，获得更多市场机会。

4. 文化

品牌赋予产品或服务文化属性，通过品牌联想到产品文化寓意。品牌文化体现了品牌的价值观、理念和文化符号。品牌文化不仅仅是企业内部的文

---

① 夏征农 . 辞海［M］. 上海：上海辞书出版社，1999.

化，也是品牌与消费者之间建立情感连接的桥梁。例如，新能源产品品牌多数代表绿色、生态、节能、环保、宜居、健康等含义，使用户获得一种文化和情感上的认同。

5. 个性

品牌是产品或服务独特的标签，是独一无二的存在。大众能在众多的商品中通过品牌名称找到所需要的商品，而不会与其他商品混淆。

6. 用户

品牌的基本功能是区别产品或服务特征。品牌的所有权人经过法定程序，对品牌享有专有权利，任何单位和个人不得实施伪造或仿冒。每一个品牌都对应特定的用户群体和应用场景，或老或少，或男或女，抑或不同身份和职业、不同时间段。总之，每个品牌都要满足特定群体的需求。

（三）品牌形象

“品牌形象是消费者头脑中与某个品牌相联系的属性集合和相关联想，是消费者对品牌的主观反应”。20 世纪 50 年代广告大师大卫・奥格威（David Ogilvy）在《一个广告人的自白》中提出：“品牌形象不是产品固有的，而是消费者联系产品的质量、价格、历史等形成的综合反应；因此每一个品牌、每一类产品都应产生和投射一个形象；形象经由各种不同推广技术，特别是广告传达给顾客及潜在顾客；消费者购买的不只是产品，还购买了承诺的物质和心理的利益。”我国学者许晓勇、吕建红、陈毅文（2003）认为：“品牌形象是通过品牌识别形成品牌资产的中介变量。”[①]品牌形象的内涵体现为：一是品牌形象市场定位。市场是品牌生存的土壤，蕴含品牌现实需求。科学的市场定位有利于确定品牌市场优势，传递品牌文化理念，塑造品牌价值。二是品牌形象外在表现元素。主要包括品牌标识形象和品牌声誉形象。三是品牌形象内在支撑元素。主要包括品牌产品形象、品牌文化形象。产品形象是消费者使用产品后对产品产生的整体印象和评价，体现在产品功能是否完备、便捷、实用、性价比高等方面。品牌文化形象是指社会公众、用户对企业价值观、经营理念、履行社会责任、奉献爱心、遵纪守法方面等企业文化和品牌文化的评价。

---

① 许晓勇，吕建红，陈毅文 . 品牌形象的消费行为学研究［J］. 心理科学进展，2003，11（4）.

（四）品牌资产

1988 年，美国加州大学伯克利分校汉斯商学院的营销战略和品牌专业教授、咨询大师戴维·阿克（DavidA.Aaker），为现代品牌理论确立了第一个关键的核心概念——品牌资产。戴维·阿克在其 1991 年出版的《管理品牌资产》一书中首次提出著名的品牌资产五星模型——“阿克品牌资产模型”（Aaker’s Brand Equity Model）。阿克品牌资产模型指出了构成品牌资产的五种要素：品牌忠诚度（Brand Loyalty）、品牌认知（Brand Awareness）、感知质量（Perceived Quality）、品牌联想（Brand Associations）及其他品牌专有资产（Other Proprietary Brand Asset）（如专利、渠道关系）（见图 3.1）。

图 3.1 阿克品牌资产模型

阿克品牌资产模型特色：其一，品牌资产主要来自消费者，消费者是品牌价值体现的认购方和付费方，品牌价值绝非来自厂家的自我感知；其二，首次强调了“感知质量”“品牌联想”“品牌忠诚度”对品牌资产的贡献。从用户心理的角度论证了品牌形成过程的关键要素。2014 年，阿克在《品牌大师》一书中，又将感知质量并入品牌联想，品牌资产的要素最终精简到 3 项：品牌知名度、品牌联想、品牌忠诚度。这一模型为市场营销领导人员提供了全新的品牌管理理念和方法，要从销售等营销手段转向品牌资产经营，从而形成长久的盈利能力。

（五）品牌价值

1992 年，戴维·阿克在品牌资产的基础上提出品牌价值理论，并认为品牌价值是品牌的灵魂，是企业资产的重要组成部分。目前比较普遍的说法是，品牌的价值从本质上来看是企业的一种资产价值。也有学者认为品牌价值是关系价值的体现，品牌价值与品牌功能价值、品牌情感价值、品牌观念价值、关系密度、关系强度等因素相关。但是，品牌价值不同于其他实体物质的资产表现形式，它的价值体现主要依靠其优于其他产品品牌形式而获得利益。品牌价值是品牌管理要素中最为核心的部分，也是品牌区别于同类竞争品牌的重要标志。迈克尔·波特在其品牌竞争优势中曾提到：品牌的资产主要体现在品牌的核心价值上，或者说品牌核心价值也是品牌精髓所在。品牌价值不仅体现在使用价值 / 功能价值方面，还体现在情感价值和自我感受方面，满足特定的心理需求。不同群体对品牌价值的需求不同，有的人关注品牌实用性，有的人在乎品牌所传递的情感关照，有的人希望通过品牌高品质、高价格体现使用者的特殊身份和与众不同。

20 世纪 90 年代中后期，美国学者凯勒提出品牌价值链模型（Brand Value Chain，BVC），将品牌营销推到新高度（见图 3.2）。品牌价值链模型以顾客品牌知识为关键点，由“营销投入—顾客心智的改变—市场业绩—资本市场收益”四个阶段构成。该模型从企业、顾客、市场三个角度分析品牌成长规律，阐述利益相关方的主要认知和行为举措，形成从投入到产出的价值链协同。箭头开始端所指的内容是原因，箭头末端所指的内容是结果。如此层层递进，最终成就品牌价值。其结论是，品牌价值来源于顾客的品牌知识的变化。

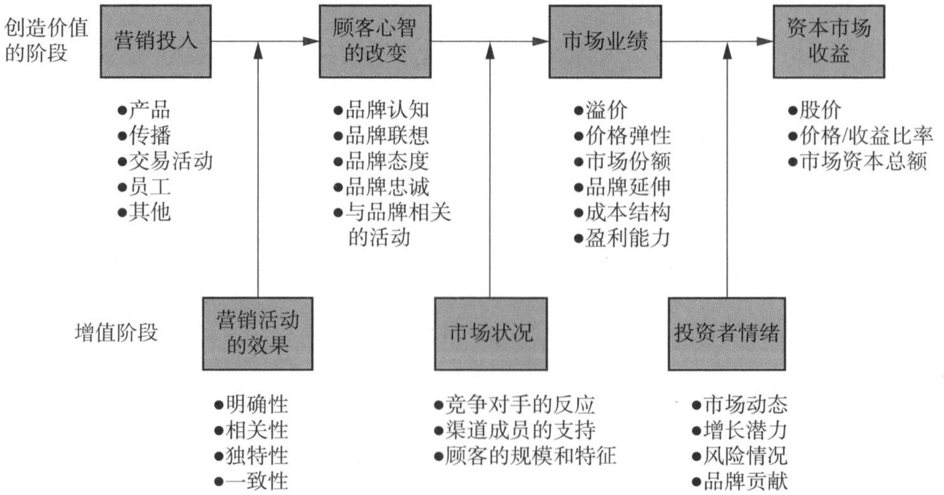

图 3.2 品牌价值链模型

二、能源品牌建设主要认知

（一）能源品牌建设的生命周期

1. 能源品牌正处于行业生命周期的黄金期

任何一个行业都有其生命周期，通常包含孵化期、生长期、成熟期和下降期。我国传统能源以煤炭、油气为主，在“双碳”目标驱动下，传统能源处于成熟期转型升级阶段。国家提出大力开发太阳能、风电、氢能等新能源，这也预示绿色发电产业将迎来发展黄金机遇期。新能源行业加速发展，市场空间快速打开，有利于大批能源品牌脱颖而出，进一步提升品牌价值。

2. 能源品牌建设需遵循品牌自身的演变逻辑

尽管企业都希望自己的品牌长盛不衰，但实际运作中，品牌总是经历从无到有、由弱变强、由盛转衰的过程，品牌的不同生命阶段构成了它的生命周期。20 世纪 60 年代初曼弗雷德·布鲁恩（Manfred Bruhn）首次提出品牌生命周期理论。他将品牌生命周期划分为六个阶段：创立、稳固、差异化、模仿、分化、两极分化。虽然品牌生命周期提出的时间较早，但到今天学界对品牌周期的理解仍然有所区别。约翰·菲利普·琼斯（John Philip Jones）认为，品牌不一定在成熟之后走向衰退，因此他将品牌分为孕育形成阶段、初始长成阶段和再循环阶段。

结合以上品牌生命周期理论，通常将品牌战略发展轨迹划分为：散点—单产业链——专多能的多产业链—归核化—重新探索。

在品牌初创期，企业比较弱小，业务相对比较分散，没有形成产业链。品牌进入成长期后，形成固定的主营业务，围绕主营业务整合上下游资源构建产业链；后期随着市场不断扩大，管理机制不断完善，企业在保持主营业务稳定发展的同时，抓住机会进行市场横向扩张，形成多条产品线，构建多条产业链，形成多元化市场格局。经过长时期的跨越式发展，品牌逐渐进入成熟期。此时企业已经占据市场很大份额，增量市场发展空间受限，同时也面临多元业务发展不平衡带来的挑战。企业为追求利益最大化，巩固核心竞争力，采用“归核化战略”，集中优质资源发展核心业务，缩减或重组边缘业务。随着科技的进步、市场环境的改变以及企业自身经营的变化，企业主营业务逐渐减少，品牌进入衰退期。企业应进行业务转型和市场探索，寻找新的商业机会和业务增长点。可以说，品牌的衰退期也是“蜕变期”，代表新一轮生命周期即将开始，新的品牌就要诞生。

基于这些理论，目前我国能源品牌所处阶段不同。煤炭、天然气等传统能源处于成熟期，面临能源绿色转型的黄金机遇，向绿而生，向绿而行，是传统能源品牌演绎的必然逻辑。对于新能源而言，风能和太阳能属于新能源，资源丰富，属于永远的朝阳产业，正处于能源品牌的创立期，蕴含巨大发展机遇。省市区域和能源企业抓住能源品牌创立的黄金机遇期，必将大有作为。

（二）能源品牌发展宏观环境分析

PEST 分析是指宏观环境的分析，针对政治（Political）、经济（Economic）、社会（Social）和技术（Technological）四类因素进行分析（见图 3.3）。本章采用 PEST 分析方法剖析能源品牌宏观环境，以便于了解品牌发展全貌，把握营销方向，优化营销方法，提高品牌核心竞争力，更好地引导能源品牌发展。

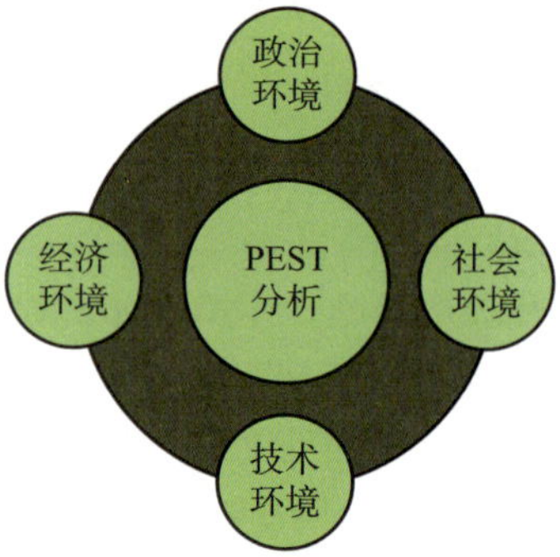

图 3.3 PEST 分析

1. 政治环境：国家大力支持

国家高度重视品牌工作，为企业品牌建设创造了良好机遇。鼓励企业准确把握品牌建设重要战略机遇期的深刻变革，强化战略引领、创新驱动、转型升级，不断增强品牌建设的内生动力，加快打造世界一流品牌的步伐。

2. 经济环境：市场需求旺盛

中国消费模式已进入品牌消费时代，客户对于品牌价值的追求，对能源企业的品牌建设提出了更高的要求。清洁能源、低碳电力、低碳生活等产品逐渐走入大众视野，也为能源企业品牌创建提供了发展机遇。同时，随着能源改革不断深入，市场竞争加剧，能源企业层出不穷，能源企业需加紧进行品牌营销，提高品牌影响力。

3. 社会环境：绿色消费理念深入人心

消费者对生活的品质要求提升，对品牌关注度高，品牌意识逐渐深入人心，对品牌的塑造有极大的促进。互联网的普及使信息传播效率大幅提升，社会信息越来越“透明”，负面新闻的舆论封锁已不现实，对于品牌建设提出更高的要求。另外，大众对绿色生产生活和消费理念逐渐认可，良好的社会环境有利于能源企业进行品牌推广。

4. 技术环境：产业集群优势叠加

目前，我国很多地区已经形成能源产业集群，水电、核电、光伏、风电、氢能、智能电网以及 CCUS 碳捕捉技术等领域出现重大突破。这些优势正在不断叠加和放大，催生新的业态和内生动力，有利于培育新的品牌。

（三）能源品牌发展战略规划

制定能源品牌发展战略是品牌建设的核心内容，主要体现为建立品牌使命、愿景、价值主张、目标、方向、发展策略、行为准则等方面，旨在从宏观层面规划品牌发展轨迹。

1. 提炼并坚守能源品牌的核心价值

能源品牌核心价值的提炼：品牌犹如一个有血有肉、有精神的个体，对外展示自身的独特性和不可替代性。企业应对行业特性、市场环境和竞争状况、目标消费群体、自身优势和劣势进行客观的分析和研究，提炼出明确的、差异化的、有情感、容易感知、容易传播的品牌核心价值。品牌核心价值有鲜明的个性，是独一无二的存在。核心价值确定后，它将贯穿到整个企业的所有经营活动中。同一时期内，产品的广告、公关、市场行为都应围绕同一主题和形象；不同时期的不同表达主题也应围绕同一品牌核心价值。不同能源品牌的核心价值不同，各有特色。例如，国家能源投资集团有限责任公司的核心价值观：绿色发展，追求卓越。国家能源投资集团有限责任公司高度重视企业品牌建设，认真践行品牌强国战略，遵循绿色发展核心价值观，贡献清洁能源，带动能源绿色转型。中国石油化工集团有限公司以“人本、责任、诚信、精细、创新、共赢”为企业核心价值观，全方位形成公司发展内核基因和内在动力，围绕市场和客户提供高品质绿色油品，打造精细化加油服务，构筑中国石油化工集团有限公司品牌核心价值。

2. 建立能源品牌化模型

建立能源品牌化模型是指基于能源品牌的属性、结构、模式、内容等要素规划品牌模型，形成能源品牌战略底层逻辑，为品牌管理实践提供具有前瞻性、指导性的依据。目前，国家能源投资集团有限责任公司在集团层面制定 RISE 品牌战略，即以改革创新（Revolutionary）、一体化（Integrative）、可持续（Sustainable）、平等共享（Equal）为内核的集团品牌战略，形成品牌可持续发展机制，并内化到集团对内团队管理、对外客户管理，对内技术和产品开发、对外提供服务和业务合作中。在 RISE 品牌战略模型的驱动下，通过一系列举措打造国家能源投资集团有限责任公司国际一流品牌。

3. 规范能源品牌识别系统

确定能源品牌识别系统是品牌建设的基本内容，囊括文化理念、爱心与责任、产品、视觉和气质识别等。其中，文化理念识别是指品牌的价值观和主张；爱心与责任识别是指品牌对社会的贡献、责任担当、员工规范管理等；产品识别包括质量、功能、价格等；视觉识别包括 VI 系统、广告设计等形象展示；气质识别是指品牌的风格和给大众留下的整体感受。这些识别系统为品牌宣传推广和经营管理提供依据，并将品牌抽象概念物化成有章可循的方方面面贯穿到企业管理实践中，例如规划、研发、设计、生产、营销、服务等环节，甚至分解到每个人的工作中，不断形成正向反馈，达成品牌价值目标。制定品牌价值目标体系不仅用来衡量品牌价值的增益和减损，并为下一次目标制定提供依据。例如，国家电网有限公司品牌标志有球形标志、95598 热线标志等多个标识。国家电网有限公司制定了标识使用规范，明确标识应用场景和使用条件，促进品牌形象统一。

4. 进行理性的能源品牌延伸扩张

随着环境的变化，能源企业业务会发生变化，能源品牌也应适时调整。能源品牌战略规划应充分考虑品牌延伸的可能性和可行性，进行科学和前瞻性的规划，形成良好的品牌架构框架和衍生逻辑。当企业有新产品问世的时候，是启用新品牌还是沿用原有品牌，对企业而言至关重要。通常情况下，开发一个新品牌需要 5000 万美元，而使用原有品牌进行品牌延伸只需花费 50 万美元，两者投入高下立判。但是，品牌延伸有其局限性，品牌延伸合理可以节约成本，延伸不合理可能制约品牌发展。品牌延伸的原则：延伸的新产品应与原产品符合同一品牌核心价值；新老产品的属性应具有相关性；延伸的新产品必须具有较好的市场前景。国家电网有限公司以打造具有中国特色的国际领先品牌为目标，着力构建以“国家电网”为母品牌，多种类型子品牌为支撑的复合型品牌架构模式，科学确立分类管理策略，在母品牌的基础上进行品牌延伸，形成各类子品牌，并协调推进各类子品牌发展，建立共建共享品牌生态，推动公司品牌资产价值不断提升。例如，“电力橙”是承载“国家电网”品牌理念和江苏人文内涵，致力提升“国家电网”品牌认同的价值创造者，以亲切友好的个性特质，将国家电网有限公司发展战略转化为公众能理解、能接受、能认同的理念与行动。同时，“电力橙”向社会发出“橙就美好生活”的郑重承诺和美好愿景，表达国家电网“为美好生活充电，为美丽中国赋能”的企业使命。

5. 加强能源品牌管理，提升品牌价值

加强能源品牌的日常管理和维护，扩大品牌知名度，提升品牌价值，是塑造卓越品牌的前提。第一，要充分认识品牌资产结构，厘清品牌认可度、知名度、美誉度、品牌联想、溢价能力、品牌内涵等要素的关系。第二，建立品牌资产目标，推动品牌有序发展。第三，制定营销和传播策略，推动目标实现。第四，建立品牌预警机制，防范经营风险、财务风险、舆情风险等各类风险，确保品牌良性发展。

（四）能源品牌与零售品牌差异

能源品牌与零售品牌的区别很大，两者的品牌塑造方式截然不同，能源品牌更偏重于文化内涵，零售品牌更偏重于功能。

1. 营销目的诉求不同

从营销目的看，零售品牌的营销目的是产品销售及客户满意度提升，更注重实际效果及实际满足客户需求；而能源品牌的营销目的是通过企业价值观、企业文化、视觉美学形成客户对其产品与服务的认知、认同和认购。

2. 产品服务体验不同

从产品服务体验方面看，零售品牌是针对消费者（to C）的具体消费的功能产品，是产品功能性品牌，偏向于产品功能阐述和产品销售；而能源品牌是企业（to B）的，多是综合性服务，是体验感受性品牌，侧重于文化塑造。

3. 市场消费导向不同

从市场消费导向看，零售品牌着力于产品销售转化，倡导产品的功能性与价值体验；而能源品牌强调“质量”“体验”“完美”等意识，注重产品与服务，价值观沟通与服务，视觉效果与心理体验，倡导客户重视产品质量与体验。

4. 品牌矩阵形式不同

从品牌矩阵看，消费型品牌是以产品品牌为主、企业品牌为辅的产品样式矩阵；能源企业品牌矩阵则包括企业品牌、产品品牌、技术品牌、服务品牌、项目品牌、公共品牌、专属品牌等类别矩阵，多从“行业议题设置”“基本理念”“技术先进性”“社会综合效益”“案例营销”“信誉背书”方面诠释品牌调性，树立品牌地位。营销中常常采用“实现了行业首创”“填补了行业空白”“解决了行业痛点”“实现了节能降耗”“提高了效率”等营销术语，彰显品牌的特殊性和重要性。

5. 内容传播方式不同

从传播方式看，能源产业品牌侧重精准宣传，传播目标较为垂直，往往不需要大规模社会层面的传播，是垂直圈层与泛社会化的双层传播模式。其逻辑是虽然社会上的大部分群体不是产品的直接用户，但是让其接受品牌理念也是必要的，有利于品牌传播。能源企业要注重在用户圈层内建立良好口碑，同时也要在社会上树立良好企业形象，避免因品牌负面信息给企业招投标、行业准入等商业行为造成不良影响。

（五）能源品牌建设维度

从质量强国和品牌强国的角度看，能源企业产品质量提升与科技、资本和人才等硬性生产要素有关，还与公司文化、创新战略、运营模式、国际合作等软因素有关。能源品牌建设可看成是企业软实力与硬实力的整合。

1. 品牌文化力

品牌文化力是指品牌文化对品牌竞争力的作用或影响力，也是品牌永葆生命力的动力源泉。品牌文化力体现为文化凝聚力和文化影响力。品牌文化力的价值在于：①品牌文化力是品牌的巨大财富，它可以为品牌带来极高的附加值。②品牌文化力是克服同质化竞争的理想手段。它的感染力与吸引力将塑造更大的差异化竞争优势，从而影响消费者的选择。③品牌文化力能提高消费者忠诚度。优秀的品牌文化能带给消费者愉悦的心理体验，激发消费者的情感认同，形成对品牌的忠诚。企业要想在市场上树立强大能源品牌，应不断激发品牌的文化力，创造更多发展动能。能源品牌文化内涵比较丰富，包含能源低碳转型的绿色文化、爱国爱党爱民的红色文化、创新创业的进取文化等先进文化。能源企业应开拓创新，苦练内功和外功，讲好能源故事，擦亮金字招牌，提升知名度。能源品牌不仅彰显质量、个性、价值，也代表文化、信誉，是国家科技实力和经济实力的外在表现。在全世界都在关注能源安全和环境气候问题的时刻，加强能源品牌建设有利于建设质量强国、能源强国。

2. 技术引领力

技术引领力是能源品牌建设的关键要素。“双碳”背景下，能源品牌与供给结构和需求结构升级的方向关联日益紧密。随着经济环境和消费结构的变化，品牌已经成为我国经济高质量发展的关键。能源产业发展的方向，也是能源技术创新的方向，更是能源品牌崛起的方向。品牌建设对于促进国家经济高质量发展、满足居民消费升级的需求，以及提升产业国际竞争力等诸多宏观层面，均具有重要意义与价值。对于任何企业而言，品牌建设都是一个长线的过程，在此期间需要不断地通过提高企业的技术优势，来不断地为品牌进行赋能，这就要求企业在科技、研发、管理、产品等方面进行综合能力的提升与重塑。其中，科技创新发挥了“一马当先、当仁不让”的驱动优势。产品需要通过技术创新提高品质、降低成本、增加产品用途和完善产品功能。一定程度上可以得出如下结论：科技创新正在成为强化品牌竞争力的指标性因素。例如，白鹤滩水电站是国家“西电东送”重大工程，也是当今世界在建规模最大、技术难度最高的水电工程。该项目解决了柱状节理玄武岩高拱坝坝基、巨型地下洞室群围岩稳定、抗震安全、混凝土温控防裂、枢纽泄洪消能、百万千瓦水电机组难题。白鹤滩水电站的建成，预示着我国水力发电达到了世界先进水平，树立了我国能源品牌的新国际形象。

3. 示范感染力

感染力是“病毒营销”的核心。面对互联网＋时代的消费者，能源品牌营销策划的核心任务就是打造感染力，引人注意，激发人们的谈论和分享，实现“走心”，从而让品牌疯传燃爆。很多居于产业链上游的能源品牌与消费者不直接接触，消费者无从感受到具体的产品或服务。面对这种困扰，能源品牌需建立与消费者的情感连接，增强品牌的示范感染力。示范感染力的建立过程就是建立消费者对品牌的情感认同过程，是提高品牌价值的过程。通过建立一批能源示范项目，打造绿色、清洁、高效、便民的品牌形象，将会使消费者产生深层的认可和感觉到品牌形象更贴近他们内心的需求。在营销推广中，企业需不断强调品牌的重要性，并且与实际产品或服务经验紧密相连。当消费者对品牌产生强烈的情感认同时，他们通常愿意为品牌做宣传，甚至成为品牌形象的忠实粉丝。

4. 客户服务力

品牌触达客户的有效方式是品牌为客户提供有价值的服务。客户服务力是能源价值的重要来源。提高客户满意度的最佳方法是通过改善服务、技术和产品来提升用户体验。要想提高能源行业客户满意度，就必须从不同层面出发，改善服务、技术和产品，增强客户关系，利用大数据等方法来提供更全面、更优质的服务，达到提升客户满意度的最佳效果。

5. 责任驱动力

与很多行业品牌相比，能源品牌更在乎社会责任。全球能源安全、环境气候问题亟待解决。加强能源品牌建设有利于解决此类问题，为全世界人民谋福祉、谋发展、谋未来。能源品牌需在责任驱动下，进行技术创新和环境综合治理，完善公司治理，建设一个厚植绿色品牌基因，对社会负责任的国际一流能源品牌，赢得市场认可和大众厚爱，为品牌永葆青春注入活力。

6. 市场竞争力

随着全球经济的发展和人口的增长，能源需求也在不断增加。能源被认为是现代社会的基础，它不仅关系到国家的经济安全和社会稳定，而且还直接影响到全球气候和环境的变化。全球能源市场的竞争格局主要表现在三个方面：供应方、需求方和市场机制。供应方的竞争主要表现为能源资源的争夺和能源生产技术的竞争；需求方的竞争主要表现为能源消费的竞争；市场机制的竞争主要表现为能源价格的竞争。这些要素的改变会对市场消费关系造成影响。能源品牌应积极适应这些影响，作出调整，以应对未来不确定性风险。

7. 国际一流品牌塑造力

中国属于能源强国之列，具有塑造国际一流能源品牌的先决条件。第一，中国的能源装备制造体系是目前全世界最大、门类最多、能力最强的，无论是能源的勘探开发，还是一次能源向二次能源的加工转化，到最后传统能源的终端利用，整个过程中所有的技术和装备都能够自己生产；第二，中国新能源品牌占据全球半壁江山，中国还通过科技和投资为其他国家的可再生能源发展作出贡献。中国在国内外都对碳减排作出了重要贡献。以上两点决定了中国建设国际一流能源品牌的优势。能源企业应深耕品牌底蕴，厚植绿色发展底色，掌握品牌塑造方法，做好品牌国际传播，在国际舞台上树立中国能源品牌的光辉形象，输出中国能量、中国智慧和中国方案。

（六）能源品牌建设实施路径

1. 能源品牌路径

根据国内外能源品牌建设经验，能源品牌建设路径可以归结为：

产品名称—产品品牌—业务品牌—产业品牌—集团品牌—区域品牌—国家品牌。

（1）产品名称。产品名称通常是对产品、服务、场景的称谓，主要用以区分不同产品。有些能源产品名称家喻户晓，虽不是品牌，也发挥品牌的作用。例如，通威光伏在营销中被广泛使用，虽不是注册商标品牌，但是在业内知名度很高，影响力很大。

（2）产品品牌。产品品牌是针对特定客户群体的品牌。例如，中国石油天然气集团有限公司和中国石油化工集团有限公司在润滑油方面业务有重叠，两家公司都为润滑油产品赋予了非常大气的品牌名称。“昆仑润滑油”是中国石油天然气集团有限公司的产品品牌。“长城润滑油”是中国石油化工集团有限公司的产品品牌。昆仑和长城是中国伟大形象的象征，凝聚了中国人的集体共识。两家公司的润滑油品牌名称都从中国文化元素中汲取了养分，赋予了这两个品牌非凡的形象。

（3）业务品牌。这类品牌囊括了技术、项目、服务、文化、人物等要素，从不同角度支撑能源品牌。例如“白鹤滩”水电站代表了中国技术实力，因为其位于四川省宁南县和云南省巧家县交界的金沙江河道上，也成为四川省和云南省水电的省域品牌，更是享誉国内外的中国水电技术品牌和项目品牌。

（4）产业品牌。某个公司或某一区域的能源产业已经形成规模，形成产业链，则可以构成能源产业品牌。例如，目前，光伏和氢能是新能源主导产业，在减碳中发挥重要作用，则光伏和氢能可以被视为产业品牌。

（5）集团品牌。集团品牌要求从品牌标识到形象定位保持在公司所有企业内的统一。例如,“国家电网”是国家电网有限公司的品牌，属于集团品牌。集团内企业需规范使用“国家电网”标志。

（6）区域品牌。某一区域具有代表性的品牌，彰显区域特色和优势。例如，浙江作为资源小省，能源消费大省，积极开发清洁能源，率先成为国家清洁能源示范省，经过多年的发展创建了“国家清洁能源示范省”区域品牌。

（7）国家品牌。中国能源企业积极参与“一带一路”能源国际合作，打造能源转型和清洁能源示范项目，树立了光辉的中国能源品牌。例如，电网类企业在“一带一路”框架下投资和承建的项目均为关系当地经济社会发展的关键基础设施，实现了投资、建设、运营一体化和技术、装备、标准一体化“走出去”。这既是全球能源行业价值结构转型的现实例证，也是“一带一路”能源合作未来深入发展的基本范式和“中国能源样板”，为世界贡献了中国能源、中国技术、中国智慧、中国方案。

2. 能源品牌类型

能源品牌建设过程中，可以结合自身的发展阶段、市场规模、竞争态势等因素单独使用或混合使用主品牌、副品牌、描述性品牌、联合品牌。对于初创企业，单一品牌战略可能更有利于集中资源，快速树立品牌形象。对于成熟企业，多品牌战略或母子品牌战略可能更适合拓展市场份额，满足消费者多样化需求。而在企业合作或并购等情况下，联合品牌战略可能成为一种有效的选择。例如，隆基森特是由隆基绿能科技股份有限公司和森特公司合作形成的品牌，联合品牌战略的优势在于能够整合双方的资源，共同打造强大的品牌形象，然而，联合品牌战略需要双方企业在品牌管理、市场推广等方面达成高度共识，避免出现品牌冲突和内耗。

第四章

我国能源品牌建设成效及经验

一、我国能源品牌建设取得的成效

能源是经济社会发展的物质基础、国家竞争力的主战场。确保能源安全，实现“双碳”目标是我国长期的能源发展战略和国策。我国各省市和自治区争当能源清洁低碳转型的推动者、先行者、引领者，积极开启清洁能源示范大省（区）、能源转型大省（区）、能源特色城市和园区低碳化发展历史进程，打造新型能源体系。经过多年的能源品牌创建探索实践，清洁能源示范省和能源转型大省及能源特色城市品牌建设成绩斐然，建立了“国家清洁能源示范省”、国家“风光水储一体化”清洁能源大基地，塑造了独具特色的中国区域能源品牌绿色形象，打造了“浙江样板”“四川样板”“青海样板”等清洁能源大省样板和能源转型大省山西争做“能源革命综合改革试点全国能源革命排头兵”的“山西样板”，为实现碳达峰碳中和目标，建设能源强国、品牌强国积极贡献力量。

（一）我国区域能源品牌建设成果

1. 传统能源产业加速提质增效，推动品牌升级

我国各省份在“双碳”目标指引下，积极推动传统能源产业向绿色能源转型。

（1）我国在煤炭开采和煤化工领域实现绿色和智慧转型

煤炭作为我国主体能源，对经济发展发挥重要作用。实现煤炭工业高质

量发展，对于保障能源安全和实现碳达峰碳中和意义重大。我国很多省市立足省情市情，推进煤炭消费转型升级。例如，山西深化能源革命，推进5G智慧矿山建设，通过煤化工、煤洁净技术，降低煤炭对环境的影响。普遍来看，数字经济时代能源企业向智能化转变趋势和举措成为企业品牌建设新特色，企业品牌营销围绕数字经济展开，不仅能让大众看到企业的最新发展状态，也能感知到企业与时俱进的创新精神和企业风采，树立全新的品牌形象，推动企业参与全球竞争。

（2）我国在石油天然气领域实现重大突破

我国在石油天然气方面加强技术升级和绿色转型，取得了较大进步。例如，大庆巩固油气采掘这个“压舱石”，全力支持油田实施“稳油增气”战略；做强油头化尾、汽车及装备制造两大“成熟型”支柱，走“少油多化、减油增化”路线，大力发展精细化学品下游产业，助力沃尔沃增型扩量，带动关联产业迭代升级，走出一条绿色、可持续发展的道路。

2. 新能源产业呈现爆发式增长，培育新兴品牌

我国坚持集中式与分布式并举，大力发展风电、太阳能发电、核电站，还在工业供热和供气、清洁供暖、海水淡化、核能制氢等领域发挥重大作用。根据国家能源局2023年2月17日公布的2022年光伏发电建设运行情况数据，2022年，全国各省光伏新增装机容量排名中，河北省新增9.34GW，占比10.70%，居第1位。截至2022年底，累计光伏装机容量排名前3的省份分别是山东省（42.699GW）、河北省（38.553GW）、浙江省（25.39GW）。河北省能取得在2022年光伏新增装机容量中排名第1位、2022年累计光伏装机容量排名第2位的好成绩，与河北省依托丰富的风能、太阳能、生物质能、地热等新能源资源，将建设清洁高效、多元支撑的新型能源强省作为发展目标密不可分。根据河北省政府官方新闻发布，预计到2035年，河北省火电装机规模稳定在7000万千瓦左右，陆上风光电装机达到1.66亿千瓦、海上风电开发规模1500万千瓦，沿海核电建成720万千瓦，“风、光、水、火、核、储、氢”多能互补供应格局基本形成。各省积极发展光伏等新能源，构建多元能源格局，彰显出现代能源经济的活力和巨大潜力，为我国能源提供安全保障，助力实现“双碳”目标。

3. 电力技术创新能力不断增强，塑造核心品牌

电力技术不断创新，虚拟电厂仿真技术广泛应用，新型储能技术多元化发展态势明显，对工农业生产、交通运输、建筑等领域带来深刻的积极影响。

例如，华龙一号全球首堆具有第四代核能系统特征的高温气冷堆商业示范核电项目成功并网发电，单机容量 16 兆瓦全系列风电机组成功下线，标志着我国核能技术进入新的里程碑。根据《中国电力报》2022 年 10 月 20 日信息，我国全面掌握 1000 千伏交流、±1100 千伏直流及以下等级的输电技术。世界首个 ±800 千伏特高压多端柔性直流工程昆柳龙直流工程成功投运，创造了 19 项世界第一，整体达到国际领先水平。该工程首创了常规直流与柔性直流的混合直流输电形式，实现了混合直流的全域稳定运行，开创了经济、安全的全新输电形式。

4. 重大能源项目推进成效显著，打造示范品牌

很多省市积极推动能源绿色转型，保障能源安全，推动经济社会发展。例如，中国广核集团有限公司辽宁红沿河核电有限公司的辽宁红沿河核电站核能供暖示范项目是东北地区首个核能供暖项目。核能供暖是清洁“零碳”的供暖方式，是核能综合利用的创新成果。项目每年约减少标准煤消耗 5726 吨，减排二氧化碳 1.41 万吨，有效改善当地生态环境。

5. 能源装备和材料集群化发展，促进品牌协同

我国不同区域积极打造能源产业集群发展基地，实现能源产业集群化、规模化、效应化发展，通过优化能源产业链、培育龙头大企业，带动产业链上下游中小企业形成产业集群，有效促进能源高效利用，拓展区域能源产业发展空间。例如，江苏积极打造世界级新型电力和新能源装备产业集群。江苏是新型电力和新能源装备产业大省，在智能电网、晶硅光伏、风电装备、特高压设备等优势产业链领域具有较强竞争力。天合光能股份有限公司、东方日升新能源股份有限公司等光伏企业在常州布局。苏州积极打造国际能源变革典范城市，超前布局光伏、风电、智能电网、动力电池及储能、氢能和智慧能源等新兴能源产业，鼓励开展联合技术攻关，破解钙钛矿光伏电池等关键共性技术难题。河北保定构建“风光氢储输”五链协同的产业集群，加快建设全国“碳中和产业之都”。总之，各省积极发展能源装备，健全能源产业链的举措，对于推动区域经济发展发挥了积极作用。

（二）我国企业能源品牌建设成效

1. 知名度不断提升

在当今激烈的市场竞争中，提升品牌知名度是很多企业努力追求的目标。高知名度的品牌不仅能带来更多的客户和利润，同时还能提升竞争力和品牌价值。我国能源企业积极开展增品种、提品质、创品牌工作，引领企业发展。能源企业提高品牌知名度的方式归纳起来大致有以下方面：第一，通过确定品牌和目标市场定位。第二，提供优质产品和服务，打造重点项目。第三，树立品牌形象，包括企业名称、企业标志、公司口号、官方网站等。形象简洁明了、易于传播能够提高品牌的认知度和印象度。第四，选择适合的广告渠道和营销方式，例如举办各种类型的活动、参加展会、在社交媒体上发布品牌相关的信息，或者与有影响力的人合作推广品牌；通过口碑网络推广、微信关注度积累、社区推广等方式加强口碑营销，从而增加品牌的权威度和知名度。第五，能源企业长期保持良好的服务质量、持续创新产品和服务品牌，加强市场推广和宣传活动，从而长期维护品牌形象的稳定度和认知度。经过很多能源企业争创品牌的不懈努力，能源品牌知名度大幅提升。在传统能源领域，中国石油天然气集团有限公司、中国石油化工集团有限公司、中国海洋石油集团有限公司等国央企是国家能源排头兵，知名度家喻户晓。在新能源光伏领域，涌现出了通威集团有限公司、隆基绿能科技股份有限公司、浙江正泰新能源开发有限公司、天合光能股份有限公司等新能源企业，市场份额几乎占据了国内光伏行业半壁江山，还有大量光伏组件出口到国外，提高了中国能源品牌的知名度。

2. 美誉度誉满全球

能源企业为客户和为社会提供高新技术和产品，高品质的服务，解决行业难题，填补行业空白，创造多项世界纪录，造福当地百姓，为当地能源产业发展和经济发展积极做贡献，赢得行业的认可和社会的赞誉，实现品牌美誉度不断提升。2022 年《财富》世界 500 强排行榜前 10 名榜单中，我国企业占了 4 个名额，分别是国家电网有限公司（排名第 3）、中国石油天然气集团有限公司（排名第 4）、中国石油化工集团有限公司（排名第 5）以及中国建筑集团有限公司（排名第 9）。榜单前 10 名中有 4 个企业属于能源行业。单从能源行业排名看，国家电网有限公司排名第 1，中国石油天然气集团有限公司排名第 2，中国石油化工集团有限公司排名第 3，沙特阿美公司排名第 4。在前 4 名能源企业中，中国能源企业位居前三名（见表 4.1）。通过排名可知，中国能源品牌在全球能源品牌格局中居于重要地位。

表 4.1　2022 年《财富》世界 500 强排行榜 TOP 10

排名	企业	备注
1	沃尔玛（美国）	
2	亚马孙（美国）	
3	国家电网有限公司（中国）	能源
4	中国石油天然气集团有限公司（中国）	能源
5	中国石油化工集团有限公司（中国）	能源
6	沙特阿美公司（沙特阿拉伯）	能源
7	苹果公司（美国）	
8	大众公司（德国）	
9	中国建筑集团有限公司（中国）	
10	CVS Health 公司（美国）	

中国能源企业取得如此巨大的成就与企业争创世界一流品牌战略密不可分。近年来，中国能源企业积极推动能源转型和绿色发展，发挥品牌引领作用，推动能源产业高质量发展，实现品牌价值领跑世界。随着“一带一路”能源合作不断深入，中国能源企业在国外建立了良好的能源品牌声誉。例如，国家电网有限公司在共建“一带一路”进程中，积极服务党和国家工作大局，秉持共商共建共享原则，以电力规划衔接和标准对接助力政策沟通、以电力基础设施投资建设推进设施联通、以电力国际产能合作促进贸易畅通、以境内外资本投融资推动资金融通、以境外项目本土化运营促进民心相通，服务高质量共建“一带一路”不断走深走实，为地区经济社会发展注入强劲动能。国家能源投资集团有限责任公司坚定践行国际化战略，在中国“一带一路”倡议与印度尼西亚“全球海洋支点”对接中，走基于共生价值理念的国际化发展之路，逐步成长为印度尼西亚电力领域投资规模最大的中资企业，得到了印度尼西亚政府、电力行业及民众的高度认可和广泛好评。中国广核能源国际控股有限公司积极参与高质量共建“一带一路”，从推动电力设施“硬联通”、技术标准“软联通”，再到促进与当地人民“心联通”，打造了多个“一带一路”能源合作样板，受到了当地人的广泛赞誉。

3. 创新能力与日俱增

（1）创立新品牌

根据市场的变化和企业自身技术、经济能力，对品牌从结构到性能、服务等方面进行完全的创新，给消费者一种全新的感觉。近年来，很多能源公司积极推行品牌强企战略，将品牌建设作为增强企业核心竞争力的有效措施，一方面，对原有的品牌进行优化，摒弃旧品牌，重塑新品牌形象，给消费者耳目一新的感觉，逐步塑造良好的企业形象和提高企业的信誉。另一方面，企业提前对商标进行分类布局，增加新品种，注册新品牌，为下一步拓展经营范围做好准备。新品牌的建立可以摒弃以往品牌的不良印象，为企业发展注入活力。

（2）创新品牌的用途和内涵

品牌创新包括技术、管理、商业模式的重大突破、改变、提升。通过对原有品牌在设计、形象等方面的再开发，扩大品牌的使用范围，拓宽品牌内涵。例如，通威集团有限公司实现了品牌文化从 1.0 时代到 5.0 时代的演变，品牌建设取得了丰硕的成果。通威集团有限公司牢固树立“品质立企、品牌强企”品牌意识，一直将品牌作为企业发展的重要软实力，强化顶层设计。品牌管理委员会作为集团品牌管理最高领导机构，构建起完整的集团品牌传播“规划—管理—执行”体系。40 年来，通威始终坚持以技术创新作为企业核心竞争力，全球首创的“渔光一体”发展模式，实现了绿色农业和绿色能源两大产业协同发展。通过技术创新和产品创新，极大地拓展了品牌内涵。

4. 规则制定力显著提高

规则是企业运行必须或不得不遵循的技术、商业、管理规范和准则。规则制定力指企业在制定国内和国际技术、商业、管理规范、准则中的参与程度、主导程度和话语权。目前，有些能源企业制定了标准，抢占行业制高点。根据企业案例，浙江舟山供电公司依托“国蛟一号”海洋输电技术，编制 3 项国家标准和 30 余项各类标准，荣获公司技术标准创新贡献奖。海洋输电专业实验室获得 CNAS 认可，“十三五”期间立项实施国家重点科技项目 2 项，各类研发项目 30 余项，获得发明授权专利 108 项。创新成果填补多项国内技术空白，解决了制约海洋输电的关键瓶颈问题，引领海洋输电创新发展航向。东方电气 F 级 50 兆瓦重型燃气轮机 G50 项目，被称为装备制造业“皇冠上的明珠”，实现“0”到“1”突破，解决“卡脖子”关键核心技术难题，全面攻克燃气轮机自主研制、试验全过程技术，建设自主的 F 级燃机设计体系，掌握燃气轮机核心部件与整机总体性能、总体结构的设计方法，构建自主知识产权的设计规范、软件和数据库，获得授权发明专利 136 项，参与制定国家行业标准 6 项，形成燃机设计 / 制造标准超 1000 项，建成行业唯一的清洁高效透平动力装备全国重点实验室，F 级 50 兆瓦重型燃气轮机更是两次获评

“央企十大国之重器”。能源企业通过制定规则，占领行业制高点，引领行业发展，为我国能源品牌建设提供新思路。

5. 公信力备受社会认可

品牌质量是提升品牌公信力不可或缺的因素。品牌质量包含两个方面：产品质量和服务质量。产品是品牌的核心，产品的质量直接影响客户对品牌的信任度。能源企业关乎国家经济命脉，大多数企业品牌在生产制造和售后服务等环节中高度重视产品质量，确保产品质量上乘，并提供细致周到的服务，从而赢得市场认可，让客户感受到品牌的关爱和专业能力，从而增加客户对品牌的信任度。品牌不仅要关注自身的产品质量和服务质量，也要关注公司与社会的关系，承担社会责任。很多品牌企业通过积极参与社会慈善救助、环境保护和支持教育、乡村振兴、响应社会事务等方式，来强调品牌的价值和责任感，从而提高品牌公信力。例如，泸定“9・5”地震发生后，通威集团有限公司向雅安市红十字会和甘孜州红十字会捐款共计 5000 万元，这些捐款主要用于本次地震灾区紧急救援、过渡安置以及灾后重建工作。此外，自 2011 年起，国家能源投资集团有限责任公司公益基金会与中国社会工作联合会合作开展国家能源爱心行动“两病救助”项目，救助 0~18 岁患有先天性心脏病和白血病的困境家庭儿童。能源企业参与社会公益的活动不胜枚举，彰显了能源企业正面社会价值和积极影响，增加大众的信任感，使得品牌公信力不断提升。

6. 竞争能力极大增强

随着世界能源转型步伐的加快，更多国家、地区和企业参与到新能源领域。光伏、风电等领域全球化趋势明显，市场竞争异常激烈。在技术层面，你追我赶、不断迭代。例如，我国光伏企业隆基绿能科技股份有限公司不断刷新发电效率，2022 年隆基绿能自主研发的硅异质结（HJT）电池转换效率达到 26.81%。在价格方面，受原材料、产业集群化和规模效应的影响，价格波动比较大。我国光伏原材料供应稳定，价格相对稳定，出口额不断攀升，品牌竞争力不断提升。

7. 忠诚度不断巩固

能源企业提供各种优质服务，满足用户需求，提高用户对品牌的忠诚度。例如，很多电力公司努力做优电热用户市场营销服务，在寒冬和酷暑等极端条件下、偏远山区和工业重镇等特殊区域、节假日和大型活动等特定时期保障用电安全，根据用户特点制定特定电力供应方案，通过签订中长期大用户直供电合同以降低生产成本等方式满足用户用电需求，增强用户对品牌的信任感和忠诚度。

8. 品牌价值蒸蒸日上

能源企业在品牌管理实践中不断创新，推动品牌价值提升。根据能动 Nengdong 2023 年 2 月 10 日讯，数据信息提供商标普全球普氏（S&P Global Platts）公布 2022 年度全球 250 强能源公司排行榜（S&P Global Platts Top 250 Global Energy Company Rankings）。标普全球普氏公司主要通过 4 个关键财务指标：资产价值（asset worth）、营业收入（revenues）、利润（profits）、投资回报率（return on invested capital），依据特定算法得分高低进行品牌排名。在本次排名中，沙特阿美蝉联榜首，巴西石油和卢克石油名列第 2、第 3 位。前 10 名基本都是全球石油巨头。中国（含香港、台湾地区）共有 14 家企业进入前 100 名，最好名次是第 11 名（见表 4.2）。通过这些数据可知，我国能源企业已经建立了一批有竞争力的国际一流品牌，未来仍有很大提升空间。

表 4.2 2022 年度全球 100 强能源公司排行榜中国企业排名

排名	中国企业名称	主营业务
11	中海油（CNOOC Ltd）	油气勘探生产
12	中国石化（China Petroleum & Chemical Corp）	油气一体化
13	中国神华能源（China Shenhua Energy Co Ltd）	煤炭和消耗燃料
17	中国石油（PetroChina Co Ltd）	油气一体化
32	陕西煤业（Shaanxi Coal Industry Co Ltd）	煤炭和消耗燃料
41	兖矿能源集团（Yankuang Energy Group Co Ltd）	煤炭和消耗燃料
43	中煤能源（China Coal Energy Co Ltd）	煤炭和消耗燃料
51	长江电力（China Yangtze Power Co，Ltd）	可再生电力
59	中国台湾省企业台塑石化	油气精炼和销售
80	新奥能源控股（ENN Energy Holdings Ltd）	公用事业：燃气
93	北京控股（Beijing Enterprises Holdings Ltd）	公用事业：燃气
95	中广核（CGN Power Co Ltd）	独立电力生产和能源贸易
98	昆仑能源（Kunlun Energy Co Ltd）	公用事业：燃气
99	中电控股（CLP Holdings Ltd）	公用事业：电力

资料来源：根据标普全球普氏 2022 年度全球 250 强能源公司排行榜整理。

在新能源领域，出现了一批能源新秀品牌，竞相绽放，独具特色。例如，《2017 Asia brand 中国新能源行业品牌价值 100 强榜单》上榜品牌中，品牌价值超过 100 亿元的企业有 6 家，品牌价值为 50 亿 ~100 亿元的企业有 13 家。到了 2022 年，我国新能源企业品牌成长迅猛，涌现了一批在世界上有影响力的行业尖兵，勇挑大梁，推动中国新能源产业发展壮大。例如，2022 年 7 月，世界品牌实验室发布 2022 年《中国 500 最具价值品牌》，通威品牌价值再创新高，达到 1610.58 亿元，位列中国 500 最具价值品牌 50 强，蝉联全球水产和光伏两大行业第一。随着集团一路发展壮大，通威品牌也实现从小到大、从大到强，有力地支撑集团稳健快速发展。从 2004 年的 19 亿元，到目前突破 1600 亿元，通威品牌价值不断刷新历史纪录。

此外，一批能源装备制造业的品牌价值也在不断提升。杭氧集团通过实施战略转型期品牌管理，使得社会公众对企业的认知逐步转变，从单纯装备制造企业升级为具备“工业总包—装备制造—气体运营”全产业链优势的企业。杭氧气体发展模式和服务品质获得了行业的认同和客户的认可，气体投资增速跃升至国内领先。杭氧品牌价值和品牌影响力显著提升，荣获 2021 年度中国质量奖提名奖、国家级服务型制造示范企业、国务院国资委国有重点企业管理标杆创建行动标杆企业。杭氧通过坚持技术创新、助力产业链上下游绿色低碳发展，履行社会责任，获评“2021 年钢铁产业链绿色标杆企业”。在 2021 年“中国品牌价值评价信息榜”评选中，杭氧以 925 分（满分 1000 分）的品牌强度，荣登该榜的机械设备制造榜，品牌强度排名第 9 位，品牌价值 45.63 亿元。

这些事例说明，我国能源装备企业品牌价值不断提升，形成了品牌效应，带动能源产业不断向好、向强大踏步发展。

二、我国能源品牌建设的作用

品牌是企业的重要资产，它不仅仅是一个商标或标志，更是企业在消费者心中的形象、信誉、文化和价值观的综合体现。品牌的作用可以从能源企业、消费者、社会方面来分析。

（一）能源品牌对企业的作用

1. 实施品牌经营有利于创建一流企业

企业品牌是受众因企业价值主张、发展质量、管理能力、服务水平等而产生的有别于其他企业的整体认知。基于此，企业建立品牌的过程不仅包括宣传册、宣传单页等品牌外在形象的展示，也应涵盖概念设计、质量控制、过程管理，效果、效率、价值的评估、管控、展示，以此构建品牌完整形象。通过品牌建设，有利于提高企业管理水平，凝聚员工队伍，建立适合的企业文化，从而创建一流企业。

2. 提高企业的知名度、美誉度

能源品牌是企业在市场上的标志和形象，它可以帮助能源企业在消费者心目中建立起一种独特的形象和信誉，提高企业的知名度和美誉度。这种知名度和美誉度可以帮助企业吸引更多的消费者和合作伙伴，提高企业的影响力和话语权。

3. 提高顾客忠诚度和信任度

能源品牌可以帮助能源企业建立起一种长期的关系和信任，从而提高顾客的忠诚度和信任度。消费者往往喜欢购买熟悉和信任的品牌，这样不仅可以减少选择性困惑，也能确保购买的产品更能满足使用需求和情感上的愉悦。

4. 增加销售额和市场份额

能源品牌可以为能源企业赢得更多的消费者信任和忠诚度，从而增加销售额和市场份额。消费者在购买产品时，往往更愿意选择那些具有知名度和美誉度的品牌，因为用户相信这些品牌的产品更加优质、可靠和安全。

5. 降低宣传成本和销售成本

能源品牌可以帮助能源企业降低宣传成本和销售成本，因为品牌已经在消费者心目中建立起了一种独特的形象和信誉，不需要在宣传和销售上花费太多的成本和精力。这可以帮助企业提高效率和降低成本，从而更好地服务于消费者。

6. 提高企业的竞争力和市场地位

能源品牌可以帮助能源企业提高竞争力和市场地位，因为品牌已经在市场上建立起了一种独特的形象和信誉，具有一定的市场份额和话语权。这可以帮助企业在激烈的市场竞争中脱颖而出，赢得更多的消费者和市场份额。

7. 为企业整合更多资源提供便利

其一，提升甲方对企业的认可度和信任度。除去市场其他因素影响，品牌成为甲方购买服务的决定因素。实施品牌经营有利于消费者识别各种商品或服务，以便有效地选择和购买商品或服务，并通过品牌强化甲方的购买服务理念，提高他们对公司产品及服务的忠诚度，降低他们购买产品和服务的风险。

其二，提升资本对公司的认可度和信任度。公司资本运作的作用更加重要、步伐日渐加快，开展品牌建设，有利于在资本市场树立良好形象，赢得银行等机构的信任与追随，获得更大的运作空间和更多的支持。

（二）能源品牌对消费者的作用

1. 提供产品的保障和信任

品牌可以为消费者提供产品的保障和信任，因为品牌已经在市场上建立起了一种独特的形象和信誉，消费者相信这些品牌的产品更加优质、可靠和安全。

2. 提高消费者的认同感和归属感

品牌可以为消费者提供一种认同感和归属感，因为品牌代表了一种特定的文化和价值观，消费者可以通过选择品牌来表达自己的个性和态度。

3. 提升消费者的体验和情感

品牌可以为消费者提供一种独特的体验和情感，因为品牌不仅仅是产品本身，还包括品牌的形象、文化、价值观等多方面的元素。这些元素可以为消费者带来更加深刻的感受和情感体验。

（三）能源品牌对社会的作用

1. 推动社会经济的发展

能源品牌可以为社会经济的发展作出贡献，因为品牌代表了一种特定的文化和价值观，可以带动相关产业的发展，创造更多的就业机会和经济效益。

2. 提高社会文化的品质

能源品牌可以为社会文化的品质作出贡献，因为品牌代表了一种特定的文化和价值观，可以传递积极向上的信息和理念，引领社会文化的发展和进步。

综上所述，能源品牌的真正作用是多方面的，它不仅仅是企业的标志和形象，更是企业文化和价值观的体现，是消费者认知、印象和信任的总和，是社会经济和文化发展的重要力量。能源市场发展空间巨大，国内很多中小企业品牌体系不完善，竞争力不足，公司及早建立品牌战略，有利于掌握市场先机，赢得机遇。企业应该重视品牌建设，不断提升品牌的形象和信誉，为消费者提供更优质、可靠和安全的产品和服务，为社会作出更大的贡献。

三、我国能源品牌建设经验总结

我国能源企业品牌建设思路：发挥品牌杠杆作用，以品牌提升质量效益，以品牌创造产业动能，以品牌促进社会发展，通过塑造品牌形象，打造技术、项目、文化、人物、服务、责任、合作品牌，建设能源强国，赋能乡村振兴，推动“一带一路”能源国际合作。具体做法如下：

（一）塑造 CIS 能源品牌形象，提升品牌穿透力

CIS 简称 CI，全称 Corporate Identity System，译称企业识别系统，意译为“企业形象统一战略”。能源企业全面导入 CIS，能给企业贴上一个独特的标签，营造独特的个性，树立鲜明的品牌形象。制定品牌统一规则是为了确保品牌的统一性和品牌形象的一致性。品牌规则包括了品牌标准、文化、形象、传播等多个方面，旨在确保品牌在任何情况下都能够保持一致的表现形态和理念，从而有效地增强品牌的辨识度、可信度和表达力。基于品牌规则，制定品牌营销战略规划有助于企业建立优质品牌。CIS 战略包括视觉识别（VI）、经营理念（MI）、行为识别（BI）三部分，形成独特的品牌烙印。

1. VI 视觉形象设计

VI（Visual Identity），通译为视觉识别，是 CIS 系统中最具传播力和感染力的要素。视觉是人们接收外部信息的最重要和最主要的通道。人们所感知的外部信息，有 83% 是通过视觉通道到达人们心智的。VI 通常被认为是企业一切宣传推广工作的基础，包括企业外在形象展示，例如宣传册、包装材料等。目前，大多数能源企业品牌的广告设计紧紧围绕“绿色、能源、智慧、智能”元素进行设计，取得了良好的效果。企业标志是视觉识别的第一形象要素，也是整合所有视觉要素的中心，更是受众心目中品牌的象征。以下对部分公司的视觉设计进行介绍：

例如，中国广核集团有限公司自上而下打造辨识度高、传播力强的品牌理念体系，标识、图形、色彩等全套视觉识别系统，充分彰显清洁能源品牌特色，有力塑造企业形象。中国广核集团有限公司的品牌 logo 将中国广核集团有限公司英文缩写 CGN 作为设计元素，以人性化的象征图形“白鹭”为表现手法，CGN 也是“Clean Green Nature”的首字母缩写，力求表达“清洁”“绿色”“自然”的品牌特质，有力彰显了“安全、绿色、担当”的品牌核心内涵（见图 4.1）。

图 4.1　中国广核集团有限公司品牌标识

资料来源：中国广核集团有限公司提供。

又如，“510 中国品牌日 · 能源产业品牌宣传周” logo 形象设计造型极富特色，整个造型分为上下两部分。上面部分的左边有 7 个细长的椭圆形呈扇形排列，就像太阳的半边笑脸，颜色分别为浅绿、明绿、天蓝、深蓝色。右边为 510 字样，代表“510 中国品牌日”，E 是 Earth 或 Energy 的缩写，B 是 Beautiful 的缩写，W 是 Web 的缩写，EBW 蕴含了“能量美化世界”的含义。下面部分突出“510 中国品牌日”和“能源产业品牌宣传周”活动主题，以蓝色为主色调（见图 4.2）。整个形象设计体现了品牌立国、绿色发展理念。

图 4.2　“510 中国品牌日 · 能源产业品牌宣传周”形象标识

资料来源：北京韬能咨询顾问有限公司提供。

此外，中国石油天然气集团有限公司 logo、“昆仑润滑”产品 logo，国家电网有限公司 logo、山东省电力公司 logo、浙江省电力公司 logo，国家能源投资集团有限责任公司 logo、黄骅港务有限责任公司 logo、国电电力发展股份有限公司 logo，中国东方电气集团有限公司 logo，通威集团有限公司 logo，隆基绿能科技股份有限公司 logo，都各具特色，从不同方面体现了公司母子品牌、产品品牌、项目品牌形象，让公司品牌形象更立体，更有代表性。

很多能源企业规范企业标志管理，以便于形成统一形象。例如，中国东方电气集团有限公司通过构建新时代企业文化体系、编制发布《东方电气企业文化手册》和《中国东方电气有限公司企业视觉识别系统 VIS 手册》、开展文化共识和文化路演等系列连贯动作，依托“大国顶梁柱　永远跟党走”群众性主题宣传教育活动推动文化深植，与企业“同 · 创”文化持续融合，引导全体干部职工共同参与“一个团队、一个目标、一个梦想”的打造，让“东汽精神”成为提高企业文化管控力、品牌驱动力、企业凝聚力及整体影响力的丰厚滋养。

2. MI 精神层面设计

MI 通常被认为是企业的“精神信仰”和“最高宪法”。因此，公司在宣传时应注重宣传企业的经营目的，做什么业务，能解决什么问题。能源企业大多界定了公司主营业务，描绘了企业愿景，增强大众对企业的印象。例如，中国广核集团有限公司始终以共建绿色“一带一路”为己任，持续深耕气电、风电、光伏、生物质等清洁能源项目开发、建设和运营，控股电力装机近 1300 万千瓦，境外在运控股装机位居中国企业首位，为全球 4 大洲 15 个国家提供源源不断的清洁电力。同时打造国际品牌 IP，传递全球能源转型发展中的“中国贡献”，提升责任品牌影响力。深耕海外社会责任，助力构建“人类命运共同体”，增强责任央企形象感染力。又如，国能（北京）贸易发展有限公司利用国家能源投资集团有限责任公司铁路返空运力为社会提供物流服务，致力于降低大宗散货运输过程中的能源消耗。公司开展的非煤运输业务推动了运输结构调整，自 2012 年启动至今，该项业务已为社会运输货物 6800 万吨，减少公路运输车辆超过 194 万车次（35 吨 / 车计算），大幅减少物流运输中的能源消耗和污染物排放，实现经济效益和社会效益有机统一。

3. BI 行为准则设计

BI 通常被认为是企业的“行为准则”，类似于“宪法下面的法律”。宣传时应注重宣传企业的行为准则、操守、服务理念。能源企业大多制定了企业服务理念、服务宗旨等行为准则，促进企业品牌形象提升。例如，国家电网有限公司加强战略引领，制定专项规划丰富“可靠可信赖”的品牌核心理念，持续推广“你用电・我用心”的品牌口号，厚植“人民电业为人民”品牌文化基因，提升全员品牌意识。强化全面品牌管理、构建品牌架构、注重品牌推广、探索品牌资产管理模式、塑造全球形象，上下联动的品牌工作体系和子品牌创建路径不断完善。品牌价值连续 15 年攀升，品牌连续 6 年位居世界品牌实验室《中国 500 最具价值品牌》榜首。又如，浙江衢州供电公司提出“最多跑一次”服务理念，通过“一窗受理、集成服务、一次办结”的服务模式创新，让企业和群众办事实现“最多跑一次”的目标。国网衢州供电公司在公共服务领域先行先试，多措并举持续优化电力营商环境，实现客户办电“线上办”“联动办”“零证办”“零跑腿”，深化“最多跑一次”电力改革实践品牌打造。再如，国能诚信招标有限公司深入践行“八常”、承担“六个担当”，聚焦“数字化转型”和“打造智慧供应链”，结合集团《诚信合规手册》内在要求，从品牌内涵价值、品牌文化营造、品牌代言机制等方面深入开展品牌创建。诚信公司服务品牌创建实践拓展了品牌创建和推广路径，对实践中塑造品牌文化、维护品牌形象、提升品牌价值有一定的指导意义。基于市场需求和客户评价的品牌体系。总之，这些企业通过规范企业的行为准则，提高企业品牌知名度和美誉度，促进公司发展壮大。

（二）打造卓越能源技术品牌，提升品牌竞争力

我国提出“必须把创新摆在国家发展全局的核心位置”“抓住了创新，就抓住了牵动经济社会发展全局的‘牛鼻子’”，发挥创新“第一动力”作用的新发展理念，引导企业进行技术创新，塑造产业竞争优势。能源企业在国家创新战略引领下，加大关键核心技术攻关，全力打造能源技术策源地，以高精尖科技创新和数字化、智慧化赋能全产业链，为建设科技强国、能源强国不懈努力。通过高新技术和示范项目应用推广，解决技术难题，填补行业空白，获得行业内高度认可，荣获多项大奖；造福社会，辐射更多人群；推动乡村振兴和产业发展，从而树立科技企业硬核实力、真抓实干、回报社会充满正能量的品牌形象。技术创新是企业品牌塑造的重要价值点，也是品牌存在的根基，通过技术创新进行品牌营销，诠释企业的雄厚实力和创新精神，是能源企业常用的品牌塑造手法。以下是部分企业技术创新的案例以供参考。

1. 白鹤滩水电站 100 万千瓦水电机组创造 6 个世界第一

白鹤滩水电站是东方电气集团东方电机有限公司对外输出的品牌，是该公司在水电站领域的精彩杰作和神来之笔，体现了企业勇于创新，把握发展主动权的责任担当。白鹤滩水电站是一座位于金沙江干流上的特大型水电站，它不仅是中国第二大水电站，也是世界第二大水电站，而且还创造了 6 个世界第一：全球单机容量最大的水轮发电机组；全球最大的泄洪功率；全球最大的混凝土双曲拱坝；全球最大的水轮发电机转子直径；全球最大的水轮发电机定子直径；全球最大的水轮发电机单级扬程。白鹤滩水电站的能量密度极高，甚至达到了三峡水电站的 2.4 倍。

白鹤滩水电站与世界著名卡洛特水电站齐名，入选国际水电协会（International Hydropower Association，IHA）英文版《世界水电展望》报告（*World Hydro Power Outlook*）。作为行业借鉴案例，展示水电作为清洁能源的前景和潜力，提出水电和其他可再生能源共同实现净零排放目标的现实路径，为全球能源行业提供参考。白鹤滩水电站不仅是一个巨大的发电机，还是一

个生态工程。它在建设过程中充分考虑了对环境和生物多样性的影响，采取了一系列的保护措施，如设置生态流量、建设鱼类通道、植树造林等，为当地带来了巨大的效益。白鹤滩水电站是一个集科技、经济、生态于一体的现代化工程，展示了中国水利建设的高水平和高质量。它是中国绿色发展战略的重要体现，也是人类和自然和谐共生的典范。

2.“和睦系统”展示大国重器核能神武之力

核电站一直是“国之重器”。“和睦系统”是核电站的“神经中枢”，首次应用于“华龙一号”，实现了与我国拥有自主知识产权的第三代压水堆核电站技术“华龙一号”双剑合璧。“和睦系统”是我国三代核电自主基因强化的硕果，展现了中国广核集团有限公司在核能领域的创新精神和领先优势，是中国核能企业的亮丽品牌。中国广核集团有限公司“和睦系统”核电数字化仪控系统是我国首个具有自主知识产权的核级数字化仪控系统通用平台，关键指标国际领先，适用于二代加、三代、四代核电技术，填补了我国该技术领域空白。其对多台在役核电机组改造及 17 台新建核电机组实现批量化应用，是全球少数几家掌握核级 DCS 核心技术并实现供货的厂商之一。“和睦系统”解决了自证核能“绝对安全”这一“卡脖子”问题，我国也成为继美国、法国、日本之后全球第四个拥有这项技术的国家。

3. 隆基绿能科技股份有限公司 26.81% 电池效率硅异质结电池闪耀世界

隆基绿能科技股份有限公司致力于成为全球最具价值的太阳能科技公司，以“善用太阳光芒，创造绿能世界”为使命，秉承“稳健可靠、科技引领”的品牌定位，聚焦科技创新，构建单晶硅片、电池组件、工商业分布式解决方案、绿色能源解决方案、氢能装备五大业务板块。隆基绿能科技股份有限公司创造了 26.81% 电池效率硅异质结电池的纪录，该纪录也是目前全球硅基太阳能电池效率的最高纪录，不分技术路线，也是光伏史上第一次由中国太阳能科技企业创造的硅电池效率世界纪录；不断打破并刷新原先的硅异质结电池世界纪录，从 25.26% 提升到 26.81%，实现了一年四个月的时间里绝对值增加了 1.55% 的奇迹，充分彰显了我国光伏企业硅太阳能电池制造的科技实力和高科技能源企业的光辉品牌形象。

4. 天能控股集团“和平共储”储能技术揭开储能新篇章

近年来，我国储能需求日益旺盛。“和平共储”项目是天能控股集团有限公司在储能领域树立良好品牌形象的缩影。“和平共储”项目容量 100MW/1000MWh，是目前世界上规模最大的铅炭储能电厂；通过数字化智慧控制系统，聚合分布式能源、用户侧储能以及可调负荷等多种元素；体现了铅炭电池安全指数高、设备寿命长、经济性好等技术优势；实现了三大新突破：一是首次全方位多要素多场景展示国家电力投资集团有限公司套娃式多层级智慧控制系统架构和源网荷储一体化聚合；二是在浙江省首次实现储能资源的共享；三是实现了整村户用储能试点突破。铅炭储能在构建新型能源体系的转型趋势下前景广阔。未来，天能将坚定在铅炭电池领域持续突破，实现技术与产品性能的全面升级，不断打造创新的电池产品与储能系统解决方案，为促进经济绿色增长、保护生态环境、调整能源结构、推动科技创新注入强大的动力，助力共创零碳未来。

总之，能源企业从规划设计、技术研发、工程实践、营销和售后服务等方面，全方位提升企业产品品质和服务水平，树立企业良好的品牌形象。

（三）树立示范能源项目品牌，提升品牌影响力

通过介绍能源项目的特点展示能源品牌的特性，例如文化、经济、环境、社会效益，从而引起观察者、视听者的情感共鸣、情感认同，从而建立起情感连接，形成对品牌的忠诚。

1. 黄骅港“绿色煤港”实现能源转型，书写不朽传奇

“绿色煤港”是黄骅港的代名词，也是国家能源投资集团有限责任公司聚焦传统能源绿色转型的成功典范和杰作。黄骅港所在地原本是一片不毛之地，零星几个小渔村互相遥望，丝毫没有现代化城市的气息。历经多年艰难跋涉，黄骅港“绿色煤港”已经成为现代化绿色港口，彰显了中国能源企业绿色生态的发展观和艰苦创业、与时俱进的精神力量。黄骅港是国家西煤东运第二大通道的主要下水港，是国家能源投资集团有限责任公司煤电路港航一体化、产运销一条龙运营的支柱港口。黄骅港项目以生态循环水系统为核心，创造性提出“海绵港口”循环体系，采用信息技术、数学建模、设备研发等多种方式，形成适合煤港绿色港口发展的一整套技术方案，不仅解决煤炭粉尘污染、污水排放等环境问题，还能充分回收利用低价值水源，节约用水成本、劳务成本及材料成本。世界首创采用了集高效与环保于一体的储煤筒仓工艺，自主研发“本质长效抑尘技术”获 3 项国家专利授权；“煤尘车间”制煤饼，做到“零煤损”；“两湖三湿地”生态水系，解决煤水排海开展海域增殖放流工作。国能黄骅港现已被评为国内首家煤港 AAA 级工业旅游景区，获国家生态环境保护领域最高社会性奖励“中华环境优秀奖”，成为全国首批首个获

"五星级中国绿色港口"称号的专业化干散货港口；技术在日内瓦国际发明博览会上荣获金奖，案例作为标杆企业连续两年被写入交通运输部《中国港口高质量发展报告》。这些成就将成为能源企业做大做强的催化剂，推动企业向绿色低碳经济转型的精神引领风向标，推动能源企业更坚定、更自信、更从容地向高质量发展的目标迈进，取得更多更大的成就，继续书写黄骅港"绿色煤港"的不朽传奇。

2. 江苏东台海上风电项目

我国能源企业在国家"双碳"目标、科技创新战略和品牌战略引领下，依托高新技术和重大工程打造能源企业知名品牌，取得了良好的效果。例如，国华能源投资有限公司加强生态文明建设，推动绿色电力发展。江苏东台海上风电场制定了升压站、风机及船舶溢油事故现场处置方案，组织相关人员培训演练，做到遇事不慌、沉着应对。江苏东台海上风电项目（见图 4.3）获 2022 中国风产业 50 强十佳优秀风电场，极大地提升了企业影响力。当前，人民群众对美好生态环境的期盼日益提高，新能源企业必须提高生态环保意识，不断加强关乎企业社会形象和品牌价值的生态文明建设工作。过去的 2 年里，国华投资立足"双碳"目标，坚持以新能源产业为核心，在加快新能源项目开发建设的同时，通过科学治理、精准治理、依法治理，坚持标本兼治，全面提升各业务领域生态环境治理水平，不断推进生态文明建设取得新成效，努力建设人与自然和谐共生的美丽中国。

图 4.3 江苏东台海上风电项目

资料来源：国华能源投资有限公司。

3. 宁算拉萨数据中心项目

国网信通北京中电飞华通信有限公司宁算拉萨数据中心项目精心打造“数字西藏”建设的关键基础设施（见图 4.4）。中电飞华从宁算拉萨数据中心项目立项至项目投运进行了全周期参与及建设，丰富了数据中心低碳节能解决方案应用场景，积累低碳数据中心规划、建设及运营经验，完善了专业知识体系，将为集团实现“云网融合”战略、助力“数字中国”“数据要素”创新发展提供重大推力及支撑。

图 4.4　国网信通北京中电飞华通信有限公司“数字西藏”项目

资料来源：国网信通北京中电飞华通信有限公司。

4. 广州 110 千伏猎桥变电站

能源企业不仅为现代城市发展提升了动能，也提供了智慧，为城市赋予新的生命力。广州 110 千伏猎桥变电站（见图 4.5），是中国南方电网有限责任公司倾力打造的现代城市生态智慧电网的样板和一张亮丽名片，也是中国南方电网有限责任公司理念创新、设计创新、工程创新精神的展现。猎桥变电站位于广东广州 CBD 珠江新城核心区域，和广州塔隔江相望。猎桥变电站成功将建筑与绿化景观融为一体，同时兼有变电站科普中心功能，成功破题公共设施“邻避”问题，被市民称为“月光宝盒”，被国际友人誉为“世界上最美的变电站”。猎桥变电站承担着为广州 CBD 可靠供电保驾护航的重任；打造设备状态实时获取、运维环境在线监测、网络安全态势感知、数字化采集共享、程序化智能操作、一体化智能运维的中国南方电网有限责任公司新一代智能变电站试点，形成 4 个首创、1 个试点、7 项技术创新，成为代表中国向世界展示低碳绿色形象的名片。

图 4.5 广州 110 千伏猎桥变电站

资料来源：中国南方电网有限责任公司。

5. 山西平遥古城电力服务项目

平遥古城堪称中国汉民族地区现存最为完整的古城，1997 年 12 月，其以整座古城申遗成功，被列入《世界遗产名录》。2022 年以来，国网晋中供电公司把平遥古城文物保护工作由“被动跟进”变为“提前主动”、把“不可知”变为“早规划”，持续推进古城绿色智慧能源建设，打造自动化配电室，古城供电可靠性得到明显提升。如今历史文化与电力的交织时刻都在上演，动力十足的电能将推动平遥古城文化产业实现大步前行。

图 4.6 平遥古城电力团队服务场景

资料来源：国网晋中供电公司。

现代城市被各种能源网络覆盖，以电网为中心的互联网、车联网融合交汇，不仅点亮了城市，创造了城市亮丽的风景，也为城市提供智慧大脑，更为生态城市建设提供保障，演绎城市别样的风情。

（四）建设先进能源文化品牌，提升品牌内涵力

文化是品牌塑造最重要的锚点，没有文化内涵的品牌抗击风险的能力很弱。品牌背后是质量，质量背后是管理，管理背后是创新，创新背后是文化，文化背后是精神。近年来，能源企业紧紧围绕国家能源产业政策方针、“双碳”发展目标和国家品牌发展战略，注重“内化于心，固化于制，外化于行”，培育特色能源企业文化、打造企业品牌、传播企业形象。能源企业基于品牌情感价值理论，建立了“红色党建文化”“绿色能源文化”“蓝色创新文化”“金色专业专注文化”“橙色优质服务文化”五色能源文化，凝聚形成了“东汽精神”“石龙坝精神”“黄骅港精神”“大陈岛垦荒精神”“柯拉追光精神”的精神，彰显了中国能源企业爱党、爱国、爱人民的文化基因，坚守初心、自力更生、艰苦奋斗的优秀品质，坚毅的品格，与世界同道建设绿色能源美好世界的厚重、宽广的胸怀和格局，不断创新求变、专业敬业、追求卓越的工作态度的品牌力量，并将其作为凝聚企业广大干部职工精、气、神的重要载体，有力推动了企业软实力建设，为品牌建设注入发展活力。

1. 红色党建文化

以红色文化、党建文化为主题进行品牌营销，是能源企业品牌建设的重点内容，不仅彰显了能源企业在党的领导下为国为民的情怀，也陡然增加了品牌的感染力。例如，国网浙江电力公司打造红船服务品牌。国网浙江电力指导嘉兴公司以“红船精神　电力传承”为统领，于 2007 年 10 月在嘉兴南湖旁成立了首家以红船命名的共产党员服务队，意在以一支以先进党员为代表、具有较高职业素养及服务精神的电力服务队为载体，提供优质、规范、常态化的品质电力服务及更深入、更便利地抢修延伸服务，打造一个高起点、高要求、高品质的电力服务品牌。比如，国能北电胜利能源有限公司设备维修中心电铲车间党支部以匠心精神深耕基层党建，培育形成了一套富有时代特征、体现行业特色、突出车间特质的“1 理念 +1 作用”党建品牌矩阵，即树立保障一台电铲就是保障一套系统的维修理念和在生产经营工作中发挥党支部的战斗堡垒作用，实现党建与生产的深度融合发展。再如，2022 年冬，黄骅港务冻煤严重，而清煤工人突然集体暴发疫情。能源保供通畅无阻的关

键时刻，涌现出了一个挺膺担当的党支部——生产保障中心党支部，面对急难险重，坚定地选择与困难相向而行，以昂扬的斗志和冲锋的姿态，不断书写黄骅港式清车煤业务高质量发展的崭新篇章，传播“犯其至难，挺膺有我”的黄骅港品牌精神。此外，国能甘泉铁路有限责任公司党支部党员始终坚持“一名党员，一面旗帜”的理念，扎根北疆戈壁滩，不惧狂风肆虐，顶风前行保障铁路运输安全。总之，能源企业以塑造全球一流品牌、服务地方经济社会发展为目标，以品牌价值领先为导向，持续推进红色文化服务品牌建设，优化红色文化品牌发展路径，激发红色文化品牌运作效益，助力企业建成具有强大社会感召力、国际影响力、市场竞争力和价值创造力的世界一流品牌。

2. 绿色能源文化

国家提出能源绿色发展观，绿色文化成为能源企业品牌营销的主色调。例如，华电云南发电有限公司聚焦绿色能源发展，坚持探寻大自然最丰富的能量形式，进行科技攻关落地、成果转化，推动绿色能源广泛应用。宿迁市耿车镇在 20 世纪 80 年代是全国出名的“垃圾小镇”，在江苏宿迁供电公司供电部门的配合下，一个青山绿水的耿车回到村民身边。辽宁辽阳供电公司制作的《坚守初心　砥砺前行——客户能效管理的引导员》影片展现供电员工为客户提供暖心优质服务的过程，体现能效管理引导员积极推广综合能源业务、加大需求侧响应力度、助力清洁节能，迈入绿色发展新时代。国网辽阳供电公司专属“电保姆”服务团队为客户制订“一户一策”能效改造方案，通过用电数据精准分析，深度了解客户节能降耗需求，推动节能减排，助力绿色发展。国能准能集团有限责任公司坚持在做精煤炭产业这个主体的同时，利用智能微电网将低碳循环经济和绿色生态经济有机连接，形成能源闭环运行，实现从煤电一体化到煤电铝立体化的转型跨越。公司致力于打造“智慧矿区、智能矿山、智通管理”的“智慧准能”，开启了无人驾驶、智能采剥、智能穿爆、智能洗选、辅助智能全产业链发展新模式。国能准能集团有限责任公司在黑岱沟露天煤矿大力推进煤矿智能化建设，创新发展“生态＋光伏、生态＋农业、生态＋牧业、生态＋林果、生态＋旅游、生态＋棕地利用”等多元产业，形成露天开采与生态建设有机融合的协同发展模式。基于绿色文化的品牌营销，可以多角度展示企业的风采和特色，成为营销新亮点。

3. 蓝色创新文化

创新是社会发展的不竭动力，是企业最为宝贵的精神。蓝色文化是创新文化的代名词，能源企业通过技术创新提升产品质量，也为品牌营销提供新视角。例如，国家能源投资集团有限责任公司在海洋能源开发方面积极探索，取得了一定的成效。国家能源集团国华能源投资有限公司江苏华海风电场的员工在蓝色文化的感召下，不辞辛苦地工作，最终勇夺“国家优质工程金奖”。通过对企业创新精神进行宣传，让大众看到企业的未来潜力，从而增加对品牌的信任度和忠诚度，是品牌营销最重要的目的和手段。

4. 金色专业专注文化

金色文化体现为对社会关爱之情和专注态度。基于金色文化的品牌营销让大众对品牌形象的认知更全面，与品牌产生同频共振。例如，金州供电公司充分运用企业文化与供电企业经营管理深度融合的规律与方法，通过健全机制、创新方式、整合资源，将千年古城文化内涵与“党的建设、综合管理、安全生产、营销服务、职工之家和阳光业扩”六个方面的亮点工作结合，创建由“光之魂、光之源、光之稳、光之暖、光之彩、光之捷”六个部分组成的新时代企业文化品牌——“金色之光”，将优秀做法和管理机制固化为成效，进而体现在本质安全和优质服务中、急难险重任务中、高精专尖业务中、破解改革发展重点难点问题中，进一步提升企业文化效能，发挥基层党组织和党员示范导向和辐射带动作用，促进企业文化与中心工作同频共振、融合发展，扩大电力企业文化影响力。

5. 橙色优质服务文化

橙色文化体现为真诚为客户服务，积极回报社会，满足大众对美好生活的期待的精神内涵，是品牌营销的重要内容之一。例如，国网江苏电力聚焦品牌化管理水平提升和专业化运作能力建设，编制发布《“电力橙”品牌手册》，建立健全“电力橙”在品牌理念、形象识别、应用场景、资产保护以及保障机制等方面的管理准则和运营流程，进一步完善“电力橙”品牌体系建设，确保品牌资产保值增值。为创造外部影响，开展“电力橙”品牌创新实践，国网江苏电力策划开展“真‘橙’沟通、‘橙’就客户、‘橙’现美好、传‘橙’美德”四类品牌创新实践，与社会各界真诚沟通、友好互动，输出企业价值，塑造鲜明形象。很多能源企业在橙色文化的感召下，为客户竭诚提供服务，成为品牌营销主题之一。

普遍来说，能源品牌塑造多是通过企业精神表达和理念诠释来实现。企业精神是企业品牌的集中体现。很多能源企业在长期的发展过程中孕育了特色企业精神，以“东汽精神”“石龙坝精神”“黄骅港精神”“大陈岛垦荒精神”“柯拉追光精神”为代表的企业精神，是现代能源企业不断进步的内在力量源泉，这些企业精神成为企业独特的基因，也是品牌营销的精髓。

6. 东汽精神

红色基因内化为带有时代和地域烙印的“东汽精神”，成为东方电气的根魂所系和独特文化优势。“东汽精神”的核心是“泰山压顶不弯腰、奋力拼搏、迎难克艰的革命英雄主义精神”，其内涵为“艰苦奋斗、自主创新、坚韧不拔、百折不挠、勇攀高峰、不怕牺牲、甘心奉献、敢于胜利”。这种精神积淀着以东方电气人为代表的中国工人阶级艰苦创业的意志、无私奉献的情怀和自主创新的信念。

7. 石龙坝精神

石龙坝精神体现为“爱国主义、实业报国、敢为人先、艰苦创业、尊重科学”精神。2010 年 8 月，国家能源局授予华电云南发电有限公司石龙坝发电厂为“中国第一座水电站”。该电站建成后至今生产运行 110 余年，被誉为活着的文物和现代工业遗产。如今，石龙坝水电站已经拥有全国重点文物保护单位、中国红色文化教育基地、国家工业遗产、中央企业爱国主义教育基地、电力科普教育基地、“大思政课”实践教学点、水电博物馆等亮丽名片。

8. 黄骅港精神

黄骅港精神体现为“自力更生、艰苦创业”的精神。国能黄骅港务有限责任公司在“双碳”目标下，持续推进减污降碳工程，推广应用本质长效抑尘技术、堆场智能补水系统等绿色港口建设成果，创造了“港在海中，人在画中，巧用水资源，运煤不见尘”的奇迹，先后获得“中华环境优秀奖”和“五星级绿色港口”等荣誉，为迈上能源革命新阶段和推动中国式现代化贡献磅礴力量。

9. 大陈岛垦荒精神

大陈岛垦荒精神体现为“不断进取、奋发有为”的精神。2019 年，大陈岛垦荒精神被确定为台州市城市精神。浙江椒江区供电公司发扬大陈岛垦荒精神，打造 35 千伏柔性低频输电示范工程和氢能综合利用示范工程，使大陈岛供电有了“双保险”。大陈发电厂也华丽转身成为大陈“海岛能源变迁”类博物馆的核心展区，代表着那段艰苦而坚定的垦荒记忆，在大陈电力发展的历史长河中树立起电力垦荒的永恒丰碑。

10. 柯拉追光精神

柯拉追光精神体现为“不辞劳苦、迎难而上”的精神。在四川省甘孜，全球装机容量最大、海拔最高的水光互补柯拉光伏项目，正在由国投电力雅砻江流域水电开发有限公司建设。该项目将我国水光互补开发规模首次提升到百万千瓦级，在全国率先示范。项目于 2022 年 7 月开工建设，入冬以后，在海拔 4600 米的项目现场，大风、暴雪、冰冻等极端天气频发，给工程建设带来了严峻考验。数千名能源建设者努力克服缺氧、机械降效、土壤反复冻融等难题，在高原追光，打响工程建设攻坚战。

（五）刻画典型能源人物品牌，提升品牌亲和力

1. 能源产业领军人物成为品牌代言人

领军人物是企业的灵魂，是团队形成和发展的关键。优秀的领军人物善于独立思考，对行业趋势和前景有自己的独到见解与精辟分析，有清晰的企业发展愿景和目标，能凝聚人心激励团队发现和解决问题，引领企业发展壮大。在品牌营销层面，领军人物是企业对外宣传的“精神标杆”，是企业品牌塑造的门面担当。以领导人活动为主的企业宣传能以更正面的形象向大众展示企业核心领导层人格魅力和综合素质，从而提升股东、大众等对公司的信心。能源企业涌现了很多优秀领军人物，提高企业品牌知名度和美誉度。

（1）通威集团有限公司董事局主席——刘汉元

第十三届全国人民代表大会代表、全国工商联副主席，通威集团有限公司董事局主席刘汉元是能源产业开拓者和引领者，打造了能源产业第一梯队里旗舰企业的产业格局，带领通威走出了一条富有特色的能源造富之路、造福之路，创造了千亿光伏王国的传奇佳话。多年来，在刘汉元的坚强带领下，通威始终深耕绿色农业与绿色能源两大产业，实现水产饲料、高纯晶硅、高效电池三项全球第一；推出了全球首创“渔光一体”，打造农业光伏高效协同发展的最佳商业模式，推动光伏产业迅猛发展。2021 年，通威全面启动碳中和规划并正式加入联合国全球契约组织和中国企业气候行动，助推我国早日实现“双碳”目标。

自公司成立以来，刘汉元积极参与社会公益事业、光彩事业和思源工程。迄今为止，通威集团有限公司各种捐款捐物总额已超过 5 亿元，树立了负责任企业的良好形象。鉴于在光伏行业的特殊贡献和高度的社会责任感，刘汉元在业界赢得了良好的声望，荣获多项奖项，其中，中国能源 2023 能源产业绿能星・行业领军人物大奖更是对他行业地位和贡献的高度认可（见图 4.7）。

图 4.7 刘汉元获 2023 能源产业绿能星 · 行业领军人物奖项

资料来源：北京韬能咨询顾问有限公司。

刘汉元是通威集团有限公司响当当的名片，也是媒体重点关注的对象。第十六届（2023）国际太阳能光伏与智慧能源（上海）展览会在上海新国际博览中心开幕，刘汉元出席开幕式并剪彩，凸显了其在行业内的地位。展会期间，刘汉元接受中央电视台、新华网、《新京报》等 40 余家主流权威媒体联合专访，就中国光伏发展新机遇、行业分工协作等热点话题发表精彩观点，提升了通威的品牌形象。刘汉元相信，诚信和品质是商业运营的基本法则，“朴实变得非常伟大，伟大也就那么平凡”。唯有朴实无华、宠辱不惊、超然物外的境界才能超越个体，成就非凡。未来，通威集团有限公司将在刘汉元的领导下不断创新，向着“双碳”目标继续进发，续写千亿光伏王国的传奇和明日辉煌！

（2）天能控股集团董事长——张天任

全国人大代表，天能控股集团党委书记、董事长张天任是天能控股集团创始人和掌门人，新能源领域眼光魄力兼具的元老级领军人物，执天能控股集团牛耳多年，牢固树立绿色发展理念，深耕绿色动力电池生产制造，产业涉及新能源锂电池、智慧能源、资源循环利用、绿色智造产业园、智慧物流等板块，持续为社会节能减排、利用新能源实现便民绿色出行等方面贡献力量。天能不仅将绿色发展理念贯穿到产品设计、制造、回收处置全过程中，通过绿色智造和循环回收，打造闭环式绿色产业链，还发力智慧储能、氢能等领域，进行技术探索，产品创新，积累了丰富的技术经验和项目案例，积极为国家“双碳”目标做贡献。

在变与不变中砥砺奋进，是张天任始终遵循的经营哲学。变中有不变，张天任坚信绿色、循环、低碳发展之路前景光明且意义重大。近三年，天能新能源电池年均出货量逾 3 亿只，提供超过 8000 万 kVAh 绿色动力。“十三五”期间，天能集团创造了地方民营企业公积金人数与资金额两项之最的纪录，通过股权、期权及项目跟投、超额奖励等方式激励员工近万人次。天能集团与新川村结对，通过资金支持、技术帮扶等方式，帮助新川村高质量发展，村民个人劳动致富与村集体经济双向发展的“新川共富模式”正加快形成。

历经多年不懈努力，张天任带领天能控股集团跑出了中国新能源行业的加速度，成为能源行业独一无二、不可或缺的存在，为能源产业作出了卓越贡献，荣获多个奖项。其中，张天仁获 2023 能源产业绿能星 · 行业领军人物奖项，更是对其行业卓越贡献的肯定和激励（见图 4.8）。

图 4.8　张天任获 2023 能源产业绿能星 · 行业领军人物奖项

资料来源：北京韬能咨询顾问有限公司。

张天任基于全球视野，积极响应国家“一带一路”倡议，进军海外能源市场，谱写天能控股集团的宏伟篇章。2023 年 6 月 28 日，张天任受邀参加中国—越南经贸合作论坛并作主旨演讲，还受到出席论坛的越南总理范明政会见，与其进行友好交流。会谈过程中，张天任介绍了天能绿色高质量发展历程、发展战略和愿景，以及基于中越两国共建“一带一路”共识，将越南作为推进天能国际化战略的先行区，加快推进绿色能源领域合作的愿望和美好前景。范明政总理表示，越南政府将营造开放健康的投资环境，创造便利条件，推动天能项目在越南顺利落地，取得丰硕成果。

未来，张天任将带领天能控股集团保持绿色发展战略定力，坚定不移贯彻创新驱动发展战略，以国家新型能源创新体系为指导形成公司独有的能源系统体系，与时俱进，以科技、数字赋能产业链、供应链、生态链和价值链，推动我国能源产业高质量发展，为实现“双碳”目标创造丰功伟绩！

（3）浙江正泰新能源开发有限公司董事长——陆川

全国工商联新能源商会常务会长、浙江正泰新能源开发有限公司董事长陆川，深耕新能源产业十余年，热忱推动光伏行业发展。陆川带领正泰绿色能源抢抓“双碳”机遇，开创绿色发展新格局，成为光伏行业新贵和独角兽企业。截至目前，正泰在全球累计光伏装机容量超 10 吉瓦，服务超 80 万户用电站用户，运维服务可覆盖全国及部分海外国家。在国内，创新性地探索光伏电站建设模式，拥有大中型地面电站、工商业分布式屋顶光伏电站以及农光 / 沙光 / 渔光 / 牧光“光伏 +”电站等各类建设经验；在全球，让世界共享绿色能源，积极参与“一带一路”共建，在亚洲、欧洲、美洲、非洲以及大洋洲开展光伏电站建设与 EPC 服务，在 30 多个国家投建了 250 多座海外光伏电站，成为国内民营光伏企业“走出去”的成功典范。陆川先后担任全国工商联新能源商会执行会长、中国光伏行业协会副理事长等职务，并荣获 2017 年“新能源十大年度人物”、2021“浙江省优秀企业家”、2023 能源产业绿能星 · 行业领军人物等奖项（见图 4.9）。

图 4.9　陆川荣获 2023 能源产业绿能星 · 行业领军人物奖项

陆川一直秉承开放、合作共赢的理念，积极推动公司业务高质量发展。2021 年 4 月 22 日，华电新疆发电有限公司一行到访浙江正泰新能源开发有限公司，深度交流并达成长期合作意向。陆川表示在“十四五”期间，将围绕“高科技、轻资产、平台化、服务型”转型升级，助力能源行业高质量可持续发展。经过协商，双方将按照“优势互补、互惠共赢、长期合作、协同发展”原则，发挥各自在资金、技术、市场、品牌等方面的优势，充分理解、尊重对方的经营理念和发展诉求，在光伏组件供应、光伏发电资源合作、光伏发电技术服务、供应链、产业链战略、市场等方面开展全面合作，实现“技术 + 资本 + 品牌”强强联合的典范。

陆川将光伏产业视为马拉松式事业，带领团队走过历史锦绣十年。路漫漫其修远兮，吾将上下而求索，陆川总结说：“过去十年，我们是积跬步以至千里。未来，我希望可以从优秀到卓越。”希望来自翔实的数据，陆川深信“光伏是目前唯一可以做到分布式结构，贴近用户侧的业务。光伏目前在全国能源结构中只占了 2%，就已经可以做到全球第一，如果比重进一步提升，发展空间是难以想象的。”

未来征程上，陆川将带领公司以国家新型能源创新体系为指引，以成为全球领先的智慧能源提供商的愿景为动力，凝聚群体力量智汇筑梦，坚持“经营走正道，产品做正宗”理念，知行合一，脚踏实地砥砺前行、勇攀高峰，与行业同仁合作共赢，携手开创清洁能源新生态、新格局，推动中国新能源产业高质量发展，书写中国能源产业新的传奇！

2. 专业人才成为能源品牌建设中坚力量

专业人才不仅是企业发展的基石，为客户提供优质服务，解决各种难题，专业人才的风采也是品牌营销的重要内容。在专业人才身上，反映了企业产品质量可靠和信誉保证，这些可贵的品质正是品牌价值内涵所在。

（1）钱海军——灯暖千万家、奋进共富路之“点灯人”

钱海军，现为国网浙江慈溪市供电有限公司客服中心社区客户经理，宁波市、慈溪市钱海军志愿服务中心理事长。他技术精湛、工作尽责、乐于奉献，工作之余，他利用一技之长为社区居民尤其是老年用户提供免费电力维修 24 年，结对空巢、孤寡老人 100 余位，捐助贫困学子 27 名，个人累计志愿服务 2.5 万小时，惠及 1.3 万人次。他注册成立宁波、慈溪两级志愿服务中心，引领带动身边1200多人开展志愿服务和公益慈善行动，发起“千户万灯”困难残疾人住房照明线路改造项目，足迹遍布浙、藏、吉、黔、川、滇六省区，累计开展帮扶3万余次。他的事迹在社会上引起了强烈反响，2022年，中宣部授予钱海军“时代楷模”称号。

（2）童充——2022联合国可持续发展目标全球先锋、江苏电力苏州供电公司科技管理专职

童充带领“电博士·动态防雷”团队，创新建立世界首个“动态防雷”技术体系，主导制定世界首个动态防雷国际标准，主导“雷震子计划”国际合作，为全球防雷可持续发展贡献中国方案。当选“2022联合国可持续发展目标先锋”，荣获“国际防雷科学技术成就奖”“联合国全球契约首届中国青年SDG创新挑战赛金奖”等。

（3）何继江——清华大学社会科学学院能源转型与社会发展研究中心常务副主任

清华大学何继江博士长期关注农村能源转型与发展问题，为中国能源产业发展探索新道路、新模式。2016年，清华大学何继江负责国家能源局科技司《能源互联网应用与人人光伏发展研究》课题研究，提出了2035年全国人均一千瓦光伏、光伏总装机达到15亿千瓦的设想。2019年，何继江在清华大学社会科学学院能源转型与社会发展研究中心成立仪式上发起“全球每人一千瓦光伏倡议”。清华团队发起了“北方六省科考万里行”“欧洲能源转型万里行”“2022年西北六省区风光电建设”等活动。何继江博士在多个省份进行了光伏赋能零碳乡村的考察，应邀支持在近30个村庄建设零碳乡村实验站。他提出1+N光伏赋能零碳乡村建设模式，1指一千瓦光伏，N指多种应用场景，形成一个以分布式光伏全覆盖、电动汽车全覆盖、清洁供热为主的互联网+能源交易平台，服务于乡村能源转型。何继江博士对我国光伏产业发展有着深刻、透彻的理解，非常看好光伏产业未来前景，满怀热情地投入光伏推动乡村振兴的实践中，他也殷切希望更多的人能参与到每人一千瓦光伏的倡议中，共赴伟大的事业！

（4）钱建华——全国劳动模范、青海电力超高压公司变电检修中心四级职员

钱建华拥有多项荣誉和身份，是全国道德模范提名奖获得者、全国劳动模范、青海省委候补委员等，他身体力行为能源安全发展代言、增光添彩。1985年参加工作以来，他深入实际，立足岗位节能降耗。他善于思考，勇于创新、攻克难题；他矢志卓越，优化管理、强化执行；他榜样带动，领军团队、奉献社会。他几十年如一日保持着热爱与专注，把个人价值追求和理想目标融入党和人民的电力事业中，以“确保青海电网安全稳定运行、让人民

可靠用电”为己任，用红色匠心点亮万家灯火。

（5）王延春——国电和禹水电开发公司副总经理

王延春积极践行和禹公司新能源引领转型，实现绿色发展战略。头顶烈日肩披风雨为公司风电发展打开第一扇大门，当年核准、当年建设、当年投产，跑出了风电建设的和禹速度。十余年来，他带领团队不畏艰难，披荆斩棘，先后建成了郝官、小城子、二牛所口三座风电场；截至2022年6月1日，和禹水电太平哨厂安全生产无事故记录连续累计达9801天。

（6）胡秀成——云南华电金沙江中游水电开发有限公司集控中心运行部副主任

胡秀成参加博士服务团到西藏工作，现服务于西藏自治区拉萨市水利局，担任党组成员、副局长，负责水土保持综合防治、水利信息化建设等；2022年，胡秀成争取国家投资5000万元，扎实推进35处农牧区供水工程提升改造，着力解决高海拔地区季节性缺水重点工作。

（7）程凯——浙江电力长兴县供电公司带电作业项目部主任

程凯是湖州市首批从事带电作业的职业人，和团队深耕带电作业领域，作业技术实现了多个湖州首创、浙江领先，取得5项专利，提高了施工作业安全系数，填补了多项国家带电作业技术领域的空白。14年来，他和他的团队累计完成不停电作业12600余次，消除电网故障1800余项，多供电量4600余万千瓦时，相当于长兴地区多了一座5200千瓦的发电厂。一手带出来7个徒弟，走进社区、乡村、教室、养老院，宣传节电知识，结对共建，志愿服务，他是公益使者，又是碳达人。先后被评为“湖州工匠”，荣获“湖州市劳动模范”称号，个人事迹多次被央视、省市等媒体广泛报道。

（8）吴云飞——全煤行业双十佳矿长、胜利能源公司露天矿矿长

吴云飞，胜利能源公司露天矿矿长，全煤行业双十佳矿长，国家能源投资集团有限责任公司劳模。打造“蒙古马安全文化体系”，创立联合包机制，打造全国首个“露天矿夜间亮化工程”，实现安全生产13周年，创造年剥离量1.1亿立方米等19项矿史纪录，5年多来累计产煤超1.18亿吨，把年产千万的小矿升级为2800万吨级大矿，成为地区产量最高煤矿。

（9）王绍成——全国技术能手、国能包神铁路机务分公司工班长

作为北国工匠“王绍成创新工作室”带头人，王绍成30年深耕在一线，以日常作业中的技术难题为导向，在科技保安全、解决生产难题方面开展科技创新、技术改造、五小发明、QC攻关和修旧利废，取得了丰硕成果。他自

主完成的科技创新与技术改造项目，解决生产实际难题 50 余个。

3. 平凡员工在平凡工作中谱写不平凡

员工是企业的基石，企业通过员工的辛勤工作创建良好的品牌形象；通过讴歌员工的故事展现品牌特色和魅力。例如，国电电力内蒙古新能源开发有限公司制作的《最好的年华谱写最好的乐章》视频，展现了平均年龄只有 33 岁的青年突击队，以年均出差 200 余天的拼劲实现企业容量 6 倍增长的动人故事。近三年该集体累计完成了跨度 2000 余公里 8 个盟市 25 个旗县调研工作，储备优质风光资源 3000 万千瓦，被评为国家能源投资集团有限责任公司奋进“十四五”党员先锋队；成员获得内蒙古自治区劳动模范、内蒙古自治区优秀共青团干部等 20 余项荣誉。又如，国能准能集团有限责任公司《好事儿》电影以准能集团提升煤炭质量为主线，同步展示生态建设、智能化建设、党的建设、履行社会责任等内容。故事设定为准能集团煤炭的天然特征没有充分发挥，为此技术部副主任郭能想引进提升洗选煤炭工艺新技术，因此得罪了倒卖煤炭赚取差价的准岳父樊忠。面对未婚妻父亲的软磨硬泡，郭能坚决选择忠于企业、忠诚履责。另外，2023 年是习近平总书记提出共建“一带一路”倡议 10 周年。2022 年 12 月 22 日，印度尼西亚高级智能计量系统项目正式签约，这是中国国家电网有限公司和印度尼西亚国家电力公司深入开展的能源电力合作，是深化“一带一路”倡议的具体实践。2023 年 5 月，国网衢州供电公司员工江婷，作为省公司唯一专家参加印度尼西亚项目援建 12 个月，也是国网 16 名技术专家中唯一的女性。

通过员工的积极表现，展示企业品牌风采已经成为品牌营销的主要内容，带给人深刻的感悟，品牌营销效果非常好。

（六）锻造优质能源服务品牌，提升品牌辐射力

以客户为中心，提高服务质量，是建设品牌的重要内容。能源企业秉持“以客户为中心”的原则，以更优质的服务态度服务于客户，从服务的每一个环节、每一个动作、每一句言辞做起，将做好客户服务工作内化于心、外化于行，做到知行合一，切实提升服务效能。例如，国能东北（沈阳）物资配送有限公司“暖心伴你行”服务品牌以东北区域非招标采购业务服务单位需求为导向，以强化服务为突破口，逐步形成了区域集物资供应保障、现场技术支持、专业技能培训、采购管理提升于一体的立体化品牌服务模式，逐步构建区域协同的“大客服”体系，以更为精准的服务为区域物资供应保障体

系的逐步完善汇聚强大合力。为实现区域减亏增效、优质发展起到积极的纽带作用。虽然电力供电公司主要业务是为供给侧用户供电，但是可以围绕电力供电多角度展开。例如，浙江椒江区供电公司《大陈日记》微电影记录了具有代表性的大陈岛一天的日常生活。微电影分为两条支线讲述，一条明线一条隐线，两条线互相穿插，互为背景，以朴实却不失趣味的拍摄形式与内容，侧面展现供电所员工与海岛居民亲如一家，以三个记录形式的小故事折射出电力“为美好生活充电，为美好中国赋能”的理念。比如，江苏苏州吴江区供电公司制作的视频《全电花开》讲述了同里政府联合国网苏州市吴江区供电公司在同里古镇核心区域共同打造“全电街区”的故事。同里供电所营销员沈红华深入同里古镇商户，将乐惠酒楼打造成“全电街区”试点商户。故事展现了公司通过开展一体化合作、采用实景化试点等举措，推进重塑同里能源供应新格局和能源消费新形态。该品牌故事获第十届全国品牌故事大赛征文类一等奖。再如，浙江萧山区供电公司制作的《奇迹》微电影讲述了杭州市萧山区的一名无汗男孩小安，在 8 岁时诊断为无痛无汗症，从此以后每当夏季来临，小安妈妈都要付出巨大精力让小安平安度过高温。转机出现在 2009 年，在供电公司员工帮助下，小安一家装上了发电机，从此，无论气温多高，无论刮风下雨，小安家一直有电，有凉风。另外，国网江苏宜兴供电公司制作了《心愿》影片表达公司企业文化，传播效果很好。影片以明、暗两条线交替进行。明线是母子情，即母亲对于长江的深厚情感，儿子重游长江后帮助母亲完成心愿。暗线为新时代国家政策为长江环境带来的巨大变化，长江生态大保护取得了显著成果。展示了新时代长江经济带坚持高质量发展中所取得的阶段性成效，电力建设在推动长江经济带发展、建设生态文明中所担任的重要角色。

另外，国电联合动力技术有限公司制作的视频《一场“平价上网”的时代考验》讲述了在风电行业环境发生剧烈变化的“平价上网”时代背景下，联合动力紧紧跟随国家未来发展方向，在新格局下激发新动能、发挥新优势，助力“碳中和”目标早日实现的故事。通过展现联合动力对 20 年全生命周期解决方案的不断优化，从意识上、方案上、行动上体现出联合动力应对新格局的积极态度与坚实行动力。通过故事再现的形式，以小见大地展现了联合动力与客户成为命运共同体，以超越时代的远见，充分发挥其在行业上的新优势，展现企业整体实力。《一场“平价上网”的时代考验》被评为国家能源投资集团有限责任公司优秀品牌故事，入选国资委“2020 年度 100 个国有企业品牌建设典型案例和 100 个优秀品牌故事”，同时获评工信部“第九届全国品牌故事大赛总决微电影组一等奖”。

总之，提供高品质的服务，让用户满意，赢得客户信赖，是品牌建设的重点。优质服务有利于提升品牌的市场活力和竞争力，为品牌资产增值提供支撑。

（七）构建 ESG 体系能源品牌，提升品牌鲜活力

1. 能源品牌创建与 ESG 能源管理体系密不可分

环境、社会和公司治理又称为 ESG（Environmental，Social and Governance），从环境、社会和公司治理三个维度评估企业经营的可持续性与对社会价值观念的影响。能源品牌建设过程中，需综合考虑环境、社会和公司治理因素，以可持续发展为导向，建立和实施一套系统化的能源管理体系。这种管理体系不仅有助于降低能源消耗和排放，提高企业的运营效率和竞争力，而且能推动企业履行社会责任，实现可持续发展目标。

（1）能源品牌建设需关注环境因素。能源企业在能源管理过程中，应加强对能源消耗和排放的监测和评估，采取有效措施减少对环境的影响。例如，企业可以优化生产工艺和设备，提高能源利用效率，减少能源浪费。同时，还应积极推广清洁能源的使用，减少对化石燃料的依赖，降低温室气体的排放。通过这些措施，企业能够减少对自然资源的消耗，保护生态环境，为可持续发展作出贡献。

（2）能源品牌也应关注社会因素。企业在能源管理过程中，应重视员工的健康和安全，遵守劳动法律法规，确保员工的合法权益得到保障。此外，企业还应积极参与社区事务，承担社会责任，推动当地经济的发展。例如，企业可以与当地政府合作，推动可再生能源项目的建设，为当地居民提供清洁能源，提高生活质量。通过这些举措，企业能够树立良好的企业形象，赢得社会的认可和支持。

（3）能源品牌创建也应注重公司治理。企业在能源管理过程中，应建立和完善内部控制机制，加强对能源管理的监督和管理。同时，还应积极开展信息披露工作，向投资者和社会公众公开企业的能源消耗和排放情况，提高透明度，增强企业的信任度。此外，企业还应建立健全风险管理体系，识别和应对与能源管理相关的各种风险，确保企业的可持续发展。

ESG 是近年来兴起的概念，践行 ESG 理念对中国产生积极影响：

（1）双碳和乡村振兴是中央继脱贫攻坚战略之后提出的两大战略，ESG理念完全符合两大战略目标的精神。企业如果能够普遍接受ESG理念，自觉地履行社会责任，在乡村振兴中关注农民的利益，关注低收入群体的利益，那么在推动乡村振兴、参与乡村振兴的过程中，就能够真正理解、响应国家战略，把资源使用得更有效率，为国家乡村振兴战略作出应有的贡献。

（2）践行ESG理念对于实现经济社会可持续发展意义重大，有利于中国企业参与全球竞争，推动中国产业升级，完成“十四五”规划目标和“双碳”目标。

（3）践行ESG理念对于推动企业可持续发展意义重大。能源品牌建设与ESG能源管理体系密不可分。良好的品牌必然是ESG能源管理体系比较完善的结果。ESG与CSR（企业社会责任）之间既有相通之处，也有差异。ESG与CSR的相通之处在于：两者都强调社会责任。“狭义CSR”通常与“公益慈善”相联系。企业在取得盈利后，以金钱、物资或其他有形价值的方式，主动向社会回馈，从而产生积极影响。例如，建设一所希望小学或捐赠救灾物资等。ESG也强调企业要承担社会责任，以金钱、物资等方式回馈社会。ESG与CSR的差异在于：ESG比CSR的内涵和外延更大。企业实施ESG的真正动机并不仅仅是“环保”或“社会责任感”，ESG还具备了更高层次的能力——风险识别和机遇识别能力。例如，通过对内实行公司治理，企业提高了风险识别能力。在识别并解决风险后，企业能更清晰地了解行业的核心问题，这些问题的解决方案可能成为推动服务或产品创新的源泉。通过降低风险损失和识别新的盈利机遇，企业不仅获得了其可持续盈利的能力，还能获得社会的认可和资本的青睐。

2.“爱”是能源品牌创建与ESG能源管理体系的情感关照和投射

爱是永恒的主题，是ESG最为关注的点。“爱”也是品牌得以存在的基础。美好的品牌，必然是负责任的个体，也是一种深切的情感关照。情感是品牌塑造最主要的方式，以“爱”为主题的品牌塑造方式最容易引起大众的情感共鸣，也是品牌塑造的有效方式。能源企业在发展过程中，塑造了难能可贵的爱的品格，彰显了中国能源企业的厚重、宽广的品格和品牌力量。

（1）爱员工

员工是企业的基石，爱员工是企业应有的态度。以员工成长为角度进行品牌营销能给人一种朴实无华的力量。例如，国华能源投资有限公司积极助推员工成长，公司制作的《成长》纪录片，通过新员工视角讲述从刚入职到满一年的这段时间里的心路历程，展现年轻员工在老员工们的无私帮助下，从年少懵懂到独当一面，最终成为新能源人才的历程。本片通过日常生产生活的抓拍，展示新员工成长与老员工倾囊相授的点滴过程，展现出国华能源投资有限公司人人勇挑重担，新能源事业代代传承的企业精神。又如，国能北电胜利能源有限公司完善全面合同合规管理机制，助推企业治理现代化，提高员工专业性。国能北电胜利能源有限公司设备维修中心结合工作实际完善合同管理模式，形成以合同交底、承包商分级管理、合同分类管理三项机制为抓手，以健全管理制度为根基的“1+3+1”合规管理模式，有效解决了管理人员专业化不足、合规意识弱等实际问题，随着管理人员业务能力的提升、管理制度覆盖的完善，合同履约全生命周期实现 100% 合规。基于员工的角度进行品牌营销，很容易引起人的情感共鸣，提高品牌的黏性和粉丝的忠诚度。

（2）爱公司

站在公司的角度进行品牌营销是最为常见的营销方法，也是题材最多的营销方式。例如，2022 年，国电联合动力技术有限公司步入改革关键之年，这一年，联合动力不破不立，决定研发 5.XMW-176、6.XMW-184 和 7.XMW-195 三条产品线。乘政策之风，借改革之势，联合动力一群斗志昂扬的年轻工程师们重整旗鼓、再次启程，打造领先产品，共同守卫着属于工程师的星辰大海。针对这些事迹进行营销，能展示公司团队的风采和未来的能量。

（3）爱社会

能源企业的价值不仅体现在拥有多少财富，还体现在为社会创造多少价值。爱社会，积极回馈社会，做有责任的企业，是现代企业品牌塑造的基本路径之一。有些能源企业在地震救灾、爱心慈善等公益项目中提供各种人力、物力、财力，回报社会，赢得了大众的认可，企业知名度和品牌影响力大幅提升，企业业绩也大幅增长。这与一些没有社会责任，生产伪劣产品，或在品牌传播过程中表现不当，受到社会诟病，品牌美誉度一落千丈的企业相比，是天壤之别、云泥之分。说明企业具有社会责任感，与社会同呼吸共命运，响应社会关切，积极回报社会，才能保持品牌持久的竞争力和品牌价值。

能源企业不仅提供风能、太阳能、核能、水电等能源，还积极参与乡村振兴建设，取得了巨大成效，对当地经济发展作出突出贡献，形成品牌美誉度。例如，华电云南发电有限公司顺应能源发展大势，积极融入云南省绿色能源强省战略，不断将资源优势、生态优势转化为产业优势、发展优势，走过非凡十年，用自己的实际行动交出了华电云南的优异答卷，实现了“绿动”彩云南，边疆焕新颜。从风光无限的古城丽江到神秘美丽的怒江峡谷，从太阳之城永仁观音岩到乌蒙磅礴的会泽以礼河，风光水储一体化清洁能源大基地建设脚步铿锵，新能源发展遍布 30 余个州市县。

浙江萧山供电公司助力凤凰村实现三次蝶变。2021 年，在“双碳”目标引领下，凤凰村老牌工业园区——凤凰纺织园区争当“先行官”，率先体验了供电公司的“一企一策”绿色用能服务。依靠“双碳大脑”对厂区用能把脉问诊，园区安装了 1026 千瓦容量的分布式光伏，一块块在阳光照耀下熠熠生辉的墨蓝色光伏板无不昭示着其绿色发展的决心。

总之，能源企业及其员工用爱心搭建与大众沟通的桥梁，提供周到的服务，为我国能源转型和乡村振兴贡献力量。

（4）爱国家

爱国主义是人类最朴素的情感，也是品牌营销的最高层次。例如，广东电网珠海供电局《同根同源守初心》短片围绕珠海对澳供电的历史，讲述三个“同根同源”的爱国故事：1949 年 10 月 1 日，澳门升起第一面五星红旗；1999 年 12 月 19 日凌晨，珠海民众观看澳门升国旗仪式；2022 年，珠海老摄影师讲述内心独白。三个故事映射出自 20 世纪 80 年代两地电网联网以来，中国南方电网有限责任公司传承珠澳人的爱国基因，全力保障对澳供电，为珠澳经济社会发展提供坚实供电保障。广东电网珠海供电局以爱国主义为题材进行的品牌营销，极具震撼力，引起大众集体记忆和情感共鸣。近年来，很多能源企业都打出振兴民族能源产业、塑造民族品牌的旗帜，不仅受到大众的关注，也吸引了市场资源倾斜和涌入，为企业发展注入新动能。

（5）爱世界

能源是人类生存的物质基础、是推动社会进步的重要力量。能源连接世界，世界因有能源而充满关爱。在打造能源经济共同体的语境里，中广核能源国际控股有限公司努力融入项目所在国，着力提升清洁能源企业“硬实力”“影响力”“感染力”“引领力”，讲好“一带一路”上的“绿色 + 温暖”故事，立体展示有实力、有担当、有温度的中国央企形象。中广核能源国际控股有限公司主动融入当地，积极履行社会责任，长期支持项目所在国文化、教育、医疗、体育等事业发展，为“构建人类命运共同体”添砖加瓦。

在东南亚，为响应马来西亚教育部提出的“学前教育至中学教育入学率要达到 100%”目标，中广核能源国际所属埃德拉公司于 2005 年发起“埃德拉助学计划”，通过助学资金捐赠、发放书包和鞋券等方式，减轻贫困家庭的儿童教育负担。自 2005 年以来，“埃德拉助学计划”已惠及东南亚 2.8 万名学生，累计贡献超过 385 万林吉特（折合人民币超 500 万元）助学金。“埃德拉助学计划”既得到当地学校和公众好评，也获得《人民日报》、马新社、《新海峡时报》等媒体持续关注，进一步提升中国广核集团有限公司海外品牌美誉度。

（八）争创国际一流能源品牌，提升品牌价值力

1. 能源企业品牌国际化战略

能源企业全球化是企业发展壮大的重要路径。目前很多能源企业纷纷走上全球布局、国际化发展的道路，积极参与国家“一带一路”建设。这既是企业寻求全球资源优化配置、提升规模和业务水平的自然选择，也是国家战略影响力推动的必然结果。随着企业国际业务的全面开展，品牌国际化战略应运而生，旨在提高中国文化影响力和企业的知名度。

2. 能源企业品牌国际化传播

能源企业积极开拓国际市场，建设大型项目工程，带动当地经济发展，获得了当地政府和百姓的认可。能源企业与当地政府和百姓进行交流互动，促进中国文化和企业文化传播。中国石油天然气集团有限公司、中国广核集团有限公司、国家电网有限公司、国华能源投资有限公司等在企业品牌国际化方面取得了突出进展。例如，中国石油天然气集团有限公司中缅油气管道项目作为“一带一路”先导工程项目，打造合作共赢、休戚与共的命运共同体，为缅甸经济社会发展和增进当地民生福祉作出了积极贡献。中国石油在缅甸围绕“互利共赢、合作发展”的主题，充分利用网络社交媒体和短视频等多种形式，开展精准传播，介绍中国经验，汇聚青年力量，加强跨文化沟通和融合。比如，中国广核集团有限公司重点聚焦“能源转型”“气候变化”“生物多样性保护”“文化共荣”“社区参与”等外部利益相关方关注的核心议题，找准话题切入点和传播点，以公众喜闻乐见、轻松活泼的“开放日”形式，全力打造具有影响力、感召力、亲和力的国际传播活动，讲述中广核在法国积极发展清洁能源，与项目所在地共建共享、互惠互利的故事，引导国际受众通过了解一家中国企业去真正了解中国。总之，中国能源企业通过与当地社会的交流互动，创造了和谐的发展环境，建立了一个个中国能源企业的金字招牌，彰显了企业品牌的风采，推动品牌文化传播，提升品牌文化影响力。

第五章

我国能源品牌存在的不足及影响因素

我国能源产业在全世界处于领先位置，无论是煤炭绿色转型，还是新能源开发领域都取得显著的成就。我国很多光伏企业每年出口大量光伏组件，风电企业出口大量风电设施，创下了很多外汇收入，助推地方经济发展。中国企业在“一带一路”能源国际合作中贡献了中国能源、中国智慧，在当地广受好评。但是，我国能源品牌建设还有很多不足之处，品牌知名度、品牌价值不高。能源品牌与我国产品市场地位不符合、不利于未来我国能源品牌发展的现状亟待改善。本章重点分析能源品牌的不足及其影响因素，为优化品牌建设措施提供依据。

一、企业能源品牌建设存在的不足及影响因素

本章结合 2023 年“510 中国品牌日 · 能源产业品牌宣传周”能源品牌优秀成果征集活动情况，分析我国能源品牌建设情况及存在的不足。

（一）2023 能源产业品牌成果典型案例征集情况

1. 行业类型

在企业申报的案例中选定 432 个案例进行研究，其中，电力行业企业数量为 164 家，占比为 37.96%，居第 1 位；新能源行业企业 111 家，占比为 25.69%，居第 2 位；煤炭行业企业数量为 47 家，占比为 10.88%，居第 3 位；石油行业企业占比为 3.01%，建筑节能行业企业占比为 1.39%，交通节能行业企业占比为 1.39%，互联网行业企业占比为 1.62%，自动化行业企业占比为

9.03%，制造业行业企业占比为 8.10%，服务业行业企业占比为 0.93%（见图 5.1）。这些数据说明，电力、新能源、交通、互联网、自动化、能源制造业、能源服务业都参与到能源品牌建设进程中，创造出了独具特色的创新成果，提升企业品牌影响力。

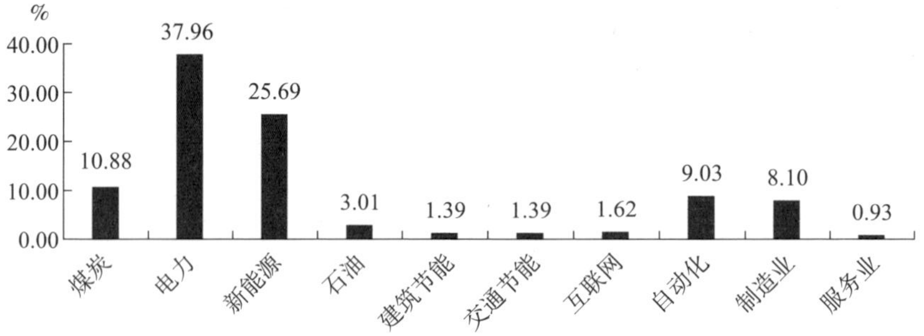

图 5.1 案例所属行业类型（N=432）

资料来源：北京韬能咨询顾问有限公司编制。

由能源企业行业类型对比数据可知，电力企业所占比例最大，说明“双碳”目标的提出，对我国电力企业的发展带来了较大的影响。目前，我国电力企业的发展方向逐渐转为绿色低碳方向，节能减排成为行业主要的发展趋势。很多煤洁净技术和设施被重点推广使用，以提高能源使用效率，减少污染物和碳排放。绿色电力的发展，对于人们的生活生产环境带来较大的优化效果。在“双碳”背景下，电力企业向绿色低碳转型成为品牌营销的主要内容来源和重要表达方式，通过品牌营销彰显电力企业积极响应国家政策号召，聚精会神搞建设、谋发展的企业态度，凝聚团队聪明才智、艰苦创业的精神面貌，树立了良好的企业形象。

“双碳”背景下，发展新能源成为传统能源企业保持核心竞争力和新晋入局能源行业的企业打造竞争优势的首要选择。从对能源企业参与品牌建设情况进行的统计分析可知，光伏占比为 38.74%，储能占比为 7.21%，风能占比为 18.02%，水电占比为 7.21%，核能占比为 10.81%，氢能占比为 8.11%，地热能占比为 1.80%，燃料电池占比为 0.90%，生物质能占比为 0.90%，综合能源占比为 6.31%（见图 5.2），可见能源形态已经多元化。

光伏、风能等清洁能源得以大量应用，贡献了大量电量。例如，国华能源投资有限公司聚焦“一核两极一平台”发展战略和“风光氢储融”一体化

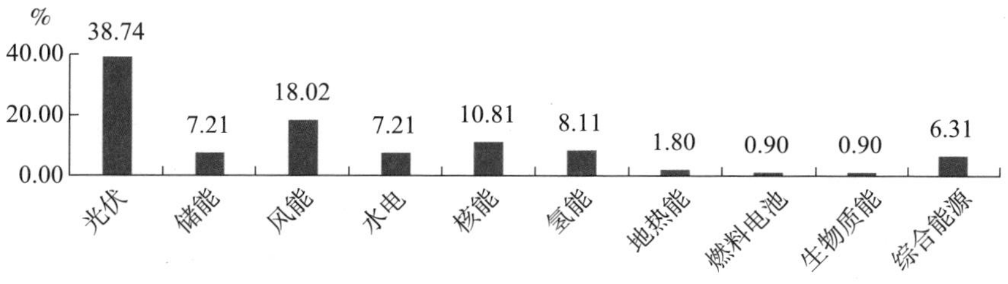

图 5.2　案例中新能源行业划分（N=111）

资料来源：北京韬能咨询顾问有限公司编制。

特色发展优势，以大规模风光基地开发加快新能源规模化发展。又如，山东潍坊供电公司以“诸城新型电力系统县级示范区”建设为试点，探索打造“双核驱动、四新融合”的县域新型电力系统。特色亮点：诸城新型电力系统坚持“县域绿色低碳新型电力系统实践”定位，通过电网建设和运行管理的“内核”革新，适应新能源高速发展和终端用能多样化带来的“外核”挑战，实施四新融合的 14 项重点任务，携手中国电力科学研究院等科研单位、国家电力投资集团有限公司等开发企业，打造整村光伏开发、智慧用能服务、源网荷储一体化、新能源全景监控等四类示范场景。创新“政策、管理、技术”三个引导，积极服务和支撑能源转型，主动破解新能源发展面临的“安全之困、管理之困、政策之困”。

未来，随着我国“双碳”进程的不断推进，光伏等新能源占比会逐渐提高。很多企业通过展示发展新能源的理念、发展规划和重要举措、核心技术优势、项目示范应用，“一带一路”建设成果，对乡村振兴、智慧城市的贡献等方面来诠释品牌特质，强化品牌建设对于企业发展的意义，提高品牌附加值。

2. 能源品牌成果 100 强典型案例介绍

2023 年“510 中国品牌日 · 能源产业品牌宣传周”活动期间，中国能源研究会发布了能源产业品牌成果 100 个典型案例。品牌成果典型案例由“尖端技术产品 10 个、示范工程项目 17 个、乡村振兴项目 4 个、绿色智慧矿山 5 个、数字化解决方案 5 个、金融服务软件 4 个、综合能源服务 4 个、新兴技术 11 个、品牌建设 11 个、品牌故事 18 个、品牌文化 5 个、‘一带一路’ 6 个”构成（见图 5.3）。此举旨在塑造一批具有国际竞争力的能源产业品牌集群榜，不仅进一步推动了能源产业的品牌建设热度，也深度宣传了能源企业的品牌发展成就，向世界展示我国建设能源强国的实力和优势。

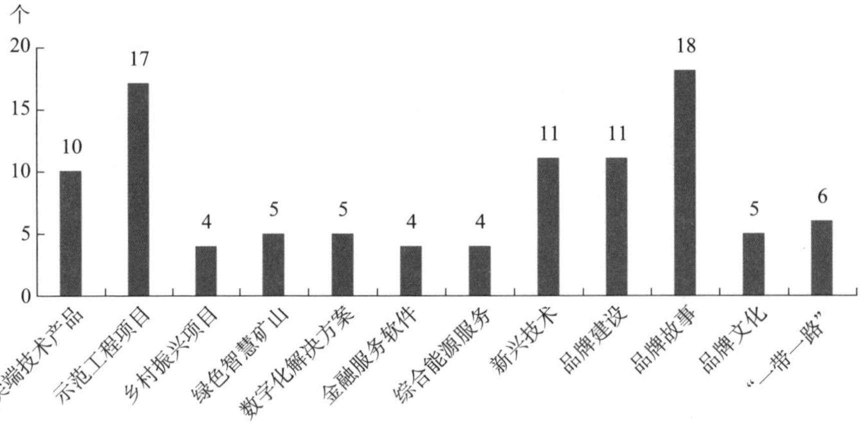

图 5.3　能源品牌 100 强项目类型

资料来源：北京韬能咨询顾问有限公司编制。

（二）企业能源品牌建设存在的不足

全社会普遍来看，虽然我国能源企业品牌建设已取得较大成就，但和消费品等其他产业打造了诸多享誉世界的著名品牌不同，我国与国际发达国家能源品牌建设相比，能源品牌建设存在差距，能源品牌建设能力亟待提升。

1. 企业参与品牌营销的积极性有待提高

（1）企业参与品牌营销的意愿整体不高

国家能源局印发的《2020 年能源工作指导意见》提出，2020 年全国能源消费计划总量不超过 50 亿吨标准煤、煤炭消费比重下降到 57.5% 左右、电能占终端能源消费比重达到 27% 等。不可再生能源持续面临国家层面的压减要求，传统的能源企业普遍面临着向新能源转型的压力。2020 年，企查查数据显示，我国共有能源相关企业 106.97 万家，其中企业状态为在业 / 存续的共 83.76 万家。在常用的不可再生能源市场中，石油类企业的占比达到了 75%，煤炭占 12%，天然气占 13%。此外，伴随着相关企业注册量的逐年增高，企业的注吊销量也在持续攀升，2019 年全行业共注吊销相关企业 6.35 万家。在如此激烈的竞争态势下，仍有很多企业不积极进行品牌营销。2023 年能源产业品牌宣传周申报评选的企业数量不足 300 家，还不到 2020 年全国能源企业的 0.03%；企业提交的材料比较全面及以上的占 45.33%（见图 5.4），部分企业没有充分利用评选机会很好地宣传企业，说明企业参与品牌营销的意愿有待提高。

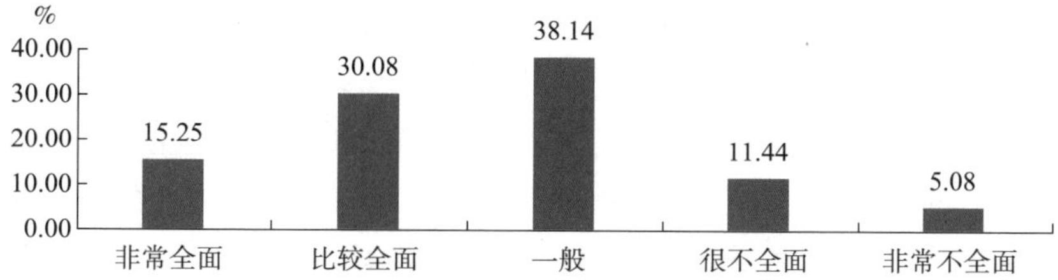

图 5.4　企业提交材料情况（N=236）

资料来源：北京韬能咨询顾问有限公司编制。

（2）私企参与品牌营销的积极性远低于国央企

参与评选的企业中，国央企 188 家，占比为 79.66%；私有企业 48 家，占比 20.34%（见图 5.5）。国央企比私有企业所占比例大很多。随着更多私企进入能源领域，不重视品牌宣传对企业发展极其不利。

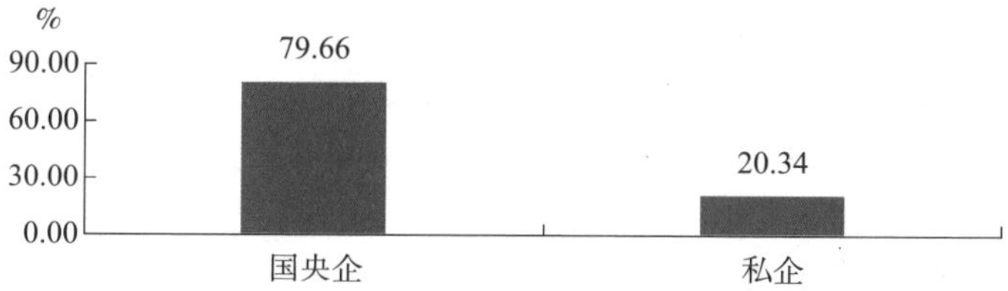

图 5.5　能源企业类型（N=236）

资料来源：北京韬能咨询顾问有限公司编制。

能源是工业的血液和经济发展的命脉，传统的能源大多掌握在国家手中。尽管全国能源企业参与品牌营销的积极性普遍不高，但是横向比较来看，国央企参与品牌营销的积极性明显高于私企，说明国有企业作为国家能源主力军，肩负着能源变革的重任，正在加速推进“双碳”进程，国央企比私企更看重品牌营销的作用，希望在国家品牌战略指引下，争创知名品牌，进一步激发国企的创新力、竞争力、带动力、保障力和内在活力，推动企业高质量发展。总体来看，能源国央企的品牌建设之路任重而道远，因重视不够、宣传不多，导致离广大人民群众的期望还有一定差距。

（3）民营企业参与品牌营销的积极性不如国央企高，参与品牌文化营销的积极性比参与技术项目营销的积极性低

通过企业参与品牌营销活动数据可知，在众多参与品牌营销活动的企业中，多数企业更重视技术项目方面的营销，忽视品牌文化方面的营销。技术项目中，国央企参与度达到 75.13%，民企为 24.87%，国央企比民企更重视技

术项目营销。品牌文化项目中，国央企参与度达到91.67%，民企为8.33%，国央企比民企更重视品牌文化营销（见图5.6）。国央企参与技术项目和品牌文化项目的程度都高于民企，可见，国央企对品牌文化相对比较重视。民企对技术项目的重视程度高于文化项目；认为良好的技术代表良好的产品，良好的产品等同于良好的品牌。这种认知偏差在某种程度上阻碍了企业品牌发展。

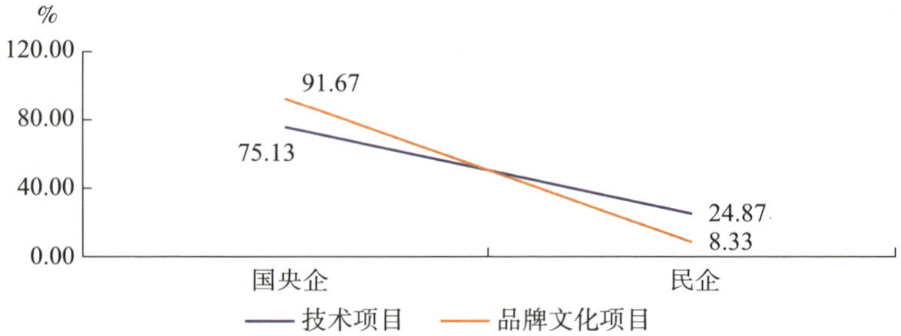

图5.6 参与技术项目的企业数量（N=197）与参与品牌文化项目的企业数量（N=84）对比

资料来源：北京韬能咨询顾问有限公司编制。

2. 缺乏品牌战略意识，品牌战略概念模糊

很多企业没有全面成熟的品牌战略观念，缺乏战略规划意识，主要表现为急功近利，只考虑眼前利益，没有前瞻性和全局性视野和建设品牌的长久意识，在不进行系统研究和分析的基础上盲目出击，导致品牌建设基础薄弱、根基不稳，推进过程操作不规范。品牌建设是系统工程，不仅仅是为品牌命名，设计包装，有激动人心的广告语，还应该包括目标市场定位、品牌属性定位、卖点提炼、品牌核心价值理念定义、品牌架构规划、品牌识别系统规划、品牌传播规划、品牌形象展示等。也就是说，广义的品牌必然融入市场运行体系，是企业市场竞争力强弱的直观表现。

3. 缺乏对品牌的有效管理

（1）没有专门的品牌管理部门

目前，除中国石油天然气公司、国家电网有限公司、中国广核集团有限公司、中国东方电气集团有限公司等国央企建立了专门的品牌营销机构外，很多企业没有专门的品牌营销机构，造成品牌管理混乱，执行不力，不能有效解决品牌的延伸、多元化、购并、特许、退出、整合、国际化等问题，阻碍品牌规模化发展。同时，集团对子公司、分公司的品牌管理存在盲区，较多业务很难触及。

（2）缺乏完善的品牌架构规划，品牌模式混乱

目前，很多企业没有完善的品牌架构规划，随着公司不断发展壮大，不能适应未来发展需要。由于总品牌与分支品牌的使用缺乏明显的界定，致使整个集团公司的品牌定位模糊、混乱、虚脱、断链，品牌核心价值缺失。一方面，由于没有做品牌区分和隔离，一旦用户基于主客观原因对某种产品不满意，给品牌形象带来损毁时，同一品牌下其他族群产品也会受到牵连，造成品牌形象崩塌。另一方面，由于没有明确的品牌架构，进行品牌延伸时大量吸收其他品类的产品，或者在没有合理规划的前提下盲目创立新品牌，造成消费者认知混乱，不清楚该企业到底是主营什么业务。建立完善的品牌架构有利于规范品牌发展路径和行为准则，培育和催生优质品牌。

（3）缺乏对品牌标志的有效管理，造成品牌形象表现力差

色彩能给人带来直接的感官冲击，使人产生各种联想，在品牌传播中发挥重要作用。著名的“七秒钟色彩理论”解释了一个人可以在七秒钟之内决定对某个人或某个商品的喜欢和接受程度。能源品牌传播时应选择与品牌价值理念相适合的主色调，例如科技蓝、宁静绿、炙热红、璀璨黄，通常采用 1~3 种色彩为宜。目前，中国石油天然气集团有限公司、国家电网有限公司、中国东方电气集团有限公司等很少一部分公司制定了规范的公司 VI 手册，规范品牌色彩的使用。很多能源企业没有制定 VI 手册，对自身的品牌核心价值诉求不清晰，没有按照“确定表现内容—寻找核心表现形式—演绎表现形式”这样基本的逻辑展示品牌形象，造成对外展示的内容元素堆叠，逻辑混乱，甚至是品牌标准字、标准色、专用字体、辅助图形、色彩、线条、风格搭配不协调，不能形成统一整体，影响品牌推广。有些企业品牌形象刻板，端庄有余、活泼不足，导致品牌形象缺乏吸引力，严重影响品牌推广。

（4）品牌属性定位混乱

品牌属性定位是品牌管理的前提，阐释了“我是做什么的”的理念。目前很多公司品牌定位模糊，例如，公司主营业务介绍阐述不清楚，读者看到后不清楚该企业到底从事能源领域哪些业务，是核能、风能、光伏、储能，还是光储充一体化？最终导致品牌形象不鲜明，失去个性，最终淹没在波涛汹涌的商海浪潮中。

（5）核心价值诉求不清晰

品牌属性定位是在众多行业中找到企业的定位，解决“我是做什么的”

的问题；品牌核心价值是强调品牌在消费者意识观念中的位置，阐述“我能为您提供什么价值？”“帮您解决什么问题？”“提供何等程度的服务？”“能给您带来什么感受？”此类理念。品牌核心价值是品牌存在的基础和前提，也是品牌存在的目的和意义，解答消费者热爱和忠诚于品牌的理由，即品牌能满足消费者何种需求，为消费者带来何种价值。品牌核心价值是品牌资产的核心内容，也是消费者准确、清晰地识别品牌的价值点和差异点，是吸引消费者的内在动力。品牌核心价值是品牌活动的原点和中心点，一切活动都应围绕核心价值展开。品牌核心价值一旦确定，就应持之以恒、贯彻到底。长期下去，消费者就会对品牌产生定性思维、固有印象、信任和忠诚，并根据需要将这种感受转化成消费能力。

目前，能源企业品牌核心价值塑造方面存在以下问题：①有些企业不重视品牌核心价值。即便是当下公司发展很好，一旦有其他同等水平公司确定了明确的品牌核心价值，经过大规模宣传后，必然会对现有的企业造成巨大冲击。因为消费者不仅看重权威，也看中利益和价值——品牌能给我带来什么？是技术先进？价格相对较低？产品稀缺？清晰界定品牌核心价值是企业品牌营销最为重要的环节，而很多企业却对此忽视。从资料分析上看，很多文档从文档标题上分辨不出该技术产品或服务属于哪家公司。从正文内容上看，很多文档写了很多内容，通篇没提到该公司品牌是什么，更没有对品牌的内涵进行解释。②有些企业虽有品牌核心价值，但是对品牌核心价值的定位不精准，仅仅对外传递出“我是做新能源的企业”，而没有表达出“我是能源企业 ××× 领域的先锋”“我是能源企业 ××× 领域创新引领者”此类概念。还有一部分企业核心价值表述不清晰，营销推广毫无章法，一味追求时尚、变化，造成品牌宣传推广效果不佳，不能有效提升品牌影响力和品牌价值。

（6）品牌内涵表述不清晰

经过对接近 200 个企业品牌推广文案进行分析后发现，很多企业在品牌名称介绍、品牌内涵阐释、品牌对业务的精神指引方面的重视程度稍有欠缺，不能全方位地展示品牌形象，影响品牌传播。具体表现为：

1）在品牌名称表述方面，如图 5.7 所示，能直接明了地表述品牌名称的占 9.38%；有基本表述，联系上下文可联想能获悉品牌名称的占 40.63%；43.75% 的文章表述的内容比较少；6.25% 的文章几乎没有表述品牌名称，长篇大论地介绍公司品牌文化，却分外吝惜笔墨不介绍品牌名称，以至于当读者读到最后被华美的文采折服、被感人的事迹感动得涕泪横流之时，却还不知道这个公司或产品的品牌是什么，造成品牌传播效果大打折扣。

2）在品牌含义表述方面，如图 5.7 所示，能直接明了地表述品牌含义的占 15.00%。例如，杭氧集团阐述“杭氧”品牌含义时提到：“‘大气行天下’是杭氧品牌联想、战略、愿景的浓缩表达，意为心怀天下，倡导创新、包容和开放；放眼未来，坚持远见思维，勇于探索未知；专注当下，务实稳健，气壮山河。”有基本表述，联系上下文可联想能获悉品牌含义的占 46.88%。31.88% 的文章对品牌含义表述的内容比较少。6.25% 的文章没有对品牌寓意进行阐述。一千个人心中有一千个哈姆雷特，每个人对品牌的解读不同，作为品牌官方有必要对品牌进行统一阐释，这样不仅能统一口径，也能掌握话语权，引领用户的认知，使用户感受到品牌诠释的理念和价值。

3）在业务价值和正能量传播方面，如图 5.7 所示，能直接明了地表述业务价值和正能量传播的占 20.63%，例如，杭氧集团在表述品牌对业务的推动作用时提到：“杭氧充分运用自身面向整体产业链的服务能力，不仅为客户提供设备产品销售服务，还根据个性化需求延伸为提供交钥匙、气体投资、设备托管等增值型服务，弥补和增强客户的产业链能力，实现与客户‘共谋、共享、共进’，提升杭氧品牌忠诚度。”有基本表述，联系上下文可联想能获悉业务价值和正能量传播的占 59.38%。18.13% 的文章表述的内容比较少。1.88% 的文章几乎没有表述业务价值和正能量传播。这反映出部分企业是为了做品牌营销而营销，没有看到品牌建设对业务的正向推动作用，或者公司品牌和业务分离，不能形成良性互动。

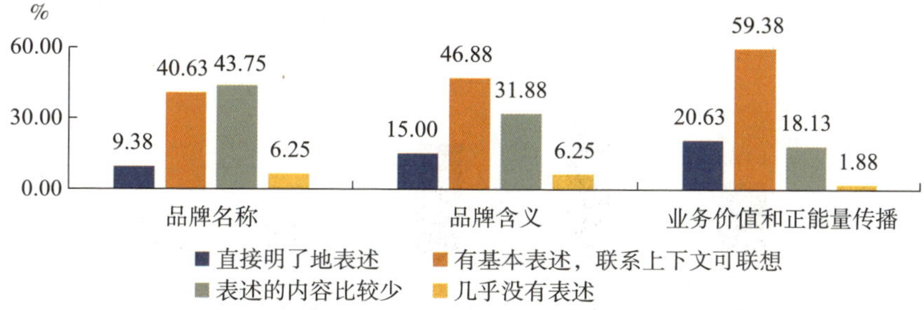

图 5.7　品牌文化项目案例中关于品牌表述情况（N=160）

资料来源：北京韬能咨询顾问有限公司编制。

（7）缺少销售识别系统规划

品牌系统是一项复杂的系统，包含形象识别、理念和行为三个层面，涉及技术、产品、服务、团队、资源、市场等要素。实际上，很多大品牌被广为熟知，而大品牌背后的公司几乎无人知晓。这就是这些企业在进行品牌宣传时重点推广销售识别系统，而不是公司现状等企业识别系统的结果。因为一个公司有多种类型的产品，每个类型的产品还可能有多款产品，一个产品好不代表公司全部产品都好。目前，很多企业存在把企业识别系统当成销售识别系统来推广的误区，例如，作为生产型企业，当公司的 logo 和产品商标不一致的时候，企业对外推广时候重点推广公司理念和公司标志，而不是重点推广产品标识，这种做法严重影响品牌传播和品牌价值提升。

4. 品牌营销内容质量有待提高

（1）营销内容思想性和专业性有待提高

目前，国内有些能源企业对品牌内涵认识不足，认为品牌建设就是企业标识和广告语营销，不能很好地阐释企业深层次的文化理念和精髓。由于很多能源企业的业务比较相通，导致很多营销内容差异性不强，在思想性或专业性方面有待提高。例如，有些营销文案主标题、副标题不能很好地概括提炼正文内容，有些剑走偏锋、以偏概全，还有一些标题无特色，在信息日新月异的互联网时代不能有效抓取读者眼球。从企业案例资料内容思想性和专业性方面看，内容思想性和专业性非常强的占 19.68%，内容思想性和专业性比较强的占 40.51%，两者合计占 60.19%，内容思想性和专业性一般的占 30.79%，内容思想性和专业性不强的占 6.94%，内容思想性和专业性弱的占 2.08%（见图 5.8），可见，仍有接近 40% 的企业在内容思想性和专业性方面有待加强。

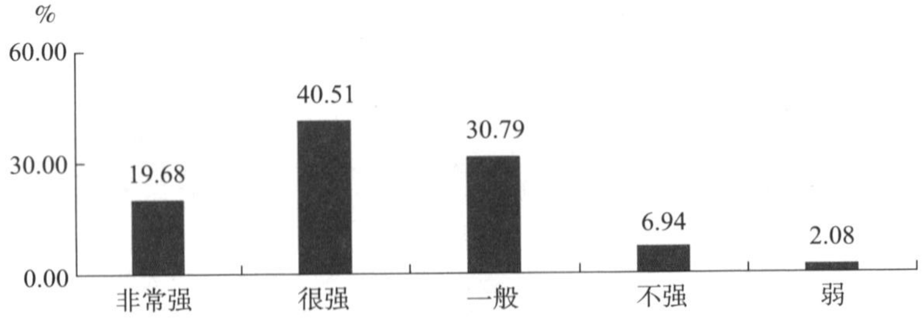

图 5.8　企业营销内容思想性和专业性（N=432）

资料来源：北京韬能咨询顾问有限公司编制。

（2）营销内容的风格不亲民

目前，有些企业的内容营销做得比较到位，取得了比较好的成效。例如，国电联合动力技术有限公司积极打造联合动力“有温度的风”这一品牌新形象，开展了“三关怀一示范”的品牌建设新做法。营销内容展现三个关怀，即企业高度关怀风电事业的持续性传播，力求让风的种子在祖国的下一代心中生根发芽；高度关怀有意施展才学抱负的大好青年，提供风能研学平台，孕育风电人才；高度关怀经济欠发达地区的贫苦稚童，坚持“小切口可以打开大局面，小举措也能撬动大变革”的信念，不断改善着孩子们的点点滴滴。突出一个示范，即企业坚决打造风力发电机组退役叶片的回收再利用行业课题示范项目，用不断地探索为叶片行业的未来博出一片绿色。有温度的主题和有温度的内容风格，让营销内容比较容易被人接受。

但是，目前仍有很多能源企业营销内容语言不通俗，画面不精美，风格不亲民，缺乏情感和时代感，让人产生距离感，造成传播效果不佳。这就要求能源企业营销要承上启下，向上能体现国家能源战略和“双碳”发展目标，中间能展示企业风采，向下能体现企业亲民态度和企业社会责任与社会关爱。简言之，就是能源企业营销内容要有高度、深度、广度、温度，彰显人性光辉，内容风格亲民而不做作。

（3）营销内容数量普遍偏少且时效性差

品牌作为一种无形资产，在市场竞争中的价值至关重要。品牌不是一蹴而就形成的，需要花费时间和金钱来精心培育。曾有研究表明，新品牌成为名牌的成功率只有 5% 左右。有些能源企业不懂得品牌的生成规律，期望一夜暴富，极其不现实。由于品牌营销内容过少，不能常态化持之以恒，有活动才营销，有需要才营销，有时候半个月以上才更新一次内容，有时候新闻事件过去好几天才营销，导致内容时效性不足，热度减半，造成用户黏性不足，品牌营销效果不佳。

5. 品牌营销方式有待提高

目前，很多能源企业通过线下展会、论坛、评奖、活动，廊桥广告、平面广告、电视营销等传统方式进行营销，而忽视新媒体营销，营销方式有失偏颇。在品牌数字化转型时代，5G、大数据、人工智能等新技术应用产品层出不穷，很多企业都借助新媒体进行营销。新媒体时代是内容无限充沛、流量至上的时代，用户在碎片化的时间内有无限多网络内容可选择，他们无比挑剔，更倾向于内容娱乐化。虽然有些企业开设了官方微博、官方微信公众号、企业官方 APP 等新媒体营销渠道，但是由于营销方式较为单一，缺乏与客户的有效沟通和互动，内容推出不合时宜，不能掌握新媒体时代的用户阅读习惯、内容传播规律和流量密码，造成营销内容传播链条中断、传播效果不佳。

6. 品牌危机管理意识不强且能力不足

目前，很多能源企业缺乏品牌危机管理意识，没有意识到我国能源品牌正面临两大挑战。

一是中国能源行业激烈的竞争伴随隐藏的品牌危机。以光伏行业为例，我国从事光伏组件研发生产的企业有近千家，目前，光伏行业产能过剩的言论不绝于耳，加剧了品牌危机。另外，在企业运营过程中也会出现质量和服务参差不齐、人员变动、资金流紧缺等问题。此类问题在传统媒体宣传范围下，传播范围有限，但是在新媒体范围下，信息快速扩散、不断放大、真假难辨，容易对企业造成负面影响。很多企业将舆情和危机视为洪水猛兽，避之不及。一旦发生重大舆情事件，企业往往束手无策，不能有效处理，甚至造成舆论恶化，对品牌造成不良影响。

二是品牌流失和假冒侵权现象蕴含品牌危机。以往国外企业在国外大肆抢注中国知名企业商标的案例屡见不鲜，这些做法不仅阻碍中国产品的进入，同时截取中国品牌带来的收益，造成我国品牌损失严重。

事实上，很多公司没有专门的品牌管理部门，或者即使有，品牌建设组织架构中也没有专门的品牌危机管理部门，造成企业品牌危机综合处理机制不完善，危机处理能力不强。有些公司品牌危机主要由公司经法部承担，当品牌危机发生时经法部在第一时间着手处理问题。这种遇到问题随即解决问题，没有提前做好品牌危机监测，不能有效预防品牌危机问题的发生的现状，导致品牌危机处理较为被动，造成的品牌危机损失也不可预测。

（三）企业能源品牌建设影响因素分析

1. 能源品牌与流通品牌差异大，服务具有单向性，注重用户情感体验

传统能源企业多数是面向企业用户的大型企业，居于市场主导地位，只需要按照产品标准或质量规范提供过程性的产品、终端产品或综合服务给下游企业，这就造成部分能源企业仅仅关注产品，而不关注品牌内涵。能源企业只有一个企业性质的标签，只在产业链上的企业间享有口碑，并没有形成品牌利益上的溢价，也不能形成与社会大众的同频共振。主要原因是能源企业提供的产品与服务是单向的，是消费者的唯一选择，消费者议价权利弱。此外，消费者对能源品牌的认知主要体现在以下方面：①通过产品内在质

量、外在质量和售后服务质量三个维度感知到节能环保、绿色低碳品牌理念；②不同的人对品牌的感知程度有明显差异；③个人对节能环保理念的接受程度影响其对品牌的认知。总之，能源企业混淆了能源品牌与零售品牌的区别，忽视消费者个人和心理因素对品牌的影响，造成企业品牌形象单薄，缺少品牌内涵。

2. 缺少品牌意识，不利于品牌成长

品牌是一个复杂的多维度体系，包括企业技术和产品优势、创新能力、服务理念和社会责任等方面。良好的品牌必然是优质产品和服务的体现，是对企业信誉的承诺和保证。当前很多能源企业缺少品牌建设意识，认为做产品就是做品牌，产品好就是品牌好。结果造成品牌价值大打折扣。

3. 企业对品牌建设重要性和紧迫性认识不足

品牌建设是一项全面工程，需要公司自上而下全面推动，各司其职，才能成就美化的品牌。在当前能源市场激烈的竞争环境下，能源企业品牌建设重要性和紧迫性不言而喻。但是，很多能源企业不重视品牌建设，是造成能源企业“品”大于“牌”的主要原因。第一种情形，许多企业普遍认为做品牌是个漫长的过程，投入人力、物力、财力也不一定能得偿所愿，甚至有可能为他人作嫁衣，得不偿失；认为能挣钱就是王道，只要能挣钱，让渡利益赚取加工费也行，做不做品牌无所谓，根本无意愿打造自己的品牌，更谈不上品牌溢价，持有这种心态的企业不在少数。第二种情形，有些公司领导忙于抓业务，不重视品牌建设，给予品牌部门的资金、资源和支持有限，品牌经营部门举步维艰，成效甚微。第三种情形，品牌的建设是一个较长期的过程，需要持之以恒地培育，但是有些公司缺乏长远战略规划，把品牌战略视为短期行为，希望在短期内收到更大成效，却没有投入更多，结果是欲速则不达。第四种情形，有一些公司认识不到品牌的重要性，也不理解品牌与服务和产品质量之间的耦合关系，把品牌建设和公司管理割裂开来，由于服务不到位、产品质量不稳定，造成品牌危机。面对各种危机和不利因素，品牌部门工作人员想尽一切品牌美化办法，集数年之功力辛辛苦苦建立起来的品牌好形象备受摧残，甚至有可能瞬间轰然倒塌。

4. 品牌建设专业人才不足

造成很多品牌营销内容质量不高的原因有以下三个方面：

（1）有些营销人员对公司能源业务把脉不准，不能及时掌握公司业务进展，其他部门也不提供相应的材料，多数情况下只能围绕着国家能源政策进行营销，缺少对公司发展的深度解读，造成营销内容单薄、平淡无奇。

（2）有些营销人员由于自身品牌营销理论不完善，对公司品牌定位不清晰，不能有效把握品牌与业务发展的关系，仅仅停留在企业新闻报道、文化理念宣传等方面，把品牌营销当成是企业内部的员工教育，举办领导座谈开会、培训、文体等活动，并对这些活动进行营销。这些活动虽然给社会大众带来很多感动和愉悦，但由于营销内容受到题材限制，覆盖面狭窄，缺乏针对性，造成传播效果大打折扣。

（3）新媒体时代增加了品牌营销的难度。品牌营销是一门艺术，新媒体时代高级品牌营销人才极度缺乏。新媒体时代品牌营销设计文案创作、图片视频拍摄、剪辑、内容传播等环节，不仅需要制作精良的内容，更需要在恰当的时间、恰当的渠道推送给目标人群，这样才能起到较好的传播效果。可是，目前很多能源企业没有专门的品牌管理部门，即使有此部门，主抓品牌建设的人员数量也不多，理应是多人完成的工作，往往一人身兼多职来完成。从内容方面看，能源企业营销人才既要熟悉公司业务，知道产品的性能和特点，而不能胡编乱造，还要懂得社会学、管理学、经济学、心理学等专业知识，既能撰写专业文章和宣传文案，又能负责拍摄、剪辑，这种工作特点对从业人员的素质和能力提出了更高要求，很多人力不能及。另外，新媒体时代看似不足 1 分钟的一个简单短视频，仍要花费大量时间制作，而新媒体时代内容营销恰恰要求企业不间断贡献内容，才能保持用户黏性，提升品牌影响力。由于很多公司专业人手不够，导致内容质量和数量都不能满足营销要求。

因此，提高内容质量是能源企业品牌建设的王道。能源企业需要不断拓展营销内容范畴，包括公司技术和产品，公司团队，公司经营环境、经营理念、发展动态、市场运作模式等，让公司品牌形象更生动、更立体，从而吸引更多人关注，获得更多人的认可。

5. 没有掌握科学的品牌营销方法，企业忽视以人为核心的软性因素

新媒体时代为能源企业品牌营销提供了机遇，开拓了营销新路径，缩小了地域限制，降低了营销成本，同时也带来前所未有的品牌形象固化影响。在能源企业传统的营销模式中，人与人通过线下展会等形式进行面对面交流，大众对企业和产品有直观的认识。但是，在新媒体环境下大众通过网络可以获得对于品牌的初步印象，很容易以点带面、以偏概全产生不客观的感受，这对于能源企业品牌营销造成了困扰。很多能源企业不能较好地利用新媒体营销工具，提升品牌影响力。

人力资源是企业的生命线、核心资源和关键要素，也是企业创新源泉，更是品牌文化建设的重要支点。围绕员工的人文精神展开的内容营销极其容易扣动大众柔软的心扉，收获一波又一波的感动。但是，目前很多企业忽视以人为本的营销要义，没有针对公司团队的奋斗精神、创新精神、乐观精神、团结互助精神进行精准营销，致使营销内容可读性差，不能引起情感共鸣，正能量弱，导致传播效果不佳。

6. 国内能源企业不熟悉国外品牌成熟的运作模式

我国企业不熟悉国外公司成熟的品牌运作模式，导致企业品牌传播受阻。世界品牌收入主要来源于海外，影响力波及全球每一个角落，品牌收益形式多元化。而我国企业品牌影响力仅限于国内地区和小部分国际市场，大量的企业为国际名牌做 OEM（原始设备制造商），实现收入增长，但是没有获得品牌声誉提升，品牌竞争力偏弱的状况也没有根本改观，品牌的价值更没有提升。

7. 能源市场激烈的竞争环境造成品牌无序竞争

当前，我国能源企业向绿色能源转型升级的同时，各路人马纷纷奔赴新能源赛道，造成新能源市场竞争异常激烈。以光伏行业为例，“2023 上海光伏展”约有 3100 家企业参展，达到历史新高。在这些参展商中，国际展商占比 30%，意味着有 2000 家以上中国光伏企业参展，这还不是全部光伏企业数量，可见光伏行业赛道何其拥挤。很多能源企业领军人物呼吁“没有进入新能源赛道、想进入的需谨慎进入，光伏市场暗含危机。”总之，能源市场除了光伏市场之外，氢能等新能源市场竞争也很激烈，而且还有很多不确定性因素存在。在能源市场激烈的竞争态势下，能源企业如能依托品牌建设顺利突围，将取得事半功倍的效果。加强品牌建设是能源企业市场竞争的利器、做大做强的法宝，有助于能源企业奠定行业地位，树立良好的企业形象。同时，国内品牌面临国际品牌的强势挤压。目前，世界能源企业品牌仍然保持高水平基础上的高增长，这种你追我赶的发展态势也将拉开品牌之间的差距。全球能源区域一体化，国内企业品牌正受到其他国家到我国投资的跨国能源企业的品牌挤压。这些大公司凭借自己的品牌优势、资金实力和雄厚技术，在我国商品市场正长驱直入，毫不掩饰地对我国企业和品牌发起正面攻击，其市场占有率急剧递增。面对激烈的竞争，我国部分能源企业身陷囹圄、举步维艰。

总之，品牌作为企业的重要资产之一，具有引导顾客认知、提升品牌价值、增强市场竞争力等作用。能源企业应改变品牌竞争的不利局面，提升品牌形象，熟悉国际成熟的品牌运作模式，打造国际一流品牌，推动生产制造大国向质量强国和品牌强国转变。

二、区域能源品牌建设存在的不足及影响因素

（一）区域能源品牌建设存在的不足

1. 能源转型方向已确定，但转型节奏不协调，各地区差异大，能源品牌建设受阻

实现碳达峰碳中和，是以习近平同志为核心的党中央统筹国内、国际两个大局作出的重大战略决策，为我国能源转型提供了方向指引。近年来，我国传统能源转型省份积极践行能源转型战略，向绿而行，取得了一系列显著成就，树立了地区特色能源品牌。但是，我国能源转型省份在转型实践中存在不足，转型节奏不协调，具体表现为：一方面，个别省份出现年度火电装机量、装机比例“双升”现象，没有实现火电装机比下降、推动转型的目标。虽然很多地区进行了煤炭综采，发电、输电、配电侧还有很多技术需要不断优化。有些地区在追求节能减排降低煤电使用数量的过程中，也在追求产量的提升、局部经济效益的提升；或者因为技术的限制，导致部分以煤电为主的火电不能有效降低。另一方面，不同能源转型省份装机量不平衡，个别地区装机基数大，处于重要地理位置，承担为本地区和外地输送电力的重任，造成“转身难”，导致区域能源品牌建设受阻。

2. 部分区域清洁能源技术应用推广进展与既定目标存在差距，能源品牌建设受阻

随着全球能源转型和绿色发展趋势日益明显，新能源产业已经成为各国竞相发展的战略性新兴产业之一。全国各省份坚持以习近平新时代中国特色社会主义思想为指导，坚决落实中共中央关于碳达峰碳中和的重大战略决策，坚持稳中求进工作总基调，推动碳达峰碳中和工作开展。但是实践中，部分地区清洁能源技术应用推广不顺畅，可再生能源装机容量、可再生能源消纳、非水可再生能源消纳与既定目标存在差距，造成区域清洁能源品牌建设受阻。

3. 能源产业链尚不完善，品牌影响力有待提高

能源产业庞大复杂，传统能源和新能源融合，多个技术路线并行或交汇，

对产业链优化提出更高要求。目前，我国很多地区积极打造能源产业链，整体取得巨大进步，建设风、光、水、储、氢等产业基地，完善能源产业链，打造区域能源品牌。但是，部分地区能源产业链仍有待完善，个别关键核心技术还存在空白和短板。诸如碳捕集利用及封存（CCUS）、高效率低成本可再生能源发电装备、大功率柔性输变电装备、长时储能、燃料电池、大型燃气轮机、高温材料高端电工材料、关键元器件等支撑新型电力系统构建的技术、装备、材料亟须攻关突破。未来，各地区将重点开展能源产业补链、增链、延链工作，进行能源产业链关键技术创新，实现关键设备国产化、自主化，避免被“卡脖子”，建立能源品牌持久竞争优势。此外，各地区在招商引资方面仍需重点发力，营造有利于能源品牌成长的环境，打造世界级新型电力和新能源装备产业集群“世界名片”“金字招牌”“绿能之星”。

4. 能源品牌塑造方法不科学

区域能源品牌塑造与地区能源产业政策、自然资源优势、区位优势、产业优势等因素有关。各地应根据实际情况，制定合理的品牌战略。目前，有些能源品牌塑造方法不科学，缺少长远规划，或没有竞争优势，不利于能源品牌发展。

（二）区域能源品牌建设影响因素分析

1. 能源供需不平衡，不利于能源品牌建设

中国经济的快速增长推动了其对资源的旺盛需求，常规能源已不能满足国民经济发展的需要，资源进口量不断增加，能源安全问题不容忽视。化石能源的大量使用造成环境气候问题亟待解决。基于此背景，积极开发和使用清洁能源势在必行。目前，我国发展新能源的方式主要是光伏、风能、水电、核电、氢能等。尽管当前全国总装机规模稳步增长，但常规水电、核电、气电、煤电等保障供应安全的支撑性电源建设面临诸多约束。多数能源对地域资源有依赖，这就使得新能源的应用场景受限制。例如，各地区水能、风能、太阳能、地热、氢能、核能等能源供需不平衡，受季节、极端天气、地理位置等因素影响部分新能源供应不稳定；以光伏为例，很多地方想要发展光伏产业，但由于当地光照强度不强，发展光伏产业难度较大；或者由于光伏占地面积大，当地很难拿出大面积土地铺设光伏；有些屋顶光伏在安装方式等方面受限制。此外，个别地区面临水能资源日益减少的窘境。有些地区建立了常规蓄水池，以增大绿色能源供应，但是这种蓄水池蓄水能力有限。以上这些不稳定因素造成电力供应不稳定，电力安全保障压力较大。另外，地区内企业生产经营和用电情况变化，造成用电需求不稳定，也影响电力安全。能源供需不平衡将对社会生产生活造成困扰，不利于能源品牌建设。

2. 能源创新体系和运行机制尚不完善，不利于能源品牌建设

能源是人类社会生存发展的物质基础、是推动世界进步的重要力量。随着中国经济持续发展，能源需求仍将持续增长，保障能源安全、逐步实现能源独立是我国建设社会主义强国的必经之路。我国提出规划和建设新型能源体系，从产业技术和产品、管理体制、营商环境等角度扩展了能源产业的内涵和外延。但是，目前我国很多区域新型能源体系有待完善，能源品牌发展环境亦有待完善。

首先，在技术层面，新能源快速发展，电力系统调节能力和支撑能力提升面临多重挑战，新能源消纳形势依然严峻。新能源占比不断提高，快速消耗电力系统灵活调节资源，其间歇性、随机性、波动性特点使得系统调节更加困难，系统平衡和安全问题更加突出。多重因素叠加，造成电力支撑能力不足，给我国能源安全带来新挑战，不利于能源品牌建设。

其次，在电力市场改革方面，电力市场不协调、不平衡问题日益凸显，满足新型电力系统灵活、高效、便捷、互动的市场机制和价格体系亟须完善，适应新能源低边际成本、高系统成本、大规模高比例发展的市场设计亟待创新，各类调节性、支撑性资源的成本疏导机制需要健全，输配电价、上网电价、销售电价改革亟待深化。

3. 区域环境、经济发展水平、区域文化等多重因素影响区域能源品牌建设

能源品牌建设受区域地理环境、资源优势、政治环境、经济环境、社会环境、技术环境的影响。地理位置重要和资源优势明显的区域，往往担负着保障能源安全、践行“双碳”发展目标的历史重任，这些区域往往发挥能源革命排头兵、能源改革先锋的作用，打造能源品牌示范样板。区域厚重的历史文化、创业创新的科技文化、诚信经营的商业文化、包容共济的开放文化、面向未来的合作文化，都是能源品牌成长的沃土。某种程度上，能源品牌建设受经济发展水平的影响。经济发达地区人口密集，能源消费量大，环境负荷压力大，往往亟待解决能源安全和环境气候问题。这些需求客观上推动区域能源转型或构建清洁能源示范大省，打造清洁能源示范应用产业高地，构建能源绿色发展品牌。营造有利于能源品牌成长的环境是能源品牌建设的主要发力点，也是今后最为紧迫的工作。

4. 区域能源品牌建设理论缺少、人才缺失

区域能源品牌建设区域经济学、产业经济学等理论支撑，也需要有品牌建设理论支撑。目前，区域能源品牌建设专业人才较少，懂产业经济学的人，不懂能源品牌建设；懂品牌理论的，不懂区域能源产业发展，造成能源品牌建设受阻。未来，我国需要培养区域品牌建设高端人才，培育区域优势品牌，提高我国能源产业竞争力。

第六章

我国能源产业品牌典型案例分析

本章主要介绍我国清洁能源示范省（区）品牌、能源转型特色省（区 / 直辖市）品牌、特色区域（城市 / 园区）品牌、能源企业品牌、能源产业特色奖项品牌建设情况，多角度分析我国能源产业品牌建设成效，为其他区域和能源企业品牌建设提供参考。

一、国家清洁能源示范省品牌

2014 年 6 月 13 日，习近平总书记亲自主持召开中央财经委员会第 6 次会议，听取国家能源局关于能源安全战略的汇报并发表重要讲话，明确提出了我国能源安全发展的“四个革命、一个合作”战略思想，为我国能源产业发展提供新模式、新路径。基于此背景，为更好地推动能源革命，发展绿色低碳经济，浙江省、四川省、青海省、甘肃省、宁夏回族自治区提出创建国家清洁能源示范省的构想，并提出整体发展规划。2018 年，国家能源局发布关于建立清洁能源示范省（区）监测评价体系（试行）的通知，通知划定浙江、四川、西藏、甘肃、宁夏、青海六省（区）为示范省，建设运行情况监测评价体系，旨在推动区域能源绿色转型，打造清洁能源示范省样板，探索清洁能源示范省建设经验，为其他地区建设清洁能源示范省提供借鉴。经过数年的发展，清洁能源示范省创建工作已经取得显著成就，多轮驱动的能源供应体系蓝图初现，省域能源品牌名号响亮，形成良好的经济效应、社会效应和环境效应。

（一）浙江：国家清洁能源示范省

浙江是能源资源小省，消费大省，化石资源匮乏，99% 依靠省外调入，但可再生能源品种齐全。2014 年底，浙江省委、省政府审时度势，率先提出创建国家清洁能源示范省战略，浙江省煤炭、油气传统化石能源资源量少，但是经济发达，能源消耗量大，造成大量传统能源需要外省调入。由于浙江省太阳能、风电等可再生能源储量雄厚，为浙江省经济发展提供了后备能源。2014 年，浙江省率先提出创建国家清洁能源示范省大战略构想，力争用 10 年左右时间建成全国首个清洁能源示范省，以能源“清洁”转型，助推“两美浙江”建设。2015 年，国家能源局出台《关于支持浙江省创建清洁能源示范省的若干意见》，支持浙江在煤电节能改造、非化石能源发展、能源体制创新方面先行先试。国家能源局赋予浙江省推进能源消费革命和生产革命的意义，并给予大力支持，在经验成熟的基础上进行积极推广。2015 年底，浙江省在国内率先出台创建国家清洁能源示范省行动计划——《浙江省创建国家清洁能源示范省行动计划（2016—2017 年）》，加快推进清洁能源示范省建设，旨在打造国家重要的清洁能源综合示范基地、清洁能源科技创新基地、能源体制机制改革实践基地。自创建以来，在省委、省政府的关心重视下，经全省上下团结协作，积极努力，创建氛围日趋浓厚，阶段性成果明显，“四个率先”示范工程、能源清洁化水平走在全国前列，树立国家清洁能源示范省省域品牌，书写“诗画江南，活力浙江”的美好与隽永。

1. 能源品牌定位

浙江践行“绿水青山就是金山银山”理念，积极发展清洁能源，力争用 10 年左右时间建成全国首个清洁能源示范省，以能源“清洁”转型，助推“两美浙江”建设。

2. 品牌规划和举措

2015 年，浙江省率先出台《浙江省创建国家清洁能源示范省行动计划（2016—2017 年）》，共提出 24 项任务。该计划提出：“2017 年，全省能源消费总量控制在22亿吨标准煤以内，完成省政府确定的年度节能降耗目标任务；煤炭消费量不超过 2012 年水平；节能指标保持全国前列，力争单位生产总值能耗比 2013 年下降 15%；非化石能源占能源消费比重提高到 18%；能源领域二氧化硫、氮氧化物、粉尘等主要污染物排放力争再削减 20%；能源领域碳排放达到国家要求；电煤消费占煤炭消费比重力争提升到 80%；清洁煤电占煤电装机容量比重达到 85%；煤炭消费占能源消费比重下降到 55% 以下。”

浙江省出台《浙江省建设国家清洁能源示范省行动计划（2018—2020年）》，围绕“四个革命、一个合作”共提出19项任务。该计划指出：到2020年，基本建成国家清洁能源示范省，能源清洁化水平基本达到国际先进水平，实现“双控三升三降”目标，即能源消费总量和能源消费强度得到有效控制，清洁能源消费占能源消费总量比重、电力消费占终端能源消费比重、城乡居民天然气覆盖率显著上升，煤炭消费总量、碳排放强度、主要污染物排放水平明显下降。

《浙江省国民经济和社会发展第十四个五年规划和二〇三五年远景目标纲要》提出，到2025年清洁能源电力装机占比超过57%，高水平建成国家清洁能源示范省。

3. 能源品牌建设成效

（1）能源保障能力持续增强

根据浙江省能源发展“十四五”规划，2020年，浙江省能源消费总量2.47亿吨标准煤，其中煤炭消费1.31亿吨、石油及制品消费3900万吨、天然气消费143亿立方米，全社会用电量4830亿千瓦时（见表6.1）。“十三五”期间，浙江省境内电力装机容量增长23.5%，基本形成东西互供、南北互通的电网主网架。液化天然气（LNG）接收能力增长200%，累计建成天然气管道增长98.6%，形成“八气源、网络化、县县通”的发展格局；浙江省原油一次生产加工能力增长64.5%，石油储备设施规模增长90%，成品油总库容增长101%，成品油长输管道总长增长53.1%，成品油主线“两纵两横”网络基本成型。

表6.1 浙江省能源消费对比

指标	2015年	2020年	增速（%）
一、能源消费总量（亿吨标准煤）	1.96	2.47	26.02
其中：煤炭（亿吨）	1.38	1.31	–5.07
油品（万吨）	2970	3900	31.31
天然气（亿立方米）	78	143	83.33
非化石能消费占比（%）	16	18.30	提高2.30个百分点
二、全社会用电量（亿千瓦时）	3554	4830	35.90

资料来源：根据《浙江省能源发展“十四五”规划》整理。

2020 年浙江全年用电量 4830 亿千瓦时，其中使用清洁电能达 1898 亿千瓦时，占浙江全省全社会用电量的近四成。浙江省内清洁能源得到 100% 全额消纳，有利于推动实现“双碳”目标。

（2）能源清洁化水平提高

1）常规能源消费清洁化利用水平提高

“十三五”期间，浙江省煤炭消费占比从 52.40% 下降至 40.10%，天然气消费占比从 4.90% 提高至 7.40%（见表 6.2），非化石能源消费占比从 16% 提高至 18.30%。

表 6.2　浙江省能源清洁化利用情况对比

	2015 年	2020 年	变化
煤炭消费占比	52.40%	40.10%	下降 12.30 个百分点
天然气消费占比	4.90%	7.40%	提高 2.50 个百分点
淘汰关停机组	装机容量 101.25 万千瓦		

资料来源：根据《浙江省能源发展“十四五”规划》整理。

推广洁净煤技术，煤炭清洁化利用效果显著。截至 2020 年底，浙江省发电和供热用煤占煤炭消费比重达 81%，较 2015 年大幅提升。“十三五”期间大力削减高耗能机组发电用煤，淘汰关停机组 72 台（装机容量 101.25 万千瓦）。

优化石油储运能力，推动油气清洁化利用。浙江进一步推动天然气体制改革，出台浙江省天然气体制改革方案。提出以管网独立和管销分离、天然气价格市场化、城镇燃气扁平化和规模化改革为重点的改革任务，标志着浙江省天然气体制改革正式开始。2020 年底，浙江天然气交易市场有限公司正式运营，成为浙江省首个、全国第五个天然气交易平台。

2）新型能源清洁化利用水平提高

截至 2020 年底，浙江电源装机容量达到 10142 万千瓦。全省光伏 1517 万千瓦（分布式 1070 万千瓦），是 2015 年的 6.9 倍，燃气 1262 万千瓦，水电 1171 万千瓦，其中，常规水电 713 万千瓦，抽水蓄能 458 万千瓦，生物质发电 240 万千瓦（垃圾发电 210 万千瓦），风电 186 万千瓦（海上风电 45 万千瓦），核电 911 万千瓦。清洁能源发电装机 5280 万千瓦、占比 52.1%，提高 11.8 个百分点。

全省电能占终端能源消费比重达 36.10%，高于全国平均水平 9.1 个百分点（见表 6.3）。全省大型燃煤机组和地方燃煤热电机组超低排放改造全部完成，燃煤锅（窑）炉淘汰改造超额完成。全省城镇绿色建筑面积占新建建筑面积比例达 96%，清洁能源化公交车、出租车使用比例达 80%。

表 6.3　浙江省装机及电能替代对比

指标	2015 年	2020 年	增速（%）
总装机（万千瓦）	8215	10142	23.46
其中：水电（万千瓦）	694	1171	68.73
抽水蓄能（万千瓦）	308	458	48.70
核电（万千瓦）	657	911	38.66
清洁能源装机（万千瓦）	3311	5280	59.47
清洁能源装机占比（%）	40.30	52.10	提高 11.8 个百分点
光伏（万千瓦）	220	1517	589.55
风电（万千瓦）	104	186.0	78.85
生物质能（万千瓦）	102.50	240	134.15
全省电能占终端能源消费比重（%）		36.10	高于全国平均水平 9.10 个百分点

资料来源：根据《浙江省可再生能源发展“十四五”规划》《浙江省能源发展“十四五”规划》整理。

2021 年，浙江省装机容量 10857.00 万千瓦（见图 6.1）。水电装机 1278 万千瓦，光伏装机 1842 万千瓦，风电装机 364 万千瓦，核电装机 911 万千瓦（见图 6.2）。水电、光伏、风电装机容量均有所增长，浙江装机清洁化水平进一步提升。

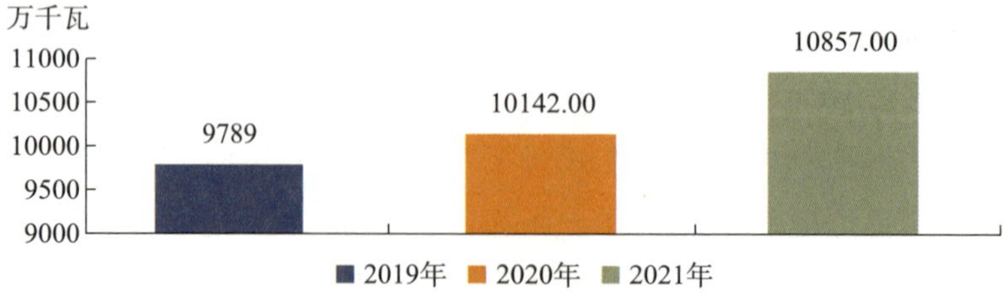

图 6.1　2019—2021 年浙江省电源总装机容量

资料来源：根据国家能源局、中国电力企业联合会数据整理。

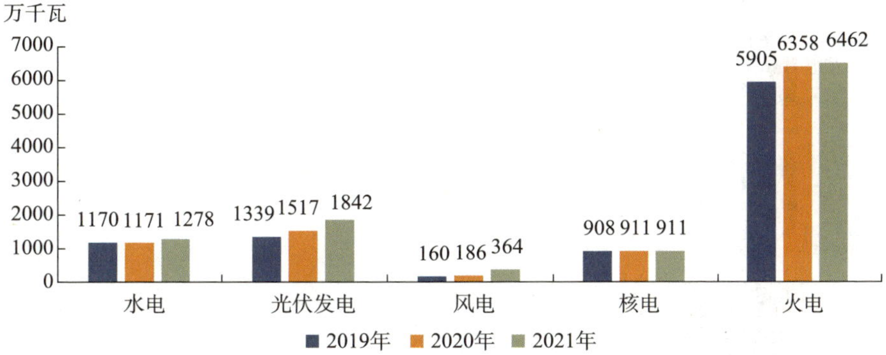

图 6.2　2019—2021 年浙江省不同类型装机容量

资料来源：根据国家能源局、中国电力企业联合会数据整理。

2015 年，浙江省发电量为 3010.84 亿千瓦时，2020 年发电量为 3521 亿千瓦小时，比 2015 年增长 16.94%（见图 6.3）。

图 6.3　2015—2022 年浙江省发电量及增速

资料来源：根据国家统计局数据整理。

国家统计局数据显示，从发电结构来看，2022 年浙江省火力、水力、核能、风力及太阳能发电量分别为 3054.9 亿千瓦时、171.1 亿千瓦时、730.5 亿千瓦时、90.4 亿千瓦时、68.5 亿千瓦时（见图 6.4）。

浙江省新能源装机量超过 3000 万千瓦，发电量持续增加。根据《浙江日报》2023 年 3 月 23 日报道：2023 年春季以来光照幅度加大，新能源电力日发电量最高达 1.56 亿千瓦时，同比增长 4.7%；电网光伏出力超过 1500 万千瓦，占该时刻全社会用电负荷的 20.85%，说明光伏发电量可以满足杭州和湖州两地用电需求。

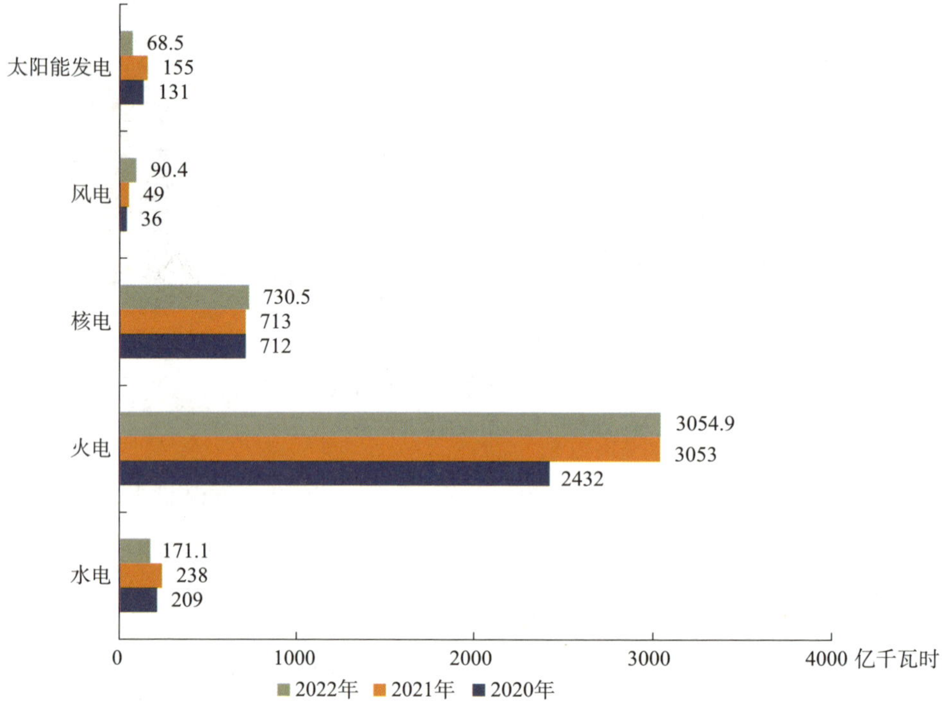

图 6.4　2020—2022 年浙江省不同类型发电量

资料来源：根据《浙江省能源发展“十四五”规划》整理。

（3）能源利用效率稳步提高

根据《浙江日报》2016 年 8 月 18 日《全面建设清洁能源示范省》报道：“2015 年，浙江省万元 GDP 能耗 0.48 吨标准煤（按 2010 年价格计算，以下同），比上年下降 3.5%。其中，工业万元增加值能耗 0.75 吨标准煤，比上年下降 1.8%。”2020 年，单位 GDP 能耗为 0.41 吨标准煤 / 万元（按 2015 年价格计算，下同），完成国家考核任务。单位 GDP 电耗为 808 千瓦时 / 万元，较 2015 年下降 6.7%（见表 6.4）。电网综合线损率为 3.71%，低于全国平均水平 1.91 个百分点。全省重点监测的 36 项主要耗能产品中，炼油、火电（热电）、钢铁、水泥、玻璃纤维等单位能耗水平国内领先。

（4）重大项目建设有序推进

“十三五”期间，建成投产三门核电一期、仙居抽水蓄能电站、舟山普陀 6# 海上风电、宁东至浙江 ±800 千伏特高压直流输电、甬台温成品油管道、舟山新奥 LNG 接收站一期、浙江 LNG 接收站二期等工程。开工建设三澳核电一期，长龙山、宁海、缙云、衢江、磐安抽水蓄能电站和乐清电厂三期等

表 6.4　浙江省能源效率对比

指标	2015 年	2020 年	降低值
6000 千瓦以上火电平均发电煤耗（克标准煤 / 千瓦时）	284	281	3
单位 GDP 能耗（吨标准煤 / 万元）	0.48	0.41	0.07
单位 GDP 电耗（千瓦时 / 万元）	866	808	58

资料来源：根据《浙江省能源发展“十四五”规划》整理。

项目。累计完成重大能源项目投资 3660 亿元。

（5）新型电力系统不断完善

“十三五”时期，浙江省特高压直流线路达到 526 公里，特高压直流换流容量 1600 万千瓦（见图 6.5）。白浙特高压与“姊妹”线路白江（苏）特高压一起，分别承担白鹤滩水电站右岸和左岸的送电重任。这一工程的建设实施将搭建新型电力系统，为华东地区电力供应提供安全保障。

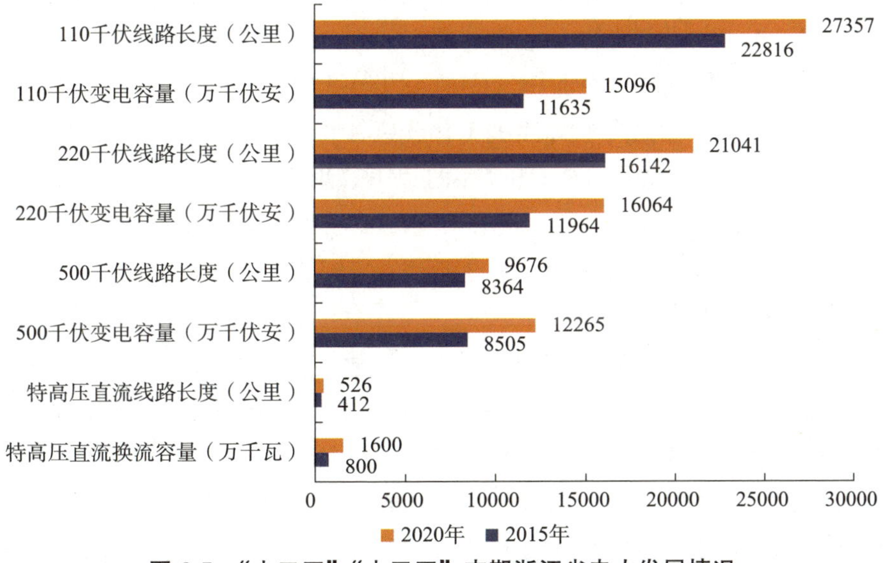

图 6.5　“十二五”“十三五”末期浙江省电力发展情况

资料来源：根据《浙江省电力发展“十三五”规划》《浙江省电力发展“十四五”规划》（征求意见稿）整理。

（6）技术和装备产业发展迅速

“十三五”期间，燃煤机组污染物超低排放关键技术获得国家技术发明奖一等奖；建成全球首台应用 AP1000 三代核电技术的核电站。跨海输变电联网技术取得重大突破，舟山 500 千伏联网输变电工程海底电缆设计、研发、制造达到世界领先水平。拥有完整的光伏装备制造产业链，技术和产量领跑全国。培育了氢能产业集群，构建新能源产业格局。

（7）能源改革创新引领行业发展

“十三五”期间，电力体制改革稳步推进，率先启动电力现货市场交易，开展现货市场试运行，开放售电市场交易，稳步推进增量配电网改革试点。推动全省天然气交易改革，完善管网设施，疏通线路，实现管销分离。能源资源市场化改革全国领先，率先开展用能权有偿使用和交易试点。全面推行区域能评改革。积极推进石油领域改革，首创保税燃料油跨港区供应模式，与上海期货交易所合作探索“期现结合”模式，积极探索综合供能服务站建设运营体制。

（8）打造能源惠民利民工程

“十三五”期间，累计 10 次降低一般工商业电价，3 次降低大工业电价；2020 年浙江省电力用户实际最终到户平均电价为 0.6590 元 / 千瓦时，较 2015 年下降 11.8%，为社会节约大量用电成本。通过输配气价改革等措施，合理确定配气价格，累计降低企业用气成本 48 亿元以上。充电桩建设、百万屋顶光伏、综合供能服务站等能源相关工作连续 4 年列入省政府十方面民生实事工程。累计完成淘汰改造 35 蒸吨 / 小时以下燃煤锅（窑）炉 46249 台；累计建成集中式充换电站 2887 座、公用充电桩 4 万个以上，家庭屋顶光伏 185.8 万千瓦、安装 50 万户以上，综合供能服务站 704 座。

（9）减排效果成效显著

2022 年，浙江省用电量 5799 亿千瓦时，通过电能替代可减少 1643 万吨二氧化碳排放。2022 年，浙江省全年城市（县城）污水排放量 45.3 亿立方米，污水处理量 44 亿立方米，污水处理率为 97.2%，与上年基本持平；城市（县城）生活垃圾无害化处理率 100%、用水普及率 100%、燃气普及率 100%。累计建成国家生态文明建设示范区 42 个，国家“绿水青山就是金山银山”实践创新基地 12 个，省级生态文明建设示范市 8 个，省级生态文明建设示范县（市、区）81 个。

4. 能源品牌建设主要观点

自 2015 年浙江省提出创建清洁能源示范省以来，取得了显著成效，能源清洁化水平不断提高，而且科技创新能力不断增强，新型电力系统建设不断完善，技术和装备产业发展迅速，民生得以改善，环境不断变美。浙江取得的成就可以归结为以下几点：

（1）领导重视清洁能源示范省品牌创建工作

党的十八大后，面对能源供需格局新变化、国际能源发展新趋势，习近平总书记提出“四个革命、一个合作”能源安全新战略，为浙江省能源品牌建设提出了新要求，指明了新方向。浙江基于自身能源资源少、用量大，环境脆弱的省情，在全国率先提出清洁能源示范省创建思路，并列入清洁能源示范省创建名录。这凸显了浙江省具有远见卓识，敢于创新的精神。浙江坚持践行“八八战略”，走出一条从“绿色浙江”到“生态浙江”，再到“美丽浙江”的繁荣富强之路。浙江采用多项举措推动山区 26 县跨越式高质量发展，建设新时期浙江共同富裕示范区典范。

（2）全力打造浙江能源公共品牌形象

浙江是中国制造业的大省，也是中国经济创新发展的重要引擎。近年来，浙江省推动“浙江制造”，全面对接国际先进质量标准，变价格竞争优势为质量竞争优势，带动浙江经济迈向中高端，取得了明显成效。为落实《中国制造 2025》规划，推动企业创新和转型升级，制造业大省浙江省在全国率先推出以“区域品牌、先进标准、市场认证、国际认同”为核心的“浙江制造”品牌建设制度体系。以高标准加严认证为主要路径，鼓励有发展前景的新型科技企业、重点龙头企业积极参与产品认证，树立技术先进、质量过硬、信誉有保障的产品形象，打造浙江区域制造品牌。此外，浙江省还提出打造“诗画江南，活力浙江”省域品牌，激活山水风光、历史积淀、人文底蕴、能源产业等展示社会发展和制度文明的“窗口效应”，放大省域品牌集群效应，不断提升浙江省综合实力。

（3）加强能源品牌宣传，扩大品牌影响力

浙江省非常重视品牌宣传，举办各种形式的活动，例如通过会议、展会、节能宣传周、能源企业活动等传播品牌动态，展示品牌风采。通过自有媒体和公域媒体平台宣传能源品牌，形成大众与品牌的互动，形成用户黏性和关注，从而扩大品牌影响力。

总之，浙江省不断推动能源革命，有效落实节能措施，坚定调整产业结构，在建设资源节约型、环境友好型社会中取得显著成效。未来，浙江省将以习近平新时代中国特色社会主义思想为指导，全面贯彻党的二十大精神，立足新发展阶段，贯彻新发展理念，构建新发展格局，抢抓碳达峰碳中和历史机遇，加快推进产业链现代化、企业培大育强、创新能力提级、市场应用提档，提升新能源制造业规模化、高端化、智能化、绿色化、国际化发展水平，继续推动清洁能源示范省建设，打造浙江清洁能源示范省省域品牌和示范样板，展示“诗画江南，活力浙江”的风采与奋进精神，为其他省份创建清洁能源示范省和实现能源绿色转型提供经验和借鉴，在能源品牌强国道路上创造奇迹！

（二）四川：国家清洁能源示范省、国家“风光水储一体化”清洁能源基地

四川具有得天独厚的风光水气资源，为建设清洁能源示范省提供了先天条件。2016 年，四川创建国家清洁能源示范省工作被列入国家“十三五”能源发展规划。四川成为国内第二个、西部第一个创建清洁能源示范省的省份。把发展清洁低碳能源作为调整能源结构的主攻方向，增强清洁能源供应保障能力，创建国家清洁能源示范省国家“风光水储一体化”清洁能源大基地，成为四川建设能源革命的主要任务之一。如今，经过数年的清洁能源示范省创建已经取得巨大成效，四川已经成为“西电东送”“西气东输”的重要节点和源头，保障国家能源安全供给的重要力量。四川国家清洁能源示范省、国家“风光水储一体化”清洁能源大基地的能源品牌已经树立，绿色发展势能强劲十足，有“天府之国”的“风光”无限，也有巴山蜀水千河之省“气大庆”的豪放。创建清洁能源示范省，有利于增强四川清洁能源供应能力，进一步优化能源结构，探索和积累能源生产和消费革命的经验，为全国能源转型发展提供借鉴，也为我国建设强国、品牌强国作出新的更大贡献。

1. 能源品牌定位

四川蕴含丰富的水能，约占能源的 75%，素有千河之省的称号，大大小小 1400 多条河流，铸就了发电大省的底牌，使四川水力发电装机容量、发电量双双稳居全国第一。与它相邻的湖北、云南、重庆三省市，也是中国水力发电主力省市，四地水力发电量超过全国总量 2/3。

2016 年，四川拉开创建国家清洁能源示范省序幕，重点打造金沙江上游清洁能源基地与雅砻江流域清洁能源基地。《四川省“十四五”能源发展规划》提出：“重点推进凉山州风电基地和‘三州一市’光伏发电基地建设，规划建设金沙江上游、金沙江下游、雅砻江、大渡河中上游水风光一体化可再生能源综合开发基地。”四川已成为全国清洁能源装备产业体系最完整、技术最先进的研发制造基地之一，从“点亮”大西南到服务全世界。

2. 能源品牌建设目标与举措

四川制定了能源产业发展目标规划，出台了一系列政策，推动四川能源有序健康发展。2017 年，四川印发《四川省“十三五”能源发展规划》指出，四川将建成的水电装机约 1500 万千瓦，通过大电网、大市场、大平台发挥作用，进一步促进四川水电资源优势转化为产业优势、经济优势，为四川经济社会发展提供绿色、经济、安全、可靠的电力能源支撑。

四川省人民政府发布《四川省电源电网发展规划（2022—2025 年）》。其中提到，到 2025 年，电力装机规模达到 16560 万千瓦，水电、火电、风电、光伏发电占比分别从 77.8%、15.9%、4.6%、1.7% 调整为 64.1%、16.6%、6.0%、13.3%，电源多能互补、水火互济能力显著增强。

四川省人民政府印发《四川省碳达峰实施方案》，旨在推动全省碳达峰目标实现。该方案提出，在“十四五”期间，四川省将重点推进产业结构和能源结构调整优化，提高重点行业能源利用效率，降低煤炭消费比重，加快构建以水电为主，水风光多能互补的可再生能源体系，形成以清洁能源为主体的新型电力系统，并推动绿色低碳技术研发和推广应用，推行绿色生产生活方式，完善绿色低碳循环发展政策体系。

3. 能源品牌建设取得的成效

（1）清洁能源基地建设成效显著

根据《四川省“十四五”能源发展规划》，“十三五”以来，金沙江、雅砻江、大渡河“三江”水电基地加快建设，白鹤滩、叶巴滩等一批大型水电项目核准开工，猴子岩、长河坝等水电站建成投产。如表 6.5 所示，2020 年全省电力装机 10295 万千瓦，比 2015 年增长 18.70%，其中，水电 8082 千瓦，排名全国第 1，占比 78.5%；风电 426 万千瓦，占比 4.1%；光伏 191 万千瓦，占比 1.9%；火电 1596 万千瓦，占比 15.5%。包括水风光在内的可再生能源装机占比高达 84.5%。通过这些数据可知，四川已基本建成国家清洁能源示范省和全国优质可再生能源基地。

表 6.5　四川省能源清洁化情况对比

指标	2015 年	2020 年	增速（%）
电力装机总容量（万千瓦）	8672.80	10295	18.70
其中：水电（万千瓦）	6939	8082	16.47
风电（万千瓦）	73.40	426	480.38

续表

指标	2015 年	2020 年	增速（%）
太阳能发电（万千瓦）	36.40	191	424.73
天然气产量（亿立方米）	267.20	432	61.68

资料来源：根据《四川省“十四五”能源发展规划》整理。

据四川省统计局的数据，2021 年末，四川水力发电装机达 8947 万千瓦，居全国第 1 位，水电占比达 81.6%。根据《四川省生态文明建设发展报告（2022）》，2022 年四川省水电装机容量超过 9707 万千瓦、居全国第 1 位，天然气产量 561.2 亿立方米，接近全国的 1/3。

四川大力推进甘孜州、阿坝州、凉山州、攀枝花市“三州一市”光伏发电基地建设。根据国家能源局 2022 年光伏发电建设运行情况数据，2022 年四川累计并网容量 206.2 万千瓦，其中：集中式光伏电站 173 万千瓦，分布式光伏电站 33.2 万千瓦（见图 6.6）。

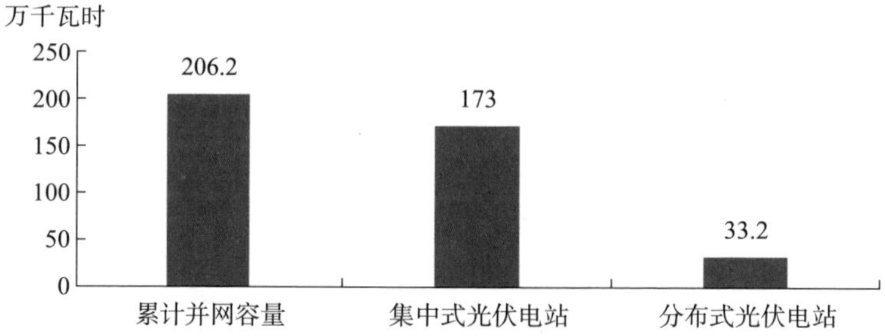

图 6.6　2022 年四川省累计光伏装机

资料来源：根据国家能源局 2022 年光伏发电建设运行情况数据整理。

（2）能源供应保障能力增强

2020 年，四川省能源综合产量 2.05 亿吨标准煤，比 2015 年增加 20.62%。发电量 4140 亿千瓦时，其中，水电发电量 3514 亿千瓦时，居全国第 1 位。风电发电量 426 亿千瓦时，高于 2015 年 43 倍以上；光伏发电 191 亿千瓦时，高于 2015 年光伏发电 85 倍以上（见表 6.6）。能源供应充足，保障地区用电需求。此外，全省水电外送电量累计 6698 亿千瓦时，为我国东部地区节约超 2 亿吨标准煤，减少二氧化碳排放超 5 亿吨。

表 6.6　四川省能源供应情况对比

指标	2015 年	2020 年	增速（%）
能源综合产量（亿吨标准煤）	1.70	2.05	20.62
发电量（亿千瓦时）	3208.50	4140	29.03
其中：水电（亿千瓦时）	2767.40	3514	26.98
风电（亿千瓦时）	9.60	426	4337.50
光伏发电（亿千瓦时）	2.20	191	8581.82

资料来源：根据《四川省“十四五”能源发展规划》整理。

（3）能源转型步伐加快，能耗不断降低，清洁化水平提升

2020 年，四川省能源消耗 21185.9 万吨标准煤，比 2015 年增加 6.53%。“十三五”时期，单位 GDP 能耗下降目标为 16.0%，实际降低 17.4%，超额完成目标任务 1.4 个百分点。2020 年，四川非化石能源消费比重为 38%，比 2015 年提高 6.35 个百分点；清洁能源消费比重为 54.50%，比 2015 年提高 10.1 个百分点。2020 年，四川省发电总装机中清洁能源装机占比为 85.9%、发电量占比为 88.5%，分别比 2015 年提高 5 个、2.4 个百分点。“十三五”时期，关停落后煤电机组 17 台，装机容量约 170 万千瓦；关闭煤矿 339 处，退出产能 4397 万吨 / 年。清洁替代、电能替代加快推进，累计实现替代电量 445 亿千瓦时（见表 6.7）。煤炭消费占能源消费总量比重完成规划目标。

表 6.7　四川省能源消耗及清洁利用情况对比

指标	2015 年	2020 年	增速（%）
能源消耗（万吨标准煤）	19888	21185.90	6.53
单位 GDP 能耗降低	“十三五”单位 GDP 能耗下降目标为 16.0%，实际降低 17.4%，超额完成目标任务 1.4 个百分点		
非化石能源消费比重（%）	31.65	38	提高 6.35 个百分点
清洁能源消费比重（%）	44.40	54.50	提高 10.1 个百分点
清洁能源装机占总装机的比例（%）	80.90	85.90	提高 5 个百分点
清洁能源发电量占比（%）	86.10	88.50	提高 2.4 个百分点
全社会用电量（亿千瓦时）	2800	2865.20	2.33
电能替代量（亿千瓦时）		445	2020 年替代比率 15.53

资料来源：根据《四川省“十四五”能源发展规划》整理。

（4）电力基础设施不断完善

“十三五”期间，四川电网形成以500千伏为骨干的主网架和“四直八交”外送通道，发展成为省级大电网、西部大枢纽。建成 ±800 千伏直流换流站 3 座、换流容量 2160 万千瓦，±500 千伏直流换流站 1 座、换流容量 300 万千瓦，500 千伏变电站 52 座、变电容量 8730 万千伏安，输配电线路 16294 公里，外送能力达 3060 万千瓦。建成西南地区天然气（页岩气）输送枢纽，全面形成环形输送管网，年输配能力达到 450 亿立方米，五年累计外输天然气 544 亿立方米。能源储备设施加快建设，川东北储气调峰项目（一期）竣工，成都市液化天然气（LNG）应急调峰储备库项目（一期）基本建成，广安高兴煤炭储备基地项目开工建设。“十三五”以来，金沙江、雅砻江水电基地加快建设，白鹤滩、卡拉等大型水电站核准开工，全球最高水平的百万千瓦级水电机组在白鹤滩电站投入使用，乌东德水电站建成投产，新能源项目大规模投产。

（5）新型电力系统不断完善

四川通过电、油、煤、气等不同能源种类，水、风、光等不同电源种类，分布式光伏、储能、电动汽车、微电网、虚拟电厂等不同主体，一方面充分发挥省内清洁能源优势，积极构建高比例消纳的分布式清洁能源灵活配网，实现电从身边来，另一方面充分发挥大电网跨区资源优势，搭建能持久匹配四川特性的外来电跨省跨区电力输送体系，实现电从远方来，最终实现送受互济、源荷互济、主配互济、民企互济。截至 2020 年底，弃水电量实现“四连降”，年水能利用率达 95.4%，圆满完成国家清洁能源消纳三年行动计划目标，实现新能源全额消纳、水电弃水大幅下降的目标。

（6）能源科技创新能力不断提升

国内首台完全自主知识产权 F 级 50 兆瓦重型燃机完成满负荷运行试验，推动我国自主燃机产业实现新跨越。代表全球最高水平的百万千瓦级水电机组研制成功并在白鹤滩水电站投用。“华龙一号”在核燃料自主化、关键材料工程化等方面取得重大进步，具备三代核电机组批量化建设能力。页岩气勘探开发主体配套技术和3500米以浅页岩气开发工艺路径及技术体系基本形成，部分关键工艺和装备实现国产化。急倾斜、薄煤层综采及成套装备技术实现国内领先。

（7）能源体系创新有序开展

输配电价改革稳步推进，市场化电价形成机制建立健全并取得实效，改革红利不断释放。四川电力交易中心完成股份制改革并独立运行，售电市场政策体系和售电公司准入退出机制逐步完善，增量配电试点有序推进。市场主体逐年增多，2020 年全省电力交易平台注册生效市场主体超 1.2 万家；市场交易规模逐步扩大，省内市场化交易电量 1061 亿千瓦时，占全社会用电量的 37%。电力市场和市场交易制度逐步完善。电力现货市场试点有序推进，现货市场交易规则体系初步建立。油气管网独立改革有序推进，省内管网资源整合和融入油气管道全国“一张网”取得进展。

（8）能源服务惠及民生

四川省城乡电网持续加强，农村供电可靠率达 99.8%、电压合格率达 99.6%。脱贫攻坚电力保障任务顺利完成，易地搬迁的 37.9 万户 136 万人实现通电。88 个贫困县农村用电设施得到改善，电力网架基础较差的 19 个县电网得到较大提升，与主网联系薄弱的 15 个县域电网全面加强，阿坝州、甘孜州、凉山州实现供电全覆盖并达到国家农村电网供电标准。建成光伏扶贫项目 48.4 万千瓦，扶持建档立卡贫困户 2.75 万户。建成输气管道约 1.9 万公里，覆盖 129 个县（市、区），居民用气普及率超过 90%。重点采煤沉陷区综合治理不断推进，矿区居民生产生活条件持续改善。

4. 能源品牌建设主要观点

（1）坚持绿色发展理念，全省上下积极创建清洁能源示范省

四川省认真和领悟学习党和国家关于能源革命和“双碳”的指示精神，充分认识到创建清洁能源示范省的意义和价值，坚持绿色发展理念，发挥水能、太阳能、风能等资源优势，打造“风光水储一体化”基地。作为经济大省和能源大省，未来四川将从强化温室气体降碳协同减排、推动气候治理体系现代化等方面持续发力，主动适应“双循环”新发展格局、成渝地区双城经济圈建设新形势，落实好积极应对气候变化国家战略，为我国如期实现碳达峰承诺贡献“四川力量”。

（2）坚持以人为中心，打造绿色生产经营和宜居环境

从清洁能源生产、消费、体系、服务创新等角度，全方位构建绿色能源、绿色工厂、绿色交通、绿色建筑、绿色消费等清洁能源发展环境，形成“人人关注‘双碳’、人人助推‘双碳’目标实现、优质能源回报人民”的良好氛围。例如，国网四川电力调度控制中心始终以保障电网安全运行为使命，坚持“精益调度、精准控制、精心服务”理念，践行“人民电业为人民”企业宗旨，扛起电网安全“坚强脊梁”。

（3）四川省加大能源品牌宣传，提升品牌影响力

四川省通过举办各种活动、新闻发布会、会展等形式，宣传四川的绿色发展理念和创新成果，收到了良好的效果。例如，四川能投多措并举打造全国风电场精益生产管理行业标杆。2023 年，中国电力行业风电运行指标发布会与全国无故障风电场建设年会相继召开，四川能投风电公司再次刷新成立以来获奖纪录：在风电运行指标对标评比中，该公司超半数风电场斩获荣誉，在全省 13 个获奖风电场中占据 7 个名额，包揽华中地区四川省两个“AAAAA级”最高奖项；在全国无故障风电场建设年会中，该公司井叶特西等 3 个风电场荣获全国无故障风电场管理先进成果奖。

同时，通过对品牌项目进行宣传，提升地区能源品牌知名度。例如，总装机容量 1600 万千瓦的白鹤滩水电站，是单机容量世界第一、装机规模世界第二大水电站，享有世界级美誉。通过对白鹤滩水电站的宣传，树立了中国能源品牌光辉形象。

总之，“十三五”时期，四川创建清洁能源示范省取得显著成效，将能源建设、现代化产业体系建设融入国家贯彻新发展理念、构建新发展格局、推动高质量发展的整体战略布局中，在构建新发展格局、促进四川能源强省、现代化产业体系化发展中抢抓发展机遇，不断增强内生发展动力，不断增强四川服务国家全局的能力，在新一轮产业革命和科技革命中赢得战略主动。未来，四川将立足于新时代经济社会高质量发展对能源清洁化、低碳化、安全化、高效化的内在要求，加快建设新型能源体系，将资源优势转化为四川经济发展新动能，进一步推动四川新型工业化和农业现代化，健全四川现代化产业体系，增强四川服务全国的能力，采取科学措施推动四川现代化产业高质量发展，提升城市品牌影响力，是时代赋予四川的光荣使命。四川定当大有作为，书写新时代的荣耀和辉煌！

（三）甘肃：国家清洁能源示范省、风光强省

2016 年 8 月，国家能源局印发《关于支持甘肃省创建新能源综合示范区的复函》，确定甘肃省成为全国第二个新能源综合示范区。2018 年，甘肃被列入国家清洁能源示范省行列。近年来，甘肃全力投入清洁能源示范省创建进程，深入探索能源品牌建设的总体思路，推动甘肃潜在能源资源优势向现实经济优势转化、甘肃自给型能源消费定位向国家能源和新能源供给基地定位转变，取得了显著的成效。

1. 能源品牌定位

“十三五”时期甘肃省能源品牌战略定位：立足能源资源综合优势、能源产业基础和开发利用潜力，努力打造国家综合能源基地。

一个战略通道：国家重要的油、气、煤、电综合运输通道。

五个重要基地：河西新能源基地；陇东能源基地；中部地区石油储备基地；以兰州地区为重点的石油加工基地；以铀浓缩和乏燃料后处理为主的核燃料生产基地。

三个示范区：国家新能源综合示范区；河西走廊清洁能源开发利用和就地消纳示范区；陇东煤炭油气等传统能源综合利用示范区。

经过近十年的发展，甘肃已建成酒泉千万千瓦级风电基地，张掖、金昌、武威、酒泉四个百万千瓦级光伏发电基地，通渭百万千瓦级风电基地。

2. 能源品牌建设目标和举措

2016 年国家批复甘肃省开展可再生能源就近消纳试点、建设新能源综合示范区后，甘肃出台《甘肃省新能源消纳实施方案》《甘肃省解决弃风弃光问题专项行动方案》《甘肃省实施能源结构调整三年行动方案》《甘肃省清洁能源产业发展专项行动计划》等一系列政策措施，打造清洁、低碳、安全、高效的现代能源产业体系。《甘肃省清洁能源产业发展专项行动计划》提出目标：到 2020 年，可再生能源装机占电源总装机比例接近 60%，非化石能源占一次能源消费比重达到 20%；到 2025 年，可再生能源装机占电源总装机比例接近 65%，非化石能源占一次能源消费比重超过 23%。建立风、光、水、火、核“五位一体”绿色能源体系。到2020年，在河西地区率先实现风、光、水、火、核产业集群；到 2025 年，形成公平开放、灵活透明、竞争有序的多元化电力市场，建立起清洁能源为主导的“五位一体”绿色能源体系，推动甘肃经济以绿色为底色高质量发展。

3. 能源品牌建设成效

“十三五”以来，甘肃省深入实施“四个革命、一个合作”能源安全新战略，能源资源配置不断优化，综合性能源通道能力不断加强，多元能源安全供应体系基本建成，能源消纳能力显著提升，能源体制改革稳步推进，能源发展质量和效益不断提高，为全省经济社会发展提供了有力支撑。

（1）常规能源生产供应量不断提升，为经济发展提供安全保障

根据《甘肃省“十四五”能源发展规划》，“十三五”时期，甘肃省提高能源生产供应量，满足区域内经济发展和民生需要。2020 年，综合生产能

力 6729 万吨标准煤，比 2015 年提升 912 万吨，增长 15.68%；比《甘肃省“十三五”能源发展规划》中预计的一次能源生产量 1.05 亿吨标准煤减少了 3771 万吨，减少了 35.91%。2020 年实际原煤产量 3859 万吨，比预计的煤炭产量 7500 万吨少 3641 万吨，减少了 48.54%。原油产量稳步增长，天然气产量快速增加。2020 年石油产量 969 万吨，天然气 3.90 亿立方米（见表 6.8），累计形成储气能力 0.84 亿立方米。“十三五”期间，甘肃省通过增加天然气产量，减少煤炭产量的方式，推动能源绿色转型。

表 6.8　甘肃省能源供应情况对比

指标	2015 年	2020 年	增速（%）
能源生产总量（万吨标准煤）	5817	6729	15.68
其中：煤炭（万吨）	4400	3859	–12.30
原油（万吨）	820	969	18.17
天然气（亿立方米）	1.21	3.90	222.31
非化石能源（万吨标准煤）	1604	2662	65.96

资料来源：根据《甘肃省“十四五”能源发展规划》整理。

（2）能源结构持续优化升级

“十三五”期间，甘肃通过政策引导关闭退出小煤矿 100 处，淘汰落后煤炭产能 1400 万吨，基本淘汰 30 万吨 / 年以下煤矿，煤炭产业结构进一步优化，产业集中度不断提高，转型升级取得实质性进展。煤炭清洁生产水平不断提高，建成选煤厂 6 处，洗选能力达到 2880 万吨 / 年，入洗率 75%。

全省煤炭生产占一次能源生产总量比重逐年下降，非化石能源供给能力不断提升。如表 6.9 所示，截至 2020 年底，电力装机 5620.4 万千瓦，比 2015 年增长 21.05%，全省风电装机 1373.2 万千瓦，占全国装机的 4.9%；光伏装机 981.6 万千瓦，占全国装机的 3.9%。新能源装机占全省电力装机的 41.90%，居全国前列。

表 6.9　甘肃省电力装机及发电量对比

指标	2015 年	2020 年	增速（%）
电力装机（万千瓦）	4643	5620.40	21.05
其中：火电（含生物质发电）（万千瓦）	1930	2308.30	19.60

续表

指标	2015 年	2020 年	增速（%）
水电（万千瓦）	851	957.40	12.50
风电（万千瓦）	1252	1373.20	9.68
光电（万千瓦）	610	981.60	60.92
非化石能源装机比重（%）	58.43	59.00	略有增长
发电量（亿千瓦时）	1242	1787	43.88

资料来源：根据《甘肃省“十四五”能源发展规划》整理。

根据《2022 年甘肃省国民经济和社会发展统计公报》，2022 年末全省发电装机容量 6780.8 万千瓦，比上年末增长 10.2%。其中，火电装机容量 2312.6 万千瓦，增长 0.2%；水电装机容量 971.8 万千瓦，增长 0.5%；风电装机容量 2073.0 万千瓦，增长 20.2%；太阳能发电装机容量 1417.4 万千瓦，增长 23.7%（见图 6.7）。甘肃省风电资源丰富，发展风电资源具有先天优势。甘肃省政府积极响应国家政策要求，大力发展风电，提高装机容量。从 2017 年到 2022 年，甘肃省风电装机容量增加 810.1 万千瓦，增速为 64.15%，风电装机容量大幅增长（见图 6.8）。

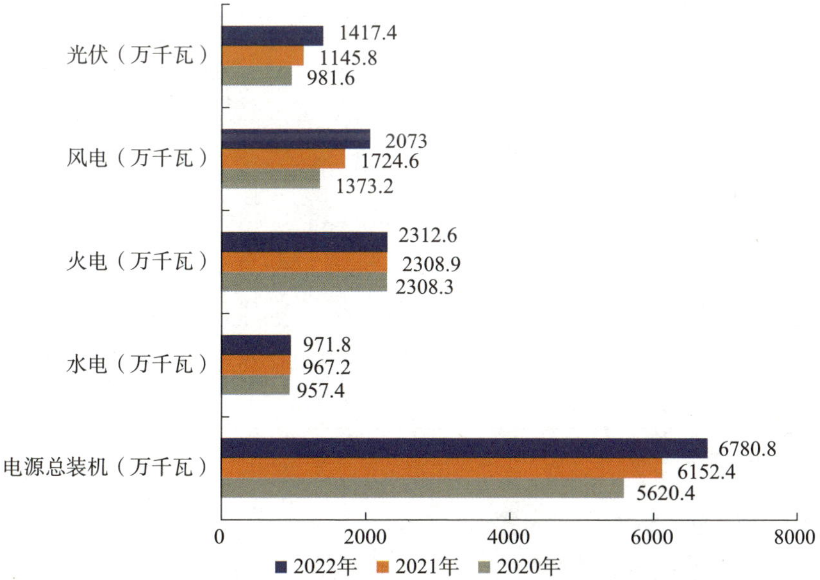

图 6.7 2020—2022 年甘肃省发电装机容量

资料来源：根据《2020—2022 年甘肃省国民经济和社会发展统计公报》整理。

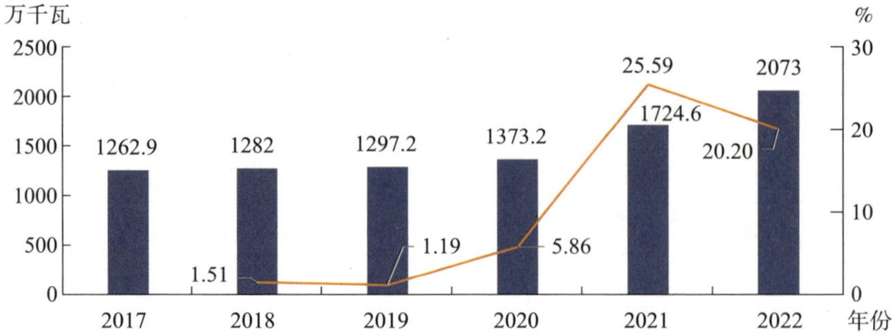

图 6.8　2017—2022 年甘肃省风电装机容量及增速

资料来源：根据《2017—2022 年甘肃省国民经济和社会发展统计公报》整理。

在消费层面，能源消费总量 8105 万吨标准煤，比 2015 年增长 8.23%，其中，煤炭消费占比比 2015 年下降 7.47 个百分点，石油消费占比比 2015 年下降 0.82 个百分点，天然气消费占比比 2015 年提高 0.84 个百分点，非化石能源消费占比比 2015 年提高 7.45 个百分点（见表 6.10）。

随着酒泉至湖南 ±800 千伏特高压直流输电工程的建成，通过酒湖直流以及交流通道跨区外送新能源电量不断增长。2020 年全年外送电量 520 亿千瓦时，其中新能源外送电量达 146 亿千瓦时，占比 28.07%。

表 6.10　甘肃省能源消费情况对比

指标	2015 年	2020 年	增速（%）
能源消费总量（万吨标准煤）	7489	8105	8.23
煤炭消费占比（%）	60.21	52.74	下降 7.47 个百分点
石油消费占比（%）	16.15	15.33	下降 0.82 个百分点
天然气消费占比（%）	4.45	5.29	提高 0.84 个百分点
非化石能源消费占比（%）	19.19	26.64	提高 7.45 个百分点
全社会用电量（亿千瓦时）	651.96	1375	110.90
电力外送（亿千瓦时）	129	520	303.10

资料来源：根据《甘肃省“十四五”能源发展规划》整理。

（3）新能源消纳能力显著提升

2016 年国家批复甘肃省开展可再生能源就近消纳试点、建设新能源综合示范区后，甘肃省相继出台《甘肃省新能源消纳实施方案》《甘肃省解决弃风弃光问题专项行动方案》《甘肃省实施能源结构调整三年行动方案》等一系列政策措施，大力推进直购电交易、新能源替代自备电厂发电，加快建设敦煌100%可再生能源利用城市、清洁能源供暖和电能替代等示范工程，全力破解新能源消纳瓶颈，弃风、弃光率分别由最高时的43%、30%下降至2020年的6%、2%，基本完成了国家确定的新能源消纳目标要求。2021年，甘肃新能源利用率96.83%，新能源发电占比23%、排名全国第3，非水可再生能源消纳权重18.88%、排名全国第9，省内就地消纳新能源246.8亿千瓦时、同比增长13.6%，均创历史新高。新能源产业正逐步成为甘肃经济发展的重要牵引和支柱。

（4）清洁能源项目建设取得突破

“十三五”以来，国家能源局积极支持甘肃省利用资源禀赋和产业基础优势，开展一系列国家新能源示范项目建设，巩固提升国家新能源基地的地位。首航节能敦煌10万千瓦熔盐塔式光热发电示范项目、敦煌大成5万千瓦熔盐线性菲涅尔式光热发电示范项目、中核汇能甘肃矿区黑崖子5万千瓦平价风电示范项目、网域大规模720兆瓦时电池储能电站试验示范项目等多个新能源示范项目成为全国首例，新能源综合示范区建设成效逐步显现。

（5）电网网架结构不断强化，数字化水平提升

“十三五”期间，甘肃省不断完善特高压直流输电设施，提高对外输电能力。甘肃省电网已通过18回750千伏线路与宁夏、青海、新疆和陕西电网联网运行。省内主网架实现了从330千伏到750千伏的跨越升级，形成了以兰州、白银为核心，东西延伸、南北拓展的750千伏高电压等级网架结构，从酒泉自西向东的三回750千伏线路成为河西新能源“西电东送”的重要保障通道。甘肃电网实现了电力运行的高效管理和智能化监控，为电力行业的发展奠定了坚实基础。数字化技术的应用在甘肃电网中发挥了重要作用，提升了运检质效。数字化技术的应用使得运检工作的数据管理更加科学化。国网甘肃电力将加快构建新型电力系统甘肃示范，全力推动源网荷储高质量发展。

（6）能源领域体制改革有序推进

深入推进首批电力现货市场试点，率先开展省间现货交易。规范完善电力市场建设与运行，有序推进电力直接交易、跨省区交易、合同电量转让交易等中长期交易市场建设。组建甘肃省电力交易中心和电力市场管理委员会，逐步有序放开发用电计划，试点推进售电侧改革。支持民营企业参与天然气

管道建设。

（7）碳减排效果显著

“十三五”累计消纳清洁能源 1512 亿千瓦时，相当于节约标准煤 1858 万吨，减排二氧化碳 1.42 亿吨。2021 年完成新能源发电量 446 亿千瓦时，相当于节约标准煤 1780 万吨，减排二氧化碳 4500 万吨。2023 年第 19 届杭州亚运会大力实施绿色能源供应行动，其中，甘肃完成了 0.8 亿千瓦时绿电电量交易，相当于减少二氧化碳排放 57232 吨，为我国节能减排作出积极贡献。

（8）能源扶贫惠民工程成效显著

“十三五”以来，累计投资 52 亿元实施农村电网改造工程，加快补齐农村电网短板。“一区一州”和 18 个深度贫困县脱贫攻坚电网建设任务提前竣工，大电网延伸范围内实现户户通电、村村通动力电。深入实施光伏扶贫工程，建设光伏扶贫项目规模 127.6 万千瓦，惠及 3896 个建档立卡贫困村、18.92 万建档立卡贫困户，一大批贫困村集体经济收入实现“零”的突破，走出一条经济效益、生态效益、社会效益互利共赢的村集体经济发展新路子，做到发展成果群众共享、发展红利富民惠民。

4. 能源品牌建设主要观点

（1）以国家能源战略为导向超前布局

能源产业是国民经济的支柱产业，也是实现“双碳”目标的主战场。甘肃深入学习贯彻习近平总书记系列重要讲话精神和治国理政新理念新思想新战略，超前布局清洁能源领域，打造清洁能源示范大省，建设能源品牌，符合时代发展需要，也奠定先发优势。

（2）基于自身资源优势塑造优势能源品牌

甘肃省风能、太阳能资源丰富，有发展新能源产业的优势。甘肃省基于自身能源优势积极开发新能源，创建清洁能源示范省品牌。甘肃是中国最先确定太阳能发电和千万千瓦级风电示范基地的省份，为能源转型提供支撑。甘肃在沙漠、荒漠、戈壁等地区大力发展光伏产业，在光伏板下种植麦草，防止沙子流动，改善生态环境。

（3）将能源品牌建设作为清洁能源示范省建设的支点

甘肃创建清洁能源示范省的过程，也是对能源要素整合和优化，进行产业升级的过程，提质增效，减碳增绿，客观上也有利于能源品牌的创建。反过来，按照创建能源品牌的思路，去打造清洁能源示范省也适用。能源品牌创建与清洁能源示范省创建，两者异曲同工。甘肃充分发挥品牌的作用，以提升创新力、影响力、治理能力为立足点，高质量开展世界一流能源品牌创建工作，取得了一批实打实的发展成果。

（4）加大清洁能源示范省品牌宣传，提高影响力

甘肃非常重视能源品牌宣传，举办或参加各种论坛，搭建高层次学术交流、资政建言和成果转化平台，激活创新创业因子，塑造新机制、新业态、新形象。通过宣传重点项目展示清洁能源示范省的独特魅力，提升能源品牌影响力。

总之，甘肃通过大力发展风电和光伏、提高清洁能源装机比、提高清洁能源消费比例、加强电网设施建设、提高电力技术智慧化水平和电力消纳能力、实现节能减排、创新清洁能源应用场景、实现电能替代、创新能源体系等举措，创新清洁能源示范省。经过几年的实践，现已取得良好的成效，树立了清洁能源示范省良好的品牌形象。“十四五”时期，甘肃省在全面建成小康社会的基础上乘势而上，加快构建现代综合能源体系，推动清洁能源示范省创建取得更好的成绩，为我国能源品牌建设树立一面旗帜，在新时代中国能源和科技革命的浪潮中迎风飘扬！

（四）宁夏：国家清洁能源示范省、全国首个新能源综合示范区

2012 年，国家能源局将宁夏确定为全国首个新能源综合示范区，助推宁夏清洁能源产业高速发展。2018 年，宁夏回族自治区被列入国家清洁能源示范省（区），至此开启了清洁能源品牌创建新征程。宁夏深入推进能源革命，加强能源产供储销体系建设，确保能源安全，加强煤炭清洁高效利用，充分发挥风光资源优势，打造清洁能源示范省（区）能源品牌。经过数年的发展，宁夏清洁能源示范省创建取得了突出成绩，实现“绿能”替代“黑能”，产业变“绿”、经济增“绿”，以清洁能源产业高质量发展推进宁夏黄河流域生态保护和高质量发展。宁夏国家清洁能源示范省、全国首个新能源综合示范区生机勃勃、绿意葱茏的品牌形象，为宁夏经济发展注入了动力，也为其他省份推动能源绿色转型、打造卓越能源品牌提供参考。

1. 能源品牌定位

宁夏能源富集，不仅煤炭资源丰富，“风光”资源也同样充沛。宁夏在《宁夏回族自治区能源发展“十四五”规划》中确立“一区、三枢纽、四基地”发展定位，即高水平建设国家新能源综合示范区，高标准打造“西电东送”网架枢纽、“西气东输”输配枢纽、区域煤炭储运枢纽，高质量提升宁东

国家大型煤炭基地、“西电东送”电源基地、宁东现代煤化工基地、清洁能源制造及服务基地，巩固提升宁夏在国家能源战略布局中的地位作用。

2. 能源品牌建设规划和举措

2012 年，国家能源局将宁夏确定为全国首个新能源综合示范区。2014 年制定《宁夏创建国家新能源综合示范区实施方案》，2021 年，国家发展改革委、国家能源局出台《关于支持宁夏能源转型发展的实施方案》，提出多项政策措施推动能源转型。为贯彻落实以上实施方案，自治区党委、政府出台《关于推动能源转型发展高水平建设国家新能源综合示范区的实施意见》，提出 6 方面 28 条具体举措，为宁夏能源绿色低碳发展，实现能源产业大调整、大转型、大变革，建设国家级的示范区提供依据。

3. 能源品牌建设成效

（1）示范区建设取得重大成就

“十三五”期间，宁东国家大型煤炭基地、“西电东送”火电基地、宁东现代煤化工基地和国家新能源综合示范区建设取得重大进展，宁夏作为国家能源加工转化和战略储备基地的作用进一步凸显，为保障国家能源安全、支撑全区经济社会发展作出了重要贡献。

（2）能源生产供应量显著提升，为经济发展提供安全保障

根据《宁夏回族自治区能源发展“十四五”规划》，2015 年，综合能源生产 5620 万吨标准煤。2020 年，综合能源生产 6352 万吨标准煤，煤炭 8152 万吨，比 2015 年增长 2.21%（见表 6.11）。非化石能源发电量 355.17 亿千瓦时，比 2015 年增长 159.63%。“十三五”期间，宁夏紧跟国家能源产业发展步调，关停或整合部分煤矿，减少碳排放，推动能源产业高质量发展。

表 6.11 宁夏能源供应情况对比

指标	2015 年	2020 年	增速（%）
能源生产总量（万吨标准煤）	5620	6352	13.02
其中：煤炭（万吨）	7976	8152	2.21

资料来源：根据《宁夏回族自治区能源发展“十四五”规划》整理。

（3）能源结构不断优化

2020 年，宁夏电力装机达到 5942.70 万千瓦，比 2015 年增加 88.24%，风电 1376.60 万千瓦，比 2015 年提高 67.47%，太阳能发电 1197.10 万千瓦，比 2015 年增加 287.41%，非化石能源装机比重为 44.24%，比 2015 年提高 6.83

个百分点（见表6.12）。生物质、风电、光伏发电持续快速发展，新能源装机突破2500万千瓦，电力装机和发电量占比分别达到43.50%和17.70%。新能源综合利用率达到97.6%，非水电可再生能源电力消纳比重连续多年居全国前列，宁夏电网成为首个新能源发电出力超过全网用电负荷的省级电网。

表6.12　宁夏电源装机情况对比

指标	2015年	2020年	增速（%）
电力装机（万千瓦）	3157	5942.70	88.24
其中：火电（不含生物质发电）（万千瓦）	1976	3313.70	67.70
水电（万千瓦）	42.60	42.60	0.00
风电（万千瓦）	822	1376.60	67.47
太阳能发电（万千瓦）	309	1197.10	287.41
生物质发电（万千瓦）	7.40	12.70	71.62
非化石能源装机比重（生物质、水电、风电、太阳能发电）	37.41%	44.24%	提高6.83个百分点

资料来源：根据《宁夏回族自治区能源发展“十四五”规划》整理。

“十二五”“十三五”末期宁夏装机容量见图6.9。

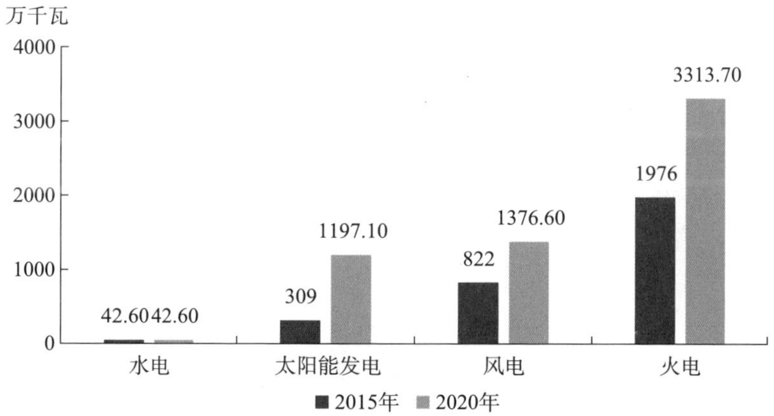

图6.9　“十二五”“十三五”末期宁夏装机容量

资料来源：根据《宁夏回族自治区能源发展“十四五”规划》整理。

宁夏回族自治区统计局发布《宁夏回族自治区2022年国民经济和社会发展统计公报》显示：“2022年末宁夏发电装机容量6474.5万千瓦，其中，火电装机容量3303.8万千瓦，与上年基本持平；水电装机容量42.6万千瓦，与上年持平；风电装机容量1456.7万千瓦；太阳能发电装机容量1583.7万千瓦，增长14.4%。”具体见图6.10。

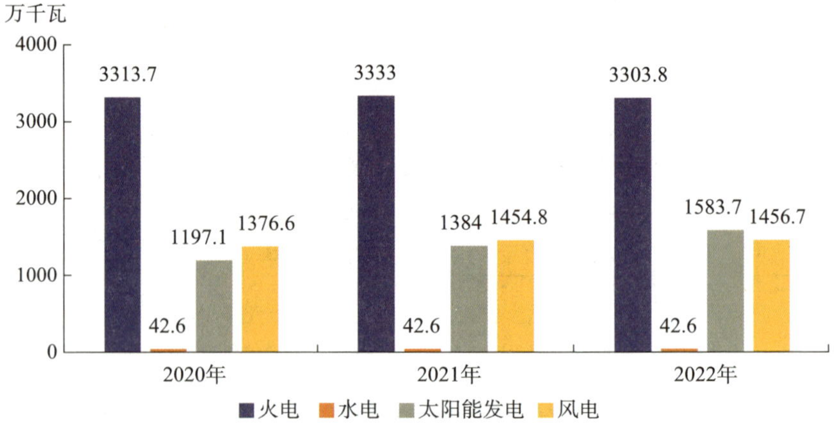

图6.10　2020—2022年宁夏电源装机容量

能源消费清洁化水平有所提升。2020年，宁夏非化石能源消费比重达到10.4%，较“十二五”末提高2.7个百分点；石油消费占比3.60%，比2015年下降2.8个百分点；天然气消费量达到29.55亿立方米，较2015年增长47%，天然气消费占比4.30%。2020年，能源消费总量7933万吨标准煤，比2015年增加45.88%；全社会用电量1038.2亿千瓦时，比2015年增加18.25%（见表6.13）。

表6.13　宁夏能源消费情况对比

指标	2015年	2020年	增速（%）
能源消费总量（万吨标准煤）	5438	7933	45.88
煤炭消费占比（%）	81.20	81.70	上升0.5个百分点
石油消费占比（%）	6.40	3.60	下降2.8个百分点
天然气消费占比（%）	4.70	4.30	下降0.4个百分点
非化石能源消费占比（%）	7.70	10.40	提高2.7个百分点
全社会用电量（亿千瓦时）	878	1038.20	18.25

资料来源：根据《宁夏回族自治区能源发展“十四五”规划》整理。

（4）电网设施不断完善，发电量显著提升

“十三五”期间，金家渠、银星一井、银星二井等大型现代化煤矿建成投产，煤炭生产结构进一步优化，新增先进产能 1460 万吨 / 年。天然气勘探开发取得重大突破，西气东输中卫压气站互联互通工程、杭锦旗至银川天然气管道相继建成，银川市、石嘴山市、吴忠市、中卫市天然气储气设施开工建设，天然气多渠道供应、多气源互补格局正在形成。

宁夏积极践行国家“西电东送”战略，依托超特高压直流输电“大容量、远距离、高效能”的输送优势持续跨区外送电力。750 千伏骨干电网形成了覆盖全区的双环网；宁东至浙江直流输电工程及配套电源建成投运，直流电力外送能力达到 1400 万千瓦，输电通道利用率居全国前列。

2020 年，宁夏发电量 1882 亿千瓦时，比 2015 年增长了 62.98%；外送电量 793.62 亿千瓦时，比 2015 年增长 1.82 倍（见表 6.14）。根据国网宁夏电力公司信息，2020 年宁夏电网外送电量首超区内 703 亿度用电量，成为全国唯一一个外送电量大于内供的省级电网。

表 6.14　宁夏发电量情况对比

指标	2015 年	2020 年	增速（%）
发电量（亿千瓦时）	1154.75	1882	62.98
非化石能源发电量（亿千瓦时）	136.80	355.17	159.63
外送电量（亿千瓦时）	281.90	793.62	181.53
直流外送能力（万千瓦）	400	1400	250.00

资料来源：根据《宁夏回族自治区能源发展“十四五”规划》整理。

（5）电力消纳能力不断提升

宁夏采取推动新能源发电、增加储能设施，构建新型电力系统、创新电力交易机制等方式，提升新能源消纳水平。2020 年，宁夏非水可再生能源电力消纳比重达到 21.43%，连续多年居全国前列。来自国网宁夏电力有限公司的数据显示，2022 年并网储能容量近 100 万千瓦，均居全国前列。目前，宁夏新能源占比超过 50%。“十三五”期间，新能源综合利用率达到 97.6%，非水电可再生能源电力消纳比重连续多年居全国前列，宁夏电网成为首个新能源发电出力超过全网用电负荷的省级电网。

（6）节能降耗工作取得突出进展

大力推进工业、交通等重点领域节能减排，单位地区生产总值能耗降幅完成国家下达目标任务。30 万千瓦及以上煤电机组全部完成超低排放改造，实施 37 台煤电机组节能改造升级。全区电动汽车保有量达到 1.02 万辆，成品油全面升级至国六标准。市、县（区）城市建成区 20 蒸吨 / 小时以下燃煤锅炉全部淘汰，基本解决城市建成区供暖锅炉燃煤污染问题。

地级城市建成区全部实现以热电联产为主，天然气、电能为辅的清洁能源供暖方式。西北地区最大的清洁热源——银川“东热西送”智能化集中供热工程建成投运。银川热电公司主要从事电力、供热、工业蒸汽等相关产业，4 台热电联产机组，供热面积 3771 万平方米，辐射银川市金凤区、西夏区两个行政区域，占银川市总供热面积的 30%。2017 年，银川热电公司积极响应国家碳排放权改革，投入 3.9 亿元建设完成“低压零出力”、余热利用等节能改造项目。改造后，年节约标准煤 6.23 万吨，减碳 11.32 万吨，实现了生态技术和环保优势向经济效益的转变。

（7）能源技术装备水平不断提升

全球单套装置规模最大的煤炭间接液化项目在宁东能源化工基地投产，“神宁炉”等多项技术创造了行业第一、世界第一，代表了中国化工煤制油领域的最高水平。光伏制造形成全产业链，单晶硅棒产能占全球 1/6，高效高品质 N 型单晶双面电池转换效率世界领先。风机减速器产量居全国前三，超大口径调压装置关键阀门在中俄东线天然气管道中成功应用。超重型智能控制刮板输送机、超高压快速真空断路器等能源装备研发成功，填补了国际相关领域的空白。

（8）能源服务惠民效果显著

地级城市建成区全部实现以热电联产为主，天然气、电能为辅的清洁能源供暖方式。新一轮农村电网改造升级提前一年半完成。惠及中南部 5 个县（区）2.63 万户贫困户的村级光伏扶贫电站并网发电，助力贫困县如期实现脱贫摘帽。分布式光伏发电为农户和村集体提供长期稳定的增收渠道，带动群众、村集体增收，助力乡村振兴，为实现“碳达峰碳中和”奠定坚实基础。

4. 能源品牌建设主要观点

（1）领导重视清洁能源示范省（区）创建

2012 年，国家能源局将宁夏确定为全国首个新能源综合示范区，说明宁夏非常重视清洁能源示范区创建工作，具有独特的、超前的视野，敢于创新，奠定了能源绿色转型的先发优势。

（2）基于资源优势打造能源品牌

宁夏煤炭资源丰富，光资源充沛，地貌广阔，既是我国大型煤炭生产基地、我国最大的现代煤化工产业示范区、“西电东送”的重要送端，同时也是首个国家新能源综合示范区。

宁夏基于此资源优势，走出一条能源转型绿色发展之路，树立宁夏清洁能源示范区能源品牌。

（3）全方位打造宁夏清洁能源示范省能源品牌

近年来，宁夏抢抓“双碳”机遇，坚持强龙头、补链条、聚集群，持续抓好新能源产业延链补链强链，不断优化能源结构。宁夏从供给侧、消费端，从电网设施、电力技术、能源品牌服务、创新型体系创建、能源文化创建等角度，塑造能源品牌立体形象，提升区域影响力，带动经济发展。

（4）加强能源品牌宣传，提升品牌知名度

宁夏加大能源宣传，举办多种活动，提升区域能源品牌影响力。2022 年，宁夏以“扩大有效投资攻坚年活动”和“招商引资提质增效工程”为使命担当，充分发挥“统筹协调、考核督导”作用，从政策制定、项目推进到招商方式、要素供给、环境优化等方面全方位、全领域、全过程推进招商引资工作创新。2022 全年共实施招商引资项目 1553 个、实际到位资金 1810 亿元，推动宁夏招商引资工作取得巨大进展。通过这些举措引来金凤凰，提高宁夏的知名度。

总之，宁夏是全国首个国家新能源综合示范区，黄河“几”字弯清洁能源基地是国家九大清洁能源基地之一，并被确定为“风光火储一体化”基地，我国大型煤炭生产基地、我国最大的现代煤化工产业示范区、“西电东送”的重要送端。“十三五”时期，宁夏通过提高清洁能源供给比例，提高清洁能源消费比重，完善电力结构，构建新型电力系统、淘汰落后产能等方式，积极打造清洁能源示范省区，取得了显著成就。未来，宁夏将牢记习近平总书记“能源的饭碗必须端在自己手里”的重要指示，认真贯彻落实习近平总书记视察宁夏重要讲话重要指示精神，加快构建清洁低碳、安全高效的现代能源体系，为建设社会主义现代化美丽新宁夏提供坚实的能源保障，为提升城市品牌影响力不懈努力！

（五）青海：国家清洁能源示范省和清洁能源产业高地

青海省在创建清洁能源示范省的道路上，可谓一骑绝尘，风光无限。20 世纪 90 年代，在联合国开发计划署的支持下，青海湖畔建成青海省第一座 4 千瓦光伏电站，拉开了全省对清洁能源的创新和探索。2016 年 8 月，习近平总书记在青海考察时作出“使青海成为国家重要的新型能源产业基地”的重要指示，推动青海清洁能源高速发展。2018 年 2 月，国家能源局正式批复同意青海建设国家清洁能源示范省，鼓励和支持青海省在清洁能源示范省创建中进行积极的探索。2021 年 6 月，习近平总书记在青海考察时，再次对打造国家清洁能源产业高地提出要求。青海立足于“三个最大”省情定位和“三个更加重要”战略地位，着力构建清洁低碳、安全高效的能源体系，大力建设国家清洁能源产业高地。经过几年的发展，青海省清洁能源示范省创建成绩显著。青海省清洁能源外送至山东、重庆、上海、河南、江西等 14 个省市，为我国经济发展提供巨大支持。今日青海，“清洁能源”已成金字招牌，厚植绿色能源底色，打造能源清洁“青海样板”，作出了“青海贡献”。

1. 能源品牌定位

青海省是长江、黄河、澜沧江的发源地，故被称为“江河源头”，又称“三江源”，素有“中华水塔”之美誉。青海具有“富光丰水风好地广”能源资源优势，是西北地区新能源资源最富集的省域之一。水能资源理论蕴藏量 2187 万千瓦，位居全国第 5。目前青海电网的新能源和清洁能源装机占比分别超六成和九成。依托得天独厚的“风光”资源，青海肩负创建“国家清洁能源示范省”“国家清洁能源产业高地”“新型电力系统省级示范区”的重任。

2. 品牌建设目标和举措

2018 年 12 月底，青海省政府办公厅印发了《青海省建设国家清洁能源示范省工作方案（2018—2020 年）》，围绕“使青海成为国家重要新型能源产业基地”，全省以新能源规模化开发为重点，以 100% 清洁能源使用为目标，以科技创新为支撑，以智能电网建设为保障，向打造清洁能源建设、使用和输出全链条示范省挺进。《青海省碳达峰实施方案》提出目标：到 2025 年，清洁能源装机占比达到 90.6%，2030 年达到全国领先水平。

3. 能源品牌建设成效

（1）能源生产供应量显著提升，为经济发展提供安全保障

1）能源供给保障形势稳固

在国家碳达峰碳中和战略背景下，青海正充分发挥清洁能源资源优势，加快融入“东数西算”国家布局。“十三五”期间，青海省加大能源生产供应，为全国提供能源保障。

作为国民经济重要的基础产业，煤炭工业对国民经济和社会发展起着重

要的支撑和保障作用。青海省把电煤保供放在履行政治责任和社会责任的高度，不断增加能源生产供应量，守住能源安全供应的底线。2020 年全省能源生产总量 4606 万吨标准煤，较 2015 年净增长 1358 万吨标准煤，年均增长 7.2%。煤炭 1092 万吨，比 2015 年增长 34.81%（见表 6.15）。2025 年，青海省将生产 7000 万吨标准煤，比 2020 年增加 51.98%。高原油气基地生产当量接近千万吨级。青海积极开发天然气清洁能源，探明油气资源量由 46.5 亿吨增加到 71.5 亿吨，增幅达 53.76%。完成油气三级地质储量 6.34 亿吨、2565 亿立方米。特别是切探 2 井获自喷高产工业油流，实现了切克里克新区勘探的重大突破。油气当量连续 10 年稳居“7”字头，“十三五”期间，累计生产原油 1129 万吨、天然气 317 亿立方米、加工原油 741.1 万吨。

表 6.15　青海省能源供应情况对比

指标	2015 年	2020 年	增速（%）
能源生产总量（万吨标准煤）	3248	4606	41.81
其中：煤炭（万吨）	810	1092	34.81
原油（万吨）	223	229	2.69
天然气（亿立方米）	61	64	4.92

资料来源：根据《青海省“十四五”能源发展规划》整理。

2）两个千万千瓦级基地全面建成

依托得天独厚的“风光”资源，青海肩负创建“国家清洁能源示范省”“国家清洁能源产业高地”“新型电力系统省级示范区”的重任。截至 2020 年底，青海省电力装机 4030 万千瓦，清洁能源装机规模已达到 3637 万千瓦，清洁能源装机占比超过 90%，风电、太阳能发电、生物质发电占比达 60.64%，是全国唯一占比过半的省份。太阳能发电装机 1601 万千瓦，其中，光伏发电装机 1580 万千瓦，比 2015 年（下同）增加 1.81 倍，光伏超过水电成为省内第一大电源，其中集中式光伏装机居全国第 1，占全国 6%；光热装机 21 万千瓦，居全国第 1；风电装机 843 万千瓦，增长 17.05 倍（见表 6.16、图 6.11）；海南、海西基地清洁能源装机分别达到 1841 万千瓦、1043 万千瓦，实现“千万千瓦级两基地”发展目标。

表 6.16　青海省电力装机情况对比

指标	2015 年	2020 年	增速（%）
电力装机（万千瓦）	2171	4030	85.63
其中：火电（含生物质发电）（万千瓦）	415	393	-5.30
水电（万千瓦）	1145	1193	4.19
风电（万千瓦）	46.70	843	1705.14
太阳能发电（万千瓦）	564	1601	183.87
其中：光伏发电（万千瓦）	564	1580	180.64
清洁能源装机（万千瓦）	1755.70	3637	107.16
清洁能源装机比重（%）	80.87	90.25	提高 9.38 个百分点

资料来源：根据《青海省“十四五”能源发展规划》整理。

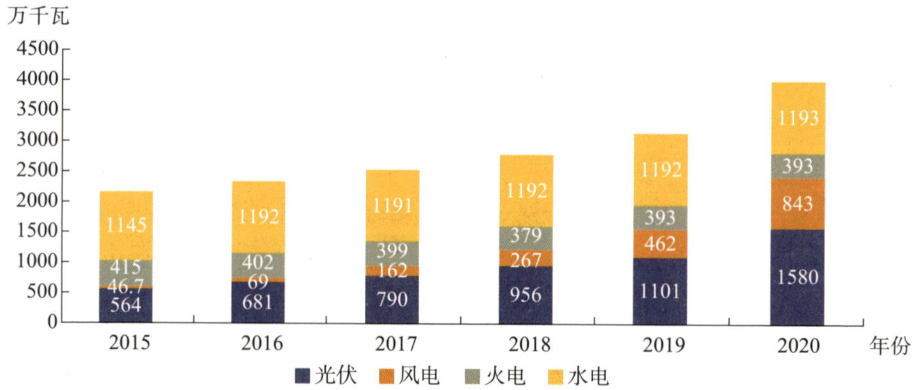

图 6.11　青海省“十三五”期间发电装机情况

资料来源：根据《青海省“十四五”能源发展规划》整理。

3）储能能力不断提升

根据《青海省清洁能源发展报告 2022》，在新型储能方面，截至 2020 年，累计装机容量 38.2 万千瓦，累计储能容量 53.3 万千瓦时，储能与装机容量比为 1.40（见图 6.12）。2022 年青海省新增电化学储能电站 1 座，装机规模 10 万千瓦 /20 万千瓦时，同比增长 20.7%。截至 2022 年底，青海省已建成投运电化学储能项目 14 个，储能容量达 48.24 万千瓦 /73.29 万千瓦时，平均储能时长约 1.5 小时。

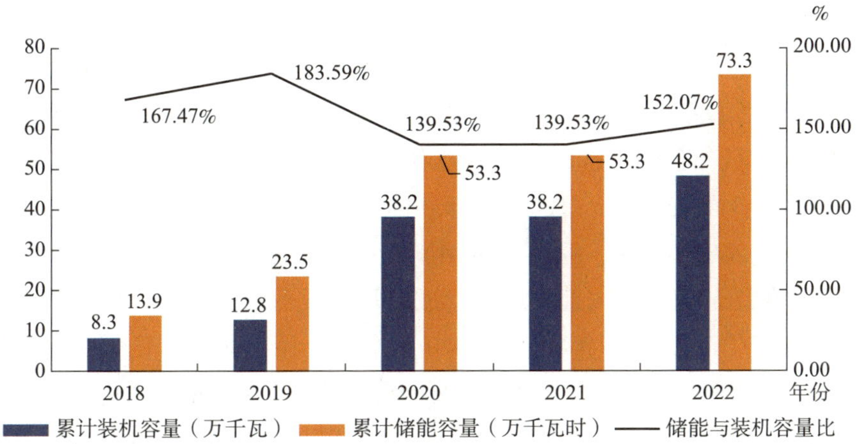

图 6.12　2018—2022 年青海省储能与装机容量变化趋势

资料来源：根据《青海省清洁能源发展报告 2022》整理。

4）发电量增加，清洁能源发电量占比提升

2020 年，青海省全省发电量 948.4 亿千瓦时，比 2015 年增长 66.97%，其中，火电 101.4 亿千瓦时（见表 6.17）。根据国网青海省电力公司信息，清洁能源发电方面，2020 年，青海省清洁能源发电量 847 亿千瓦时，比 2015 年增长 87.80%，清洁能源发电量占总发电量的 89.31%。其中，水电发电量 599 亿千瓦时，水电发电量占总发电量的 63.2%；太阳能发电量 167 亿千瓦时，太阳能发电量占总发电量的 17.6%；风电发电量 81 亿千瓦时，风电发电量占总发电量的 8.5%。从环保角度看，847 亿千瓦时清洁电量，相当于替代原煤 3811 万吨，促进减排二氧化碳 6268 万吨。

表 6.17　青海省发电情况对比

指标	2015 年	2020 年	增速（%）
发电量（亿千瓦时）	568	948.40	66.97
水电（亿千瓦时）	368	599	62.77
火电（亿千瓦时）	117	101.40	–13.33
太阳发电（亿千瓦时）	75.54	167	121.07
风电（亿千瓦时）	6.87	81	1079.04
清洁能源发电量（亿千瓦时）	451	847	87.80
清洁能源发电量占比（%）	79.40	89.31	提高 9.91 个百分点

资料来源：根据国网青海省电力公司信息整理。

5）电网设施不断完善，输送电力能力增强

青海电网结构呈“东密西疏”分布特点，电网已覆盖西宁市、海东市，海南、海北、黄南、海西四个州及果洛、玉树州大部，其中西宁和海东是电网的核心地区。青海建成海西至塔拉双回线路、郭隆 750 千伏输变电等 14 项重大工程，形成 750 千伏东部、南部环网结构，西部链式结构，省际断面受电能力提升 260 万千瓦，海西至主网断面提升 190 万千瓦。330 千伏基本实现州府所在地全覆盖；大部分地区形成双环网或双链式结构，供电能力和可靠性大幅提升。与 2015 年相比，2020 年全社会用电量 742 亿千瓦时，增加 12.77%，电能替代 32 亿千瓦时，增加 255.56%，外送电量 273 亿千瓦时，增加 276.19 亿千瓦时（见表 6.18）。青海已向西藏输送电能 86.28 亿度，并外送西藏水电 41.88 亿度。

表 6.18　青海省用电量及外送电量情况对比

指标	2015 年	2020 年	增速（%）
全社会用电量（亿千瓦时）	658	742	12.77
电能替代（亿千瓦时）	9	32	255.56
外送电量（亿千瓦时）	输入 3.19	输出 273	增加 276.19

资料来源：根据《青海省“十四五”能源发展规划》整理。

（2）坚持绿色发展理念，推动能源清洁低碳转型

1）优化煤炭产能结构，淘汰落后产能

积极推进供给侧结构性改革，化解煤炭过剩产能，全面完成 30 万吨 / 年以下煤矿去产能任务，淘汰落后产能 285 万吨。建成青海省开采规模最大、现代化程度最高的鱼卡矿区 400 万吨 / 年矿井，煤矿产能达 1130 万吨 / 年。拆除落后火电机组 62 万千瓦，全面完成 30 万千瓦以上公用燃煤发电机组超低排放改造。

2）在城市大力推广普及清洁用能

积极推广清洁供暖，主要城市空气质量优良天数比例保持在 80% 以上。推动西宁市进入全国第二批绿色公交都市创建城市，全市 100 条运营线路、1940 辆公交车全部使用清洁动力，全省建成电动汽车充电站 270 座。开工建设海晏天然气利用工程等输气设施项目，采取增加天然气供应指标、实施“压非保民”等措施，确保冬季采暖民生用气。

3）提高消纳能力，推动电能替代，减少碳排放

2020年能源消费总量为4150万吨标准煤，年均增速0.1%，低于全国2.6%的年均增速，单位GDP能耗下降24%，提前超额完成目标任务。非化石能源消费比重47.2%，较全国平均水平高30.5个百分点，非水可再生能源消纳比重25%。

2015年青海“电能替代”9亿千瓦时，相当于减少燃煤消耗11.05万吨，减少二氧化碳排放27.53万吨，部分新能源发电得到就地消纳。2020年，电力占终端能源消费比重31.6%，较全国平均水平高4个百分点。全省可实现电能替代电量32亿千瓦时，“十三五”期间实现电能替代电量102.5亿千瓦时。在三江源头，青海省积极推进果洛藏族自治州玛多县、玉树藏族自治州曲麻莱县等地清洁能源供暖示范县建设，二氧化硫、烟尘等污染物排放持续降低，全省空气质量优良天数比例达到96.3%。创新“光伏生态扶贫”模式，确保了全省73.36万千瓦扶贫光伏全部消纳。

2017年以来，青海省已连续6年成功实施“绿电行动”创新实践，刷新并保持着全清洁能源供电世界纪录。从绿电7日到百日，六年间，青海清洁能源供电实践不仅延长时间，扩展空间，而且变革发展理念、创新产业技术、完善体制机制，形成有效的管理模式。

（3）提高科技创新能力，塑造区域能源技术品牌

青海加大招商引资力度。编制产业链图谱、梳理产业链短板，围绕提升产业基础能力和产业链现代化水平，补齐产业发展短板；依托“青洽会”省外展会“央企活动”等窗口平台抓招商、扩影响，先后引进天合光能股份有限公司光伏全产业链、红狮硅基新材料全产业链、丽豪半导体多晶硅、高景太阳能单晶硅等一批光伏制造产业链项目落地建设，做大光伏产业集群。

（4）完善能源消费体系，提高能源资源配置效率

“十三五”期间，完成第二轮输配电价改革工作，制定出台居民、电锅炉清洁取暖电价政策。成立青海电力市场管理委员会，完成电力交易中心股份制改造，推动电力交易机构独立规范运行。市场化交易电量规模和比例不断提升，灵活实行自备电厂替代、峰谷互换等交易机制。增量配电业务有序开展，以股权多元方式组建团鱼山售电公司，南川工业园南部片区、夏日哈木镍钴矿区试点项目列入第五批国家试点。

（5）打造典型项目，提升区域品牌形象

青海省强化重点项目支撑带动作用，大力发展能源重点项目。加强顶层

设计，创新性提出“四统一”模式，按照资源禀赋和发展基础提前谋划，规模化实施新能源开发，智能化实施电站运维，园区化实施公共基础设施建设，集约利用了土地、资金、电网等要素。提出“新能源十储能”模式，新建新能源电站可配套建设 10% 的储能项目，为全国储能规模化发展提供了样板。目前，黄河上游在建海拔最高、装机最大的水电站，青海玛尔挡水电站正加紧建设；格尔木液态空气储能项目正在建设，2024 年项目建成后，将成为世界液态空气储能领域储能功率最高、储能电量最大的项目。几年来，青海连续 6 次刷新并保持全清洁能源供电世界纪录，建成世界首个新能源远距离输送大通道，打造海西、海南两个千万千瓦级可再生能源基地，树立了青海特色品牌形象。

（6）推动区域能源交流合作，促进协同发展

依托政企合作和央地共建，先后与国家电网有限公司、国家能源投资集团有限责任公司、国家电力投资集团有限公司等 9 家央企签订了能源合作协议，涉及清洁能源开发、电力输送、储能开发应用、清洁供暖、脱贫攻坚等内容，有力推动青海清洁能源高速发展。

（7）推进能源惠民富民，提供民生保障

通过实施农网升级改造和“三区三州”脱贫项目，完成 555 个中心村电网改造升级、326 个自然村通动力电、938 个贫困村电网改造，农牧区电网供电可靠率逐年提高、质量显著提升、报修量持续下降，生产生活用电得到进一步保障。推进三江源地区 16 县清洁供暖配套电网建设，完成 4 个小康电示范县电网建设，全面解决现存 3894 户“低电压”问题，户均停电时间由 36.8 小时缩短至 17.5 小时。

大力发展光伏产业，助力乡村振兴。光伏扶贫产业由输血变为造血，为全省打赢脱贫攻坚战作出了贡献，提升了贫困地区百姓的获得感、幸福感、安全感。

4. 能源品牌建设主要观点

（1）超前视野探索世界能源发展道路

20 世纪 90 年代，在联合国开发计划署的支持下，在青海湖畔建成青海第一座 4 千瓦光伏电站。这是青海主动对接世界能源的重要开始，也彰显了青海的世界格局。如今，全世界都在开发清洁能源，进行碳减排的时刻，青海显然已经积累了先发优势，轻装上阵，淡定前行。

（2）领导重视清洁能源示范省建设

习近平总书记高度重视青海能源事业发展，精准把脉青海“富光丰水风好地广”能源资源优势，提出“使青海成为国家重要的新型能源产业基地”的重要指示，赋予青海“三个更加重要”战略地位，作出青海“打造国家清洁能源产业高地”的重大要求，为青海能源事业高质量发展锚定了新航标、擘画了新蓝图。青海省上下坚持以习近平新时代中国特色社会主义思想为指导，全面贯彻党的历次全会精神，认真践行习近平总书记“四个革命、一个合作”能源安全新战略和“使青海成为国家重要的新型能源产业基地”的重要指示，奋力推进“一优两高”战略，出台各项政策，着力建设国家清洁能源示范省。

（3）充分利用本地资源创造品牌优势

青海省水力、风、光等清洁能源资源蕴藏丰富，发展清洁能源优势突出。青海采取顶层设计预设能源产业发展路径，高位推动能源产业发展，打造“清洁能源”绿色品牌。

（4）坚持市场导向，构建新型电力系统，创新能源管理体系

坚持以市场需求为导向，进行供给侧和消费侧能源革命，整合各种资源，进行技术创新和体制创新，打造能源精品项目，树立区域能源品牌。

（5）加大媒体宣传，提升区域品牌形象

青海省非常重视媒体宣传工作，树立青海清洁能源品牌形象，积极参与国际能源交流，举办各种活动，阐释青海的能源绿色发展理念，提升青海区域影响力。连续举办 4 届清洁能源发展论坛，随着影响力的不断扩大，参会人数逐届增加，与会嘉宾层次不断提升，已从单一的会议论坛扩展到成果展览、现场考察、产业对接等系列活动，通过深度探讨和理念碰撞，凝聚了清洁能源发展的广泛共识，成为青海省绿色发展的一张亮丽名片。2021“一带一路”清洁能源发展论坛 11 月 27 日在青海西宁举办。2022 年 3 月 26 日，《青海新闻联播》“奋进新征程　建功新时代”栏目以“西部矿业：延长产业链　实现资源再利用”为题深度报道西部矿业集团公司整体布局上下游产业，持续延链、补链、强链，着力发展循环经济，用绿色低碳、资源再利用方式，从局部生产“单行道”，到原料、产品、废气、废渣综合利用，“吃干榨尽”的“大循环”，实现“废渣”到“产品”变废为宝的绿色低碳循环发展模式。通过各种宣传，构建清洁能源示范省绿色品牌。

总之，清洁能源是青海的优势资源，也是青海经济社会高质量发展的优

势所在。青海坚决扛起能源革命的旗，以清洁能源示范美好未来。青海通过提高清洁能源装机量和装机比，提高清洁能源消费占比，进行节能改造，建设新型电力系统，推广清洁能源使用场景，提高消纳水平、推行减碳措施、打造重点项目，提高品牌知名度等方式，创建青海清洁能源示范省国际一流品牌。今天的青海在新能源产业发展道路上一路向前，已领跑全国。未来，青海必将驰骋在清洁能源产业建设的发展快车道上，跑出中国青海能源的加速度，秀出中国能源品牌的风采，青海清洁能源产业发展也从“风生水起”逐步迈向“风光无限”。

（六）国家清洁能源示范省品牌建设模式总结

在国家“双碳”和能源总体战略指引下，很多省积极参与清洁能源示范省的建设，取得了巨大成效。其经验总结为以下几点：

1. 各级领导高度重视清洁能源示范省品牌建设，推进能源革命，助力实现“双碳”目标

党的十八大后，面对能源供需格局新变化、国际能源发展新趋势，习近平总书记从保障国家能源安全的全局高度，提出“四个革命、一个合作”能源安全新战略，这是习近平新时代中国特色社会主义思想的重要组成部分。国家批复同意浙江、四川等五省区创建清洁能源示范省（区），进行清洁能源发展模式探索，为其他区域发展清洁能源提供经验。基于此背景，我国各级政府和企业高度重视清洁能源示范省品牌建设，坚持以习近平“四个革命、一个合作”能源安全新战略为指导，推进能源革命，推动能源绿色发展，助力实现“双碳”目标，打造清洁高效、多元支撑的新型能源强省特色品牌。

2. 国家和各地推出多项能源产业政策，推动能源品牌发展

我国正逐步完善支持新能源行业发展的各项配套政策。2021 年 10 月 10 日，国家发展改革委发布《关于推动可再生能源高质量发展的指导意见》，明确提出加快推进可再生能源电力消费比重目标实现。提出 2021 年底前各省级人民政府可再生能源电力消费比重达到 8% 以上，到 2035 年前达到 10% 以上。其中，内蒙古、黑龙江、江苏、浙江、安徽、福建、江西、河南、湖北、湖南、广东、广西、海南等 13 个省（区）实现可再生能源电力消费比重达 10% 以上；河北、辽宁、重庆、四川、宁夏等 11 个省（区、市）可再生能源电力消费比重达到 20% 以上；新疆、青海、宁夏等 7 个省（区）消费比重达到 10% 以上。此外，国家对光伏、氢能、储能等行业出台了相关政策，引导行业规范发展。

以光伏行业为例，自2020年起，国家层面的碳减排工作已经成为光伏产业高质量发展的重要推动力。2022年1月工业和信息化部、住房和城乡建设部等部委发布关于印发《智能光伏产业创新发展行动计划（2021—2025年）》的通知，鼓励开发智能化、数字化的户用智能光伏产品及系统，实现即插即用、安全可靠、使用便利，促进户用光伏市场发展。

再以氢能行业为例，2022年3月23日，国家发展改革委、国家能源局联合印发《氢能产业发展中长期规划（2021—2035年）》，明确了氢能的三大战略定位，指出氢能是未来国家能源体系的重要组成部分，氢能是用能终端实现绿色低碳转型的重要载体，氢能产业是战略性新兴产业和未来产业重点发展方向。

另外，以储能行业为例，2022年6月7日，国家发展改革委办公厅、国家能源局综合司联合印发《关于进一步推动新型储能参与电力市场和调度运用的通知》，强调新型储能作为构建新型电力系统的重要组成部分，要建立、完善相关市场机制、价格机制和运行机制，提升新型储能利用水平。

总之，光伏、氢能、储能等行业政策为能源产业创新发展和绿色转型升级提供了方向指引、理论支撑，也为能源品牌建设提供了动力引擎。

3. 利用区位资源优势进行产品布局，建设区域清洁能源品牌

能源产业布局需要有“区位指向”，要考虑到区位优势、要素禀赋及产业发展的集群性。我国各省份依托当地风能、太阳能、核能、水能、氢能等能源资源优势，加强产业布局，积极发展清洁能源，破解产业发展难题，形成新经济竞争优势。青海水资源非常丰富，素有“中华水塔”雅称，青海省风电、光伏资源也比较丰富。青海省在发展思路上主要以发展水电、风电、光伏为主。截至2021年底，青海省清洁能源装机占比超过90%，保持全国最高。

4. 进行区域能源产业发展顶层设计，能源品牌定位具有前瞻性

新能源产业是新兴产业，面临产业路线选择和技术迭代的难题，产业链条长，关联度强。各省份在进行区位能源品牌发展战略布局时具有前瞻性，进行系统思考、顶层设计、整体布局和技术创新，奠定产业先发优势。

5. 考虑能源产业环境的和谐性，推动能源品牌建设与社会发展协同

能源品牌发展战略布局与地区社会发展战略协调，实施“能源+”战略，推动能源品牌建设和其他产业融合、和谐共生。能源工程和项目与周围环境和谐，美化环境，造福社会和大众。例如，锦屏一级、锦屏二级水电站均荣获被誉为国际工程领域“诺贝尔奖”的菲迪克工程项目奖。大渡河流域水电因电源点靠近负荷中心，被誉为四川水电的“一环路”，承担着为四川提供电力的重任，尤其为成都周边的电力供应作出了巨大贡献，成为一道美丽的风景，提升了区域知名度和品牌形象。

6. 国家能源产业政策对社会生产生活和能源品牌建设产生重大影响

鉴于光伏等行业政策的激励，以及储能与微网管理可实现对能源微网和光储充电站的设备数据采集和协调控制，提供安全、稳定、高效运行保障的叠加优势，终端用户使用新型储能和微电网设施提供电力的意愿更加强烈，从而催生了新能源经济新一轮投资热潮。大批新能源项目上马，多个清洁能源示范城市和示范基地不断涌现，形成了地方能源产业别样“风光”。

7. 积极进行技术创新，完善清洁能源产业链

各省份着眼构建“风、光、水、火、核、储、氢”多能互补的能源格局，充分利用当地清洁能源产业技术优势进行创新，补齐产业链短板，填补产业链空白，打造地区品牌核心竞争力。

8. 打造能源品牌重点项目，提高区域影响力

我国很多清洁能源示范省积极建立能源重点项目，打造区域能源品牌。例如，白鹤滩水电站是全世界知名的水电站，实现了多个首创，展示了中国雄厚的技术实力，是中国水电“殿堂级品牌”。

9. 全方位进行品牌宣传，推动清洁能源示范省品牌传播

我国很多省份非常重视能源品牌宣传，通过线上线下方式建立区域能源品牌形象，促进能源品牌传播。例如，举办各种线下展会和论坛，邀请全世界行业内知名人士参会，做演讲，探讨能源产业品牌建设相关话题，为能源品牌建设提供新思路；举办各种会展，展示区域内企业的特色装备和产品；通过网络及时发布各种信息，包括能源政策、产业动态、年度能源相关报告、领导人讲话、新闻访谈等。通过这些宣传展示区域清洁能源发展新动态、新技术、新项目、新思想、新风尚，打造区域能源特色品牌和地方样板。

综上所述，通过这些举措推动清洁能源示范省建设，塑造区域新经济优势，从而打造构建清洁低碳、安全高效的能源品牌形象。

二、我国能源转型大省 / 区品牌

2014 年 6 月 13 日中央财经委员会第六次会议上，我国提出能源“四个革命、一个合作”能源安全新战略，旨在持续提升能源自主保障水平，增强能源产业体系抗冲击能力，确保国家能源安全的战略主动权牢牢掌握在自己手中；大力发展新能源、构建绿色低碳的能源体系。2020 年 9 月中国明确提出 2030 年“碳达峰”与 2060 年“碳中和”目标。“双碳”目标倡导绿色、环保、低碳的生活方式。加快降低碳排放步伐，有利于引导绿色技术创新，提高产业和经济的全球竞争力。基于此背景，山西、内蒙古、贵州、辽宁等以煤炭、油气等传统能源为主的省（区），紧随国家能源战略，积极推动传统能源转型，优化能源结构，推动能源绿色发展。经过多年的实践，这些省份能源转型工作取得了显著成绩，传统能源继续发挥“压舱石”作用，能源提质增效；风能、光伏、氢能等新型能源蓬勃生长，百花齐放，竞相斗艳，不仅打造了风能、光伏等新能源产业基地、技术创新高地、经济增长极地，推动能源产业高质量发展，也树立了中国区域能源转型特色品牌和能源转型特色样板，展示地区勇于创新、踔厉奋发的时代精神和风采。

（一）山西：能源革命综合改革试点 / 全国能源革命先锋

能源保障有山西，能源革命看山西。深入开展能源革命综合改革试点，是习近平总书记和党中央赋予山西的重大使命。山西是全国重要的能源基地，要深入贯彻落实习近平总书记“四个革命、一个合作”能源安全新战略，把“碳达峰碳中和”作为重要牵引举措，稳步推进能源供给质量持续改善、能源消费结构更趋合理、能源关键技术取得突破、能源体制机制改革迈出新步伐、能源开放合作空间进一步拓展，为全国能源革命探路领跑。目前的山西，既作“压舱石”，又当“排头兵”，正以崭新的面貌，为全方位推动高质量发展提供坚强的能源支撑。山西省绿色多元能源供给体系正在加速形成，单一煤电向煤层气、光伏、风电等多轮驱动转变。进一步提升能源供给能力、质量和效益，持续推动能源产业绿色转型，必将为山西加快转型发展、奋进“两个基本实现”目标，打造强大能源品牌注入澎湃动能。

1. 能源品牌定位

山西省的能源市场以煤炭产业为主，其次是油气产业和新能源产业。其中，煤炭产业占据绝对优势地位，长期以来一直是山西省的经济支柱和主导产业。山西省煤炭先进产能占比提升至 80%，产量达到 13 亿吨、位居全国第 1。山西省拥有全国最大的焦化产能，煤气化制氢的成本较低，具有一定竞争力。

推进“五大基地”建设和能源产业“五个一体化”融合发展，不断优化调整能源结构，提升煤炭产业可持续发展能力，加快建设国家新型综合能源基地。

2. 能源品牌建设目标与举措

山西省建设风电光伏五大基地：晋北风光火储一体化基地、忻朔多能互补综合能源基地、晋西沿黄百里风光基地、晋东“新能源 +”融合发展基地、晋南源网荷储一体化示范基地。此外，山西深入推进能源革命综合改革试点：“坚决完成国家下达山西的碳排放强度控制目标，全面提升能源供给质量，加快 5G+ 智能矿山建设，推进重点领域节能减污降碳，加快科技攻关和推广应用，健全绿色低碳政策和市场体系，推动能源开发利用和生态协同治理。”这些政策举措有利于山西省推动能源转型，积极开发新能源，保障能源安全，减少碳排放。

3. 能源品牌建设成效

（1）能源生产供应量显著提升，为经济发展提供安全保障

煤炭保供是“国之大者”，山西的煤炭关乎国家能源安全。全力保障国家能源安全，必须持续提升煤炭增产保供和可持续发展能力，推动煤炭产业数字化转型和绿色低碳转型，完善煤炭产销储运体系，推进煤炭企业精益化管理，多措并举节本增效。“十三五”期间，山西累计化解煤炭过剩产能 15685 万吨 / 年，通过减量重组，先进产能提高到 78%，为保供期间快速、有序释放产能打下基础。去产能力度规模全国第一，受到国务院通报表扬。

（2）电力装机容量不断增加，火电发挥“压舱石”作用，可再生能源装机占比提升

山西能积极响应国家号召，推动能源绿色低碳转型。山西省除了开发原煤、原油、天然气之外，还大量开发太阳能、水力、风能等一次资源，蒸汽、氢气、沼气等二次能源，丰富能源供给格局。根据《山西省 2020 年国民经济和社会发展统计公报》，2020 年末全省发电装机容量 10383.1 万千瓦，比上年末增长 12.3%。其中，火电（包含燃气、发电、生物质、垃圾发电）装机容量 6877.6 万千瓦，增长 2.8%；并网风电装机容量 1974.0 万千瓦，增长 57.7%；并网太阳能发电装机容量 1308.7 万千瓦，增长 20.3%。具体见表 6.19。

表 6.19　山西省电力装机情况对比

指标	2015 年	2020 年	增速（%）
总装机（万千瓦）	6851.66	10383.10	51.54
火电（包含燃气发电、生物质、垃圾发电）（万千瓦）	5844.36	6877.60	17.68
风电（万千瓦）	668.90	1974	195.11
光伏发电（万千瓦）	113.40	1308.70	1054.06
垃圾、生物质发电（万千瓦）	27.30	64	134.43
水电（万千瓦）	225	224	基本持平
可再生能源装机（万千瓦）	1034.60	3570.70	245.13
可再生能源装机占比（%）	15.10	34.40	提升 19.30 个百分点

资料来源：根据《山西省 2020 年国民经济和社会发展统计公报》《山西省可再生能源发展“十四五”规划》数据整理。

根据山西省发展和改革委员会、山西省能源局关于印发《山西省可再生能源发展“十四五”规划》，2020 年山西省可再生能源装机占比 34.40%，比 2015 年可再生能源装机占比提升 19.30 个百分点。

根据《山西省 2021 年国民经济和社会发展统计公报》，山西省 2021 年末全省发电装机容量 11337.90 万千瓦，比上年末增长 9.20%。其中，火电装机容量 7532.90 万千瓦，增长 9.50%；并网风电装机容量 2123.30 万千瓦，增长 7.60%；并网太阳能发电装机容量 1457.70 万千瓦，增长 11.40%；水电装机容量 224.10 万千瓦。根据《山西省 2022 年国民经济和社会发展统计公报》，山西省 2022 年末全省发电装机容量 12079.50 万千瓦，比上年末增长 6.50%。其中，火电装机容量 7841.50 万千瓦，增长 4.10%；并网风电装机容量 2317.80 万千瓦，增长 9.20%；并网太阳能发电装机容量 1695.70 万千瓦，增长 16.30%；水电装机容量 224.50 万千瓦，增长 0.20%（见图 6.13）。从这些数据可知，从 2020 年到 2022 年，火电装机数量不断提升，继续发挥“压舱石”作用；可再生能源装机数量不断提升，装机占比不断提升。

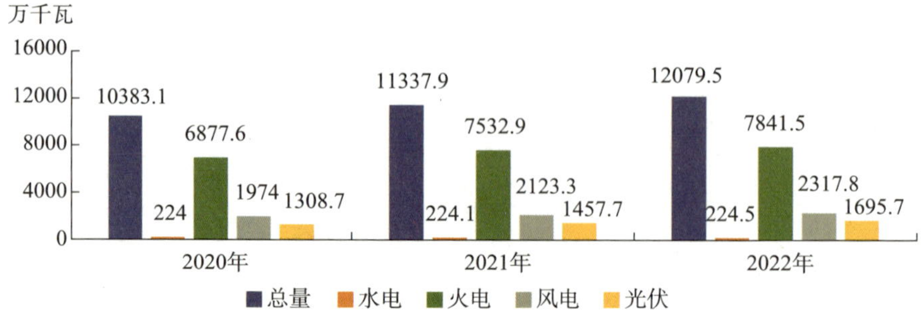

图 6.13　2020—2022 年山西省不同类型能源装机容量对比

资料来源：根据《山西省 2021 年国民经济和社会发展统计公报》《山西省 2022 年国民经济和社会发展统计公报》数据整理。

（3）新能源发电量不断提升

山西省坚决贯彻落实党中央、国务院决策部署，坚定扛起能源大省的政治责任，强力推进电力供应，有力保障了国家能源安全和经济社会发展。山西省电力行业将加快推进清洁能源发展，发挥山西省煤炭、太阳能、风能等资源优势，构建多元化的能源供应体系，从而实现传统产业向清洁能源产业的转型。同时，山西省还将加强新能源开发建设，推进光伏、风电、水电等新能源发电，拓展电力产业与新兴产业的融合，推动产业升级和转型，提高整体竞争力。依托山西省新能源云平台率先实现购售电合同管理，一站式提供新能源和储能接网服务，高效完成新能源并网。2020 年，山西省全社会风电发电量占比 7.84%，太阳能发电量占比 4.68%，水电发电量占比 1.38%。新能源发电量达 424.30 亿千瓦时，占发电量的 12.50%，占全社会用电量的 18.12%，分别较 2015 年提升 8.11% 和 11.91%。

（4）消纳能力不断提升

随着新能源装机快速增长，山西省电力公司还充分发挥电力市场机制促消纳作用，在省内市场通过中长期分时交易和现货交易的低谷低电价吸引用户增加低谷用电负荷，提升新能源消纳能力。通过省间现货市场和华北跨省调峰市场，发挥大电网互联优势，争取省外调峰资源，提升新能源消纳能力。国网山西省电力公司加大电力外送，推进电力现货市场建设，启动“新能源 + 电动汽车”协同互动，不断拓展新能源消纳空间。同时多措并举提升新能源出力预测准确性，挖掘水火风光储能等各种电源调节能力，合理安排电网运行方式，有力支撑新能源消纳。2020 年，山西省可再生能源电力消纳量 440 亿千瓦时，可再生能源电力消纳量占全社会用电量比重为 18.80%，比

2015 年提升 10 个百分点。2020 年，新能源消纳率达到 97.03%，风电利用率为 97.03%，光伏利用率为 97.02%。非化石能源消费占一次能源消费比重为 7.50%，比 2015 年提升 4.5 个百分点（见表 6.20）。

表 6.20　山西省电力装机情况对比

指标	2015 年	2020 年	增速
可再生能源消纳比例（%）	8.80	18.80	提升 10 个百分点
非化石能源消费占一次能源消费比重（%）	3	7.50	提升 4.50 个百分点
风电利用率（%）		97.03	
光伏利用率（%）		97.02	

资料来源：根据《山西省可再生能源发展“十四五”规划》整理。

（5）电力经济不断向好向优

1）电网网架结构不断优化

山西省探索开展源网荷储一体化。优化整合电源侧、电网侧、负荷侧资源，合理配置储能，完成 18 个源网荷储一体化项目评估工作，确定首批 4 个虚拟电厂试点项目。加强能源数字化管理。完成省能源信息监管服务平台主体架构建设。指导成立省能源互联网产学研联盟。

2）电力市场建设领跑全国

国网山西省电力公司已逐步融合成为一个完整的“中长期 + 现货 + 辅助服务”“省内 + 外送”有效衔接的电力市场交易体系。山西现货市场实现不间断运行，运行时长全国第一。截至 2021 年底山西省市场主体数量达到 11051 户，2021 年市场化电量规模 1375 亿千瓦时，占全社会比重为 53%，电力现货市场建设取得重大突破，成为全国首个实现不间断运行的省份。

（6）打造重点项目，提升区域品牌形象

1）蓄能项目加快建设，新能源渐成主力

山西大力发展储能项目，满足新能源电力存储需要。2020 年 2 月，运城市垣曲抽水蓄能电站项目开工，项目总投资 79.6 亿元。2021 年，抽水蓄能项目扎实推进，运城垣曲、大同浑源抽水蓄能电站均开工建设，8 个抽水蓄能项目调整列为国家“十四五”重点实施项目。

2）重点打造氢能产业高地，描绘氢能产业美好图景

山西省发布《氢能产业发展中长期规划（2022—2035 年）》，着力打造国

内氢能产业高地。按照这一中长期规划，到 2025 年，山西将形成较为完善的氢能产业发展制度政策环境，协同创新能力进入全国前列，基本构建较为完备的产业链体系。氢能示范应用取得明显成效，在不新增碳排放的前提下，初步建立以工业副产氢和可再生能源制氢就近利用为主的氢能供应体系。到 2035 年，形成国内领先的氢能产业集群。可再生能源制氢在终端能源消费中的比重大幅提升，为山西省能源绿色低碳转型提供坚强支撑。

3）技术水平稳步提升，创新驱动发展战略扎实开展

山西省坚定不移推进能源科技创新，大力推进核心技术研发、先进技术引进和关键技术应用示范，在煤炭清洁高效利用、碳基新材料、非常规天然气、氢能等领域开展科技攻关，不断推进能源科技创新取得新进展、能源关键核心技术取得新突破，“晋华炉”、T800 级高端碳纤维、石墨烯等一批关键技术研发和推广应用取得新成绩。

（7）积极践行“走出去”战略，提升中国和山西品牌形象

山西省积极参与国家“一带一路”能源合作，与中亚、印度尼西亚、孟加拉国等国就能源矿产、装备制造、新能源等多领域合作进行了对接，树立了中国能源品牌良好形象。2023 年 10 月 12 日，中孟能源合作重要项目——孟加拉国科克斯巴扎尔风电项目并网发电。此为孟加拉国第一个集中式风电项目，是山西建投集团落地实施的首个海外股权投资项目。建设过程中，项目建设者克服了当地风速偏低、地质基础较差、施工难度大等难题，达成“四个一”：一次测试成功、一次反送电成功、一次冲击成功、一次并网成功，成功实现了孟加拉国集中式风电“零”的突破。项目并网发电后，每年可提供超过 1.45 亿千瓦时绿色电力，减少煤炭消耗 4.46 万吨、二氧化碳排放 10.92 万吨，满足 10 万个家庭的用电需求。孟加拉国科克斯巴扎尔风电项目的成功实施擦亮了“山西建造”品牌，并为山西建企海外发展注入新动力。

（8）通过绿色生产和智能生产提高效率

山西焦煤集团大力推动大数据、云计算、区块链、物联网同煤炭产业深度融合，通过顶层设计、以点带面、示范引领，牵引矿区由传统发展模式向高效集约化发展。山西省通过技术攻关化腐朽为神奇，变废为宝，提高能源清洁化水平。华新燃气集团铭石煤层气公司研究出煤矿低浓度瓦斯直燃制热一体化技术，让过去废弃的低浓度瓦斯成为清洁能源。

（9）单位 GDP 能耗下降

山西省通过采取节能降碳措施，节能降耗效果显著。2012 年以来，山西省单位 GDP 能耗累计降低 33.2%，以年均约 1.3% 的能源消费增长支撑了 5.9% 的国民经济增长。截至 2021 年底，山西省建成各类充电桩 19455 个，桩车比接近 1：6；2021 年山西省公共充电站充电量约 5.2 亿千瓦时，充电量在全国排名第 4 位。2021 年，能耗强度累计下降 16%。

（10）光伏项目造福社会，助力实现乡村振兴

国家发展改革委等九部门联合印发“十四五”可再生能源发展规划提出，要重点推进屋顶光伏的开发利用。为贯彻落实全省巩固拓展脱贫攻坚成果同乡村振兴有效衔接问题整改暨工作推进会议有关要求，切实加强光伏帮扶项目运行管理，规范收益分配和光伏公岗设置。山西省光伏扶贫工作领导小组办公室制定了《山西省加强光伏帮扶项目运行管理和收益分配指导意见》。指导思想是深入贯彻落实党的二十大精神和习近平总书记考察调研山西重要指示精神，按照省委省政府的安排部署，建立健全光伏帮扶项目长效运行管理机制，强化光伏收益资金监管，规范光伏公益岗位设置，持续发挥光伏产业帮扶作用，确保电站发电效率高、后续运维好、收益分配准、监管主体实，项目资产不流失、不被侵占，持续稳定增加村集体收入，促进脱贫人口有效增收。“十三五”时期，山西省建设集中电站 53 座，装机容量 139 万千瓦，村级电站 5479 座，装机容量 155.4 万千瓦，光伏扶贫项目装机 294.4 万千瓦，光伏累计结算收益 37.36 亿元（见图 6.14），惠及逾 72 万贫困户。光伏扶贫取得了阶段性成果，为我国光伏赋能乡村振兴探索了新路径。

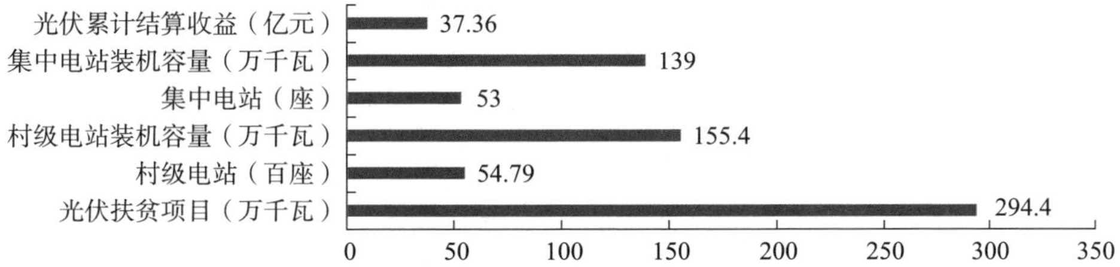

图 6.14 “十三五”时期山西省光伏电站项目建设及收益情况

4. 能源品牌建设主要观点

（1）品牌定位清晰

山西是能源革命综合改革试点，肩负着深化能源革命、推动低碳发展的

历史使命。山西要加快构建体现山西特色优势的现代化产业体系，推动能源产业绿色转型，全力保障国家能源安全，持续深化能源革命。山西省坚持创新驱动，倍增发展。积极开展技术创新、产业创新、模式创新，充分发挥市场在资源配置中的决定性作用，聚焦风光资源优势，实施风光发电倍增工程，巩固提升可再生能源产业创新力和竞争力，推动产业转型升级。统筹可再生能源开发利用与经济社会发展、土地利用、环境保护、新型城镇化建设以及电力发展，统筹可再生能源与传统能源、可再生能源开发与消纳，实现能源绿色低碳转型与安全可靠供应相统一。能源基地山西，能源开放格局正不断拓展。党的二十大报告提出："完善能源消耗总量和强度调控，重点控制化石能源消费，逐步转向碳排放总量和强度'双控'制度。"

（2）品牌创建方法得当

山西推动能源产业绿色转型，推进"五个一体化"融合发展，努力实现煤炭和煤电一体化发展、煤电和新能源一体化发展、煤炭和煤化工一体化发展、煤炭产业和数字技术一体化融合发展、煤炭产业和降碳技术一体化推进，以"五个一体化"融合发展支撑和推动新型能源体系现代化。

（3）积极开展能源宣传活动，提升中国和山西品牌形象

山西省开展各种宣传活动，展示山西省和能源企业风采，提升中国和山西省及山西省企业形象。例如，2023 年太原能源低碳发展论坛活动于 9 月 8 日圆满落幕。连日来，四海宾朋齐聚山西，以"智慧能源　绿色共赢"为主题，唱响"全球声音"，聆听"中国方案"，见证"山西行动"，共襄能源革命盛举，为促进全球能源领域广泛交流、构建开放共赢的国际合作新图景贡献智慧和力量。2023 年的第七届太原论坛是中国共产党第二十次全国代表大会胜利召开后的首次论坛，也是世界卫生组织宣布结束新冠疫情全球卫生紧急状态后的首次论坛，意义非同寻常。李强总理向本次论坛发来贺信。贺信深入贯彻习近平总书记提出的能源安全新战略，深刻洞察世界能源发展新趋势、全球能源体系新变革，阐明了中国政府愿同国际社会一道，推动建立全球清洁能源合作伙伴关系，全方位加强能源治理和技术合作，为全球能源安全和能源转型作出新贡献的中国主张，不仅是对太原论坛的亲切关怀和大力支持，更充分体现出中国政府对能源绿色低碳发展的高度重视，对推动完善全球能源治理体系、积极应对全球气候变化的自信担当。

总之，"十三五"期间，山西省推动能源产业绿色转型，不断优化调整能源结构。深化煤层气体制机制改革，积极推进煤电一体化，加快推动"源

网荷储”一体化和多能互补，推动风电和光伏发电规模化开发，推进氢能全产业链发展，努力建设清洁低碳、安全高效的能源生产供应体系和消费体系，提高能源供给保障能力，推动产业结构从“一煤独大”到“八柱擎天”，着力打造能源革命的“山西样板”。“十四五”期间，在国家能源“四个革命、一个合作”、建设新型电力系统、创新能源管理体系等国家政策指引下，能源大省山西将积极创建全国能源革命综合改革试点先行区，巩固提升电力外送基地比较优势，稳步推进现代煤化工示范基地建设，全力打造世界一流的煤基科技创新成果转化基地，为全力保障国家能源安全、实现山西从“煤老大”到“全国能源革命排头兵”的历史跨越作出新的更大贡献。打造中国山西及能源品牌新形象，讲述山西能源企业、能源人的创业、创新、创富故事，讴歌中国山西能源文化、晋商文化的魅力，谱写新时代中国能源高质量发展的宏伟篇章！

（二）内蒙古：全国重要的能源基地

“头顶有风光，脚下有煤炭，手中有电网”，这不仅是对资源丰富程度全国首屈一指的内蒙古溢美之词和绝佳概括，更是对其向绿而行进行产业变革的真实写照。习近平总书记指出，推动传统能源产业转型升级，大力发展绿色能源，做大做强国家重要能源基地，是内蒙古发展的重中之重。内蒙古自治区第十一次党代会报告提出新能源建设“两个率先、两个转变、两个超过”总体目标：“要在全国率先建成以新能源为主体的能源供给体系，率先建成以新能源为主体的新型电力系统；要由化石能源大区转变为清洁能源大区，由过去简单的发电卖电转变为向全产业链发展；到 2025 年新能源装机总量要超过火电装机总量，到 2030 年新能源发电量要超过火电发电总量。从‘一煤独大’到‘多元发展’格局，内蒙古的产业在由‘黑’向‘绿’的转变中逐渐实现了蝶变。”

1. 能源品牌定位

内蒙古作为国家重要能源和战略资源基地，“头顶有风光”“脚下有煤炭”“手中有电网”，发展现代能源经济的条件可谓得天独厚。习近平总书记强调，要把现代能源经济这篇文章做好，紧跟世界能源技术革命新趋势，延长产业链条，提高能源资源综合利用效率。内蒙古积极响应国家能源产业发展战略，推动能源产业绿色转型，产业链协同创新和价值提升。

2. 能源品牌建设目标和举措

内蒙古相继编制出台了《内蒙古自治区“十四五”能源发展规划》《内蒙古自治区“十四五”科技创新规划》等文件，将构建现代能源体系，发展现代能源经济的重要部署落细落实。《内蒙古自治区“十四五”能源发展规划》提出：“大力发展风能、太阳能、生物质能等可再生能源，构建多元互补、稳定高效的新能源供应体系；基于边境沿线、戈壁荒漠、沙漠治理、矿区修复等高水平打造新能源基地；推进‘源网荷储’一体化、‘风光火储’一体化能源产业发展，促进新能源就地消纳；实施风电光电‘西电东送’和‘北电南送’工程，更好服务国家战略全局。”

3. 能源品牌建设成效

（1）能源生产供应量显著提升，为经济发展提供安全保障

内蒙古是产煤大省，也是全国主要的能源安全保障基地。根据《内蒙古自治区“十四五”能源发展规划》，与 2015 年相比，2020 年原油 119 万吨，减少 28.74%；天然气 277 亿立方米，增加 16.39%；一次能源生产总量 6.5 亿吨标准煤，增加 16.07%，其中，非化石能源产量为 3000 万吨标准煤，增加 86.68%（见表 6.21）。

表 6.21 内蒙古能源供应情况对比

指标	2015 年	2020 年	增速（%）
一次能源生产总量（亿吨标准煤）	5.60	6.50	16.07
原油（万吨）	167	119	–28.74
天然气（亿立方米）	238	277	16.39
非化石能源（万吨标准煤）	1607	3000	86.68

资料来源：《内蒙古自治区“十四五”能源发展规划》。

（2）电力装机容量逐步增加

内蒙古发电装机容量稳步增加，带动地方经济发展。根据《内蒙古自治区能源发展“十三五”规划》，2015 年末全区发电装机容量 10391 万千瓦，其中，火电装机容量 7260 万千瓦，水电装机容量 237 万千瓦，风电装机容量 2425 万千瓦，太阳能发电装机容量 469 万千瓦，发电量 3920 亿千瓦时。

根据《内蒙古自治区 2020 年国民经济和社会发展统计公报》，2020 年末全区发电装机容量 14587 万千瓦（6000 千瓦及以上），比上年末增长 13.6%。

其中，火电装机容量 9388 万千瓦，增长 7.7%；水电装机容量 238 万千瓦，与上年持平；风电装机容量 3785 万千瓦，增长 29.7%；太阳能发电装机容量 1176 万千瓦，增长 22.2%。发电量 5811 亿千瓦时。

与 2015 年相比，2020 年火电装机容量增长 29.31%，火电装机占比下降 5.51 个百分点（见表6.22）。通过这些数据可以看出，火电装机占比仍然很大。国家对能源安全供应的要求决定煤电在未来一定时间内，仍是能源生产与消费的“压舱石”，拥有十分重要的地位。但是火电装机占比呈现下降趋势，说明山西能源转型取得一定成效。

表 6.22　内蒙古电力装机和发电情况对比

指标	2015 年	2020 年	增速（%）
电力装机容量（万千瓦）	10391	14587	40.38
其中：火电（万千瓦）	7260	9388	29.31
水电（万千瓦）	237	238	0.42
风电（万千瓦）	2425	3785	56.08
太阳能发电（万千瓦）	469	1176	150.75
发电量（亿万千瓦）	3920	5811	48.24
火电装机占比（%）	69.87	64.36	下降 5.51 个百分点

资料来源：根据《内蒙古自治区能源发展“十三五”规划》《内蒙古自治区 2020 年国民经济和社会发展统计公报》整理。

根据《内蒙古自治区 2021 年国民经济和社会发展统计公报》，2021 年末全区发电装机容量 15403 万千瓦（6000 千瓦及以上），其中，火电装机容量 9828 万千瓦，水电装机容量 238 万千瓦，风电装机容量 3993 万千瓦，太阳能发电装机容量 1341 万千瓦。根据《内蒙古自治区 2022 年国民经济和社会发展统计公报》，2022 年末全区 6000 千瓦及以上电厂发电设备装机容量 16811 万千瓦，比上年末增长 9.1%。其中，火电装机容量 10496 万千瓦，增长 6.8%；水电装机容量 238 万千瓦，与上年持平；风电装机容量 4564 万千瓦，增长 14.3%；太阳能发电装机容量 1478 万千瓦，增长 10.2%（见图 6.15）。通过这些数据可以看出，火电装机占比仍然占据很大比例，火电仍是能源的“压舱石”，拥有十分重要的地位。

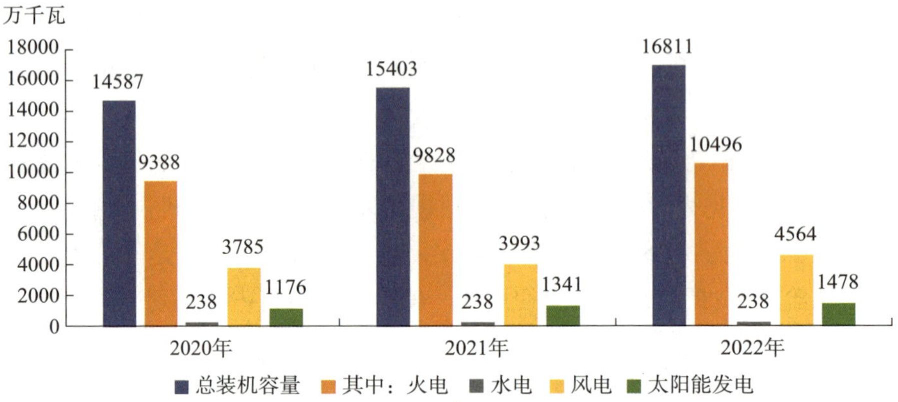

图 6.15　2020—2022 年内蒙古装机容量

资料来源：根据《内蒙古自治区 2021 年国民经济和社会发展统计公报》《内蒙古自治区 2022 年国民经济和社会发展统计公报》整理。

据内蒙古电力行业协会发布的 2022 年全区电力工业统计数据，1—12 月份，全区新增 6000 千瓦及以上电力装机（正式投产）1434.50 万千瓦。其中，新增火电生产能力 713.42 万千瓦，风电生产能力 565.46 万千瓦，光伏生产能力 123.77 万千瓦，储能生产能力 31.85 万千瓦。根据《内蒙古自治区可再生能源发展报告 2023》，分盟（市）看，内蒙古自治区风电装机主要集中在巴彦淖尔市、包头市、赤峰市、通辽市、乌兰察布市和锡林郭勒盟 6 个盟（市），2022 年底累计并网装机容量均超过 400 万千瓦。分盟（市）看，内蒙古自治区太阳能发电装机主要集中在鄂尔多斯市、包头市、通辽市、乌兰察布市、巴彦淖尔市、锡林郭勒盟、呼和浩特市等 7 个盟（市），2022 年底累计并网装机容量均超过 100 万千瓦（见图 6.16、图 6.17）。

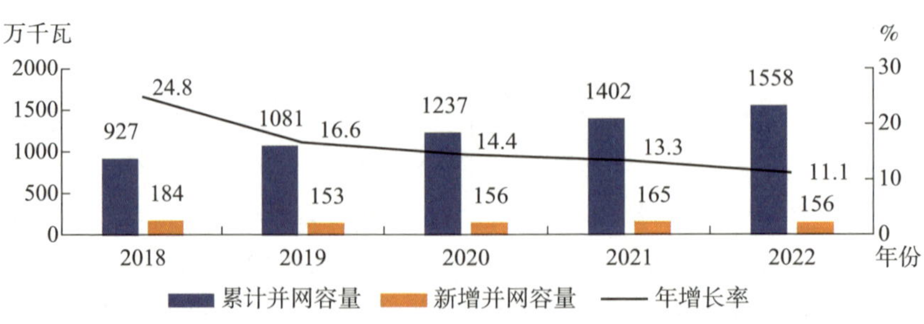

图 6.16　2018—2022 年内蒙古 7 盟（市）装机记容量及年增长率

资料来源：《内蒙古自治区可再生能源发展报告 2023》。

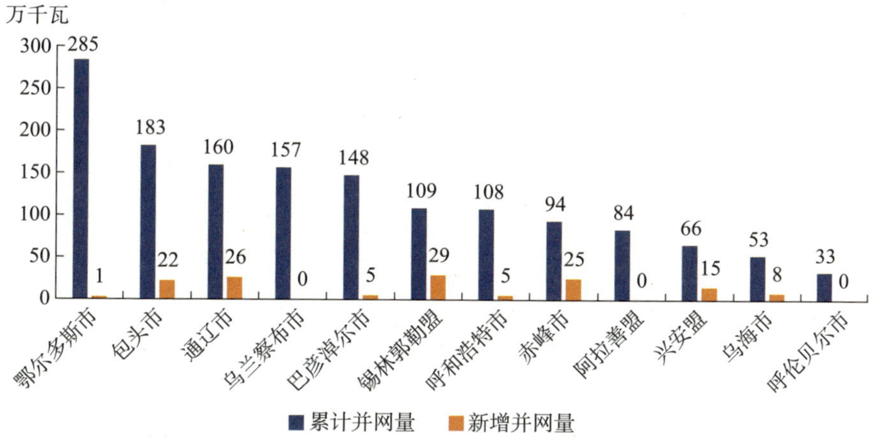

图 6.17　2022 年内蒙古自治区各盟（市）6MW 以上太阳能发电装机容量

资料来源：《内蒙古自治区可再生能源发展报告 2023》。

除了风光之外，内蒙古在常规水电抽水蓄能、生物质能、地热、氢能、储能等领域也在不断推进。内蒙古新型储能尚处于起步阶段，截至 2022 年底新型储能发展总规模 58 万千瓦，绝大部分为新能源项目配建磷酸铁锂电池储能，在电网末端、工业园区、供电中枢、能源基地等推进储能规模化应用，提升系统运行灵活性。扶持培育储能产业集群，形成技术先进、竞争力强、规模体量大的储能装备制造产业集群。内蒙古依托氢能产业发展已有基础，重点打造“一区、六基地、一走廊”的氢能产业布局。2022 年内蒙古自治区共批复 9 个风光制氢一体化项目，电解水制氢规模 17.3 万吨 / 年。

（3）发电量增长明显，外送电量为其他区域经济发展作出突出贡献

根据《内蒙古自治区可再生能源发展报告 2023》，2022 年，内蒙古自治区各类电源全口径总发电量 6479 亿千瓦时，同比增长 7.80%。可再生能源发电量 1378 亿千瓦时，占比 21.30%，同比增长 9.90%。其中，水电发电量 43 亿千瓦时，同比降低 30.60%；风电发电量 1077 亿千瓦时，同比增长 11.40%；太阳能发电量 245 亿千瓦时，同比增长 15.60%；生物质发电量 14 亿千瓦时，同比增长 16.70%。

内蒙古清洁能源产业协会发布 2022 年内蒙古电力工业运行情况显示，2022 年，内蒙古可再生能源的发电量在全区全社会用电量的比例达 32.49%，较全国可再生能源发电量占全国全社会用电量的比例高出 0.89%。2022 年，内蒙古可再生能源新增发电量占全区全社会用电量新增电量的 47.16%。

根据内蒙古太阳能行业协会信息，2022 年，内蒙古累计向区外送出电量 2631.30 亿千瓦时，同比增加 164.28 亿千瓦时，增长 6.66%，外送电量占全国各省外送电量总和的 14.87%，位居全国各省区第 1。其中，送东北电量 594 亿千瓦时，同比下降 1.09%；送华北电量 1671 亿千瓦时，同比增长 1.76%；送华东电量 324 亿千瓦时，同比增长 74.44%；阿盟地区风场送宁夏电量 8 亿千瓦时，同比增长 169.29%；鄂尔多斯地区送陕西电量 19 亿千瓦时，同比下降 10.96%；锡林郭勒盟地区、巴彦淖尔地区、包头地区、阿拉善地区送蒙古国电量 14 亿千瓦时，同比增长 4.04%（见图 6.18）。位于祖国正北方的内蒙古，正凭借资源优势向四面八方输送光明，已成为国家重要的电力能源基地及输出基地，树立区域品牌美好形象。

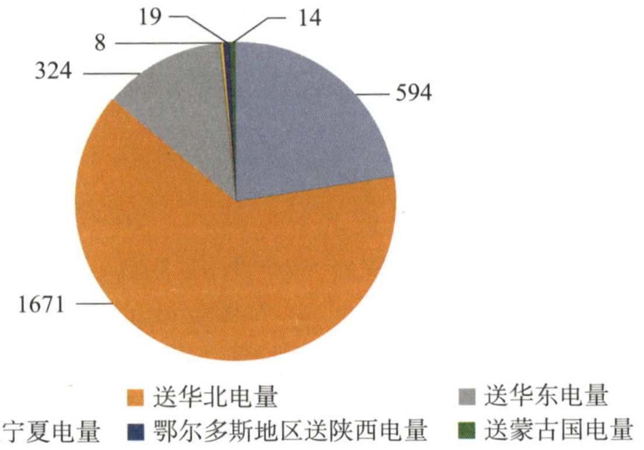

图 6.18　2022 年内蒙古外送电量（单位：亿千瓦时）

资料来源：内蒙古太阳能行业协会。

（4）消纳能力不断增长，促进能源升级

根据国家能源局发布的《2022 年度全国可再生能源电力发展监测评价报告》，2022 年内蒙古可再生能源电力实际消纳量 1075 亿千瓦时，完成“十四五”时期消纳任务的 25.60%，同比增加 1.5 个百分点，高出国家任务 3.7 个百分点。2022 年内蒙古非水可再生能源电力实际消纳量 1029 亿千瓦时，完成“十四五”时期消纳任务的 24.50%，同比增加 2 个百分点，高出国家任务 3.7 个百分点。在市场化消纳方面，内蒙古率先实施了源网荷储、风光制氢、园区绿色供电等 6 类新能源应用场景。全区催生了一批绿色低碳数据中心、零碳产业园，同时吸引了东南部一大批产业转移项目的落地。通过这些举措，提高了内蒙古新能源消纳能力，在全国发挥了内蒙古煤炭、风光大区的优势，

树立了良好的品牌形象。

（5）提供安全电力保障

国网电力企业积极参与内蒙古经济发展进程，提供电力安全保障。作为关系国家能源安全和国计民生的驻区央企，国网电力坚决扛牢电网企业使命责任，务实笃行推动自治区能源电力高质量发展。内蒙古着力构建以新能源为主体的新型电力系统，确保新能源发电得到有效利用。国网蒙东电力成立14年来，电网累计投入超过1300亿元，建设特高压“高速路”通道，提供安全电力保障。

（6）优化招商环境，建设产业集群

内蒙古自治区大力优化招商环境，举办各种招商会，吸引世界500强、中国500强、民营500强、能源企业500强、制造业500强入驻工业园区。内蒙古自治区提供一站式服务，包括提供新能源产业优惠政策、标准场地、代建标准化厂房、产业引导基金等举措，支持企业健康发展。目前，包头市已经成为全国单晶硅和多晶硅产能最大的城市，被全球绿色能源理事会授予“世界绿色硅都”称号。中国三峡新能源（集团）股份有限公司、国电电力发展股份有限公司、内蒙古亿利一道新能源有限公司、隆基绿能科技股份有限公司等企业纷纷在内蒙古布局，开发新能源项目。例如，国电电力发展股份有限公司深入贯彻落实集团公司“RISE”品牌战略，基于“常规电力能源转型排头兵、新能源发展主力军、世界一流企业建设引领者”的战略定位，在内蒙古积极推进新能源业务开发，推进国家“沙戈荒”重点大型风电光伏基地规划布局和落地，加快推动能源绿色转型，助力国家“双碳”目标实现，塑造国电电力发展股份有限公司品牌新形象。

（7）节能降耗、减排工作取得明显进展，带动经济增长

1）节能效果显著

根据《内蒙古自治区“十四五”能源发展规划》，“十三五”时期以来，内蒙古重点推动节能减排工作，取得阶段性成果。与2015年相比，2020年内蒙古能源消费总量2.70亿吨标准煤，增长42.11%；煤炭消费量4.40亿吨，增长18.92%；石油消费量700万吨，减少19.45%；天然气消费量68亿立方米，增加78.01%；非化石能源消费量3000万吨标准煤，增加86.68%；全社会用电量3900亿千瓦时，增加53.36%。2020年煤电供电标准煤耗321克/千瓦时，2015年为337克/千瓦时，2020年比2015年下降16克/千瓦时，节能效果显著（见表6.23）。

表 6.23　内蒙古能源消耗情况对比

指标	2015 年	2020 年	增速（%）
能源消费总量（亿吨标准煤）	1.9	2.7	42.11
煤炭消费量（亿吨）	3.7	4.4	18.92
石油消费量（万吨）	869	700	-19.45
天然气消费量（亿立方米）	38.2	68	78.01
非化石能源消费量（万吨标准煤）	1607	3000	86.68
全社会用电量（亿千瓦时）	2543	3900	53.36
煤电供电标准煤耗（克 / 千瓦时）	337	321	下降 16 克 / 千瓦时

资料来源：根据《内蒙古自治区“十四五”能源发展规划》整理。

2）能源消费结构不断优化，减少碳排放

根据《内蒙古自治区“十四五”能源发展规划》，2020 年，非化石能源装机比重为 36.10%，比 2015 年提高 6 个百分点；非化石能源消费比重为 11.20%，比 2015 年提高 2.70 个百分点；天然气消费比重为 2.20%，比 2015 年提高 0.10 个百分点；电煤占煤炭消费比重为 56.60%，比 2015 年提高 4.20 个百分点（见表 6.24）。通过这些数据，可知能源生产、消费、使用结构不断优化，助推碳减排。

表 6.24　内蒙古能源消耗结构对比

指标	2015 年	2020 年	增速
非化石能源装机比重（%）	30.10	36.10	提高 6 个百分点
非化石能源消费比重（%）	8.50	11.20	提高 2.7 个百分点
天然气消费比重（%）	2.10	2.20	提高 0.1 个百分点
电煤占煤炭消费比重（%）	52.40	56.60	提高 4.2 个百分点

资料来源：根据《内蒙古自治区“十四五”能源发展规划》整理。

内蒙古清洁能源产业协会发布的 2022 年内蒙古电力工业运行情况显示：“2022 年，内蒙古全年可再生能源发电，为节能减排作出重要贡献。共节约发电标准煤量 3943.08 万吨，折合原煤量 7856.98 万吨，节约发电用水量 3.82 亿吨；减排二氧化碳 1.14 亿吨、二氧化硫 2.55 万吨、氮氧化物 2.66 万吨、烟尘 0.52 万吨。水力发电、风力发电、太阳能发电对内蒙古电力节能减排的贡献率分别为 3.13%、78.94% 和 17.93%。”

（8）推动大批能源标杆项目落地，打造区域特色品牌

在“双碳”背景和国家政策引导下，作为风能、太阳能资源大区，内蒙古正全力开发新能源发电项目，实现新能源装机量、发电量“双提升”。内蒙古推出源网荷储一体化示范项目 5 个、配套新能源规模 350.50 万千瓦；风光制氢一体化示范项目 7 个、配套新能源规模 167.50 万千瓦；工业园区绿色供电项目 21 个、配套新能源规模 708.63 万千瓦；火电灵活性改造消纳新能源涉及 12 家发电企业、配套新能源规模 514.12 万千瓦；全额自发自用新能源项目 39 个、配套新能源规模 49.60 万千瓦。

（9）大力发展光伏，演绎创富故事，助力乡村振兴

内蒙古光伏扶贫工作于 2016 年启动，光伏扶贫电站的发电收益主要用于开发公益性岗位扶贫，开展小型公益事业扶贫、奖励补助扶贫等。发展至今已成为产业扶贫的重要抓手，也是脱贫增收的重要渠道之一。根据央广网报道：“2022 年末，内蒙古现有的 487 座村级光伏帮扶电站，累计发电 12.55 亿千瓦时，发电能力为 134.10%，平均等效利用小时数为 1919.48 小时，收益分配占比 103.11%；全区光伏帮扶收益设置公益性岗位 3.6 万个，吸纳脱贫人口就近就地就业 36283 个，户均年增收 5112 元；支持村级小型公益事业 2.14 亿元，惠及 2322 个嘎查村；23299 户无劳动能力脱贫户（包括残疾人）直接受益。”在蒙东地区，有 18 座集中式光伏扶贫电站和 365 座村级光伏扶贫电站接网工作，接网容量 104.52 万千瓦，惠及脱贫户 10 万余户，每年每村增收 30 万元以上，预计持续收益 20 年左右。光伏扶贫项目的滚动投运，对节能减排、优化地方能源结构等起到积极的推进作用，茫茫草原上建起的一座座“光伏发电厂”，不仅让光明照亮了偏远地区，也让脱贫户有了增收途径，对宜居宜业和美丽乡村建设更有信心。

4. 能源品牌建设主要观点

（1）筑牢北方安全屏障和绿色屏障的责任担当

内蒙古坚持以习近平新时代中国特色社会主义思想为指导，全面贯彻党的十九大和十九届历次全会精神，深入学习贯彻习近平生态文明思想，全面落实习近平总书记对内蒙古重要讲话重要指示批示精神，坚持稳字当头、稳中求进工作总基调，扎实走好以生态优先、绿色发展为导向的高质量发展新路子，深入打好污染防治攻坚战，加快建立健全绿色低碳循环发展经济体系，推进经济社会发展全面绿色低碳转型，确保完成自治区“十四五”节能减排目标，实现

降碳、减污、扩绿、增长协同推进，筑牢我国北方重要生态安全屏障。

（2）充分发挥地区资源优势和产业优势，实现能源绿色转型

内蒙古自治区的能源特点可以概括为："脚下有煤炭""头顶有风光""手中有电网"。所谓"脚下有煤炭"，是指内蒙古自治区煤炭资源丰富，位居全国第1位，为我国提供能源安全保障；"头顶有风光"是指内蒙古自治区拥有占全国57%的风能和超过全国21%的太阳能，可以称得上"风光"无限；"手中有电网"是指内蒙古自治区已建成面向山东、天津、山西、江苏电力市场"四交三直"特高压工程和送端汇集电网，特高压设备规模位居全国第2，形成东西两翼齐飞、全面纵贯南北的"蒙电外送"大通道，特高压外送能力达4600万千瓦。丰富的风电能源和电网为内蒙古自治区能源转型提供安全保障和经济保障。

（3）通过举办各种活动和媒体宣传提高区域品牌影响力

在内蒙古自治区政府全力打造全国最大煤炭生产基地、最大煤化工生产基地、最重要能源战略基地的有力推动下，中国内蒙古国际煤炭暨新能源产业博览会应运而生，每年在内蒙古自治区首府呼和浩特举办一次，至今已成功举办了4届，得到很多企业的强力支持与协助，内蒙古自治区各煤炭生产盟市、旗区、县主管部门积极组团参加，吸引了来自内蒙古自治区周边邻近的山西、陕西、河北、河南、宁夏、甘肃等地的业界人士前来参观交流，目前已经发展成为内蒙古自治区对外宣传、招商引资、展示能源战略发展的重要窗口，也是内蒙古自治区及周边煤炭能源企业设备采购、合作交流的良好平台。

总之，"头顶有风光，脚下有煤炭，手中有电网"，这是广袤无垠资源富足的内蒙古，这是引以为傲的内蒙古。未来，内蒙古将牢牢把握党中央对内蒙古的战略定位，完整、准确、全面贯彻新发展理念、构建新发展格局、推动高质量发展这个首要任务，以铸牢中华民族共同体意识为主线，坚持发展和安全并重，坚持以生态优先、绿色发展为导向，积极融入和服务构建新发展格局，在建设"两个屏障""两个基地""一个桥头堡"上展现新作为。内蒙古将以勇于进取、充满活力、欣欣向荣的崭新形象出现在世界舞台，打造绿色能源产业区域样板，展现中国能源品牌的风采和中国能量的磅礴伟力！

（三）能源转型特色大省品牌建设模式总结

能源转型大省品牌打造目标明确，动作频频。能源转型大省品牌是中国推动能源转型的亮丽名片；是践行"四个革命、一个合作"的立体缩影；为

促进能源开发与生态环境保护良性互动提供可借鉴、可复制、可推广的做法和经验；打造全国能源转型升级的示范样本。能源转型大省品牌建设具体做法概括为：

1. 领导高度重视能源转型大省能源品牌建设

我国能源转型大省非常重视能源转型工作，坚持以习近平新时代中国特色社会主义思想为指导，立足新发展阶段、贯彻新发展理念、构建新发展格局，把减碳压力转变为发展机遇，锚定碳达峰碳中和目标，坚持低碳发展，调整产业和能源结构，提高要素生产率，驱动经济增长与转型，提升传统产业竞争力、培育新兴产业增长点和就业机会，实现经济、环境、资源协调，争取早日实现建设“经济强省、美丽强省”的目标，为建设创新型国家贡献力量。

2. 因地制宜利用资源能源优势，能源品牌定位清晰合理

目前，我国能源结构正经历向绿色能源转型的过程，也是能源品牌重塑的过程。在我国化石能源结构中，煤炭所占的比例最大，煤炭产生过量的二氧化碳容易造成环境气候问题。但是，我国不能放弃使用煤炭，煤炭在能源结构中仍具有兜底的作用。鉴于能源产业发展有其固有的演进逻辑，这就要求能源品牌建设也要遵循能源产业演进的逻辑，适应经济发展规律，从品牌内涵和外延方面推动产业从低级阶段向高级阶段发展，从简单阶段向复杂阶段演进，实现品牌质量提升和价值提升。未来，能源产业结构升级淘汰的并不是夕阳产业，而是夕阳技术。企业应进行技术创新，针对现有产业进行前向、后向、测向延展或建立关联，建立新的产业优势和竞争优势。在“双碳”背景下，我国很多能源转型大省充分认识煤炭“压舱石”兜底作用，进行煤电技术创新，提质增效。此外，很多区域积极开发和利用光伏、风电、氢能等新能源，用新能源改造传统能源产业，实现能源绿色转型。

3. 长远的规划引导、全面的实施方案，培育特色品牌

我国能源转型大省出台了多项能源转型政策、地区能源产业发展规划、节能减排实施方案，为区域能源品牌建设提供指导和支持，确保能源转型形成长效机制，构建地区特色能源品牌。

4. 克服困难的工作态度、精益求精的工匠精神、务实落地的执行力，成就卓越品牌

我国很多能源品牌是地区创新风采的成果展示和结晶。很多能源转型大省大多数是能源大省、工业大省，具有一定的能源产业基础，其在能源转型的过程中，注重理论和实践经验结合，克服困难务实落地，取得了可喜的成就。例如，很多地区的重大工程项目施工难度极大，非常考验施工团队的综合实力和产业配套能力，然而，我国很多转型大省能克服困难，坚决完成任务，打造了能源样板工程，彰显了中国建造、中国能源、中国品牌的力量。

5. 对传统能源进行技术升级和改造，推动资源高效开发利用，促进产业高质量发展

能源转型大省遵循先破后立的原则，在原有的基础上进行更新改造、提质增效，这就需要跳出固有的思维框架，破除原有的约束条件，克服困难，务实工作。例如，内蒙古和山西煤炭比较多，很多煤矿企业以煤炭洁净化为基础进行传统能源优化，改善生产作业条件，进行智能化综采，提高了生产效率，节约了能源消耗，树立了能源转型绿色品牌。

6. 在能源转型实践中及时评估品牌建设可行性和实施进度，善于总结经验

我国能源转型大省想要顺利实现能源转型，就要摆脱原有的路径依赖，预先设计能源转型发展路径，验证项目可行性，实施过程中评估数量、质量、进度、有效性，全面评价项目经济效益、社会效益、环境效益，并善于总结经验，将成功的经验复制到同类的区域，形成产业规模化、集群化、集约化发展，形成能源品牌优势叠加。

7. 重视品牌宣传，提高能源品牌知名度

我国很多能源转型大省非常重视新能源品牌宣传，举办展会和会议，在媒体上主动发布新能源装机信息，介绍重点能源项目，例如，介绍地区光伏装机情况，光伏助推乡村振兴的案例，以及光伏装机带来的碳减排情况、富民情况。通过这些案例让大众深切地感受到了能源品牌的绿色基因，以及给大众生活带来的改变，让原本“刚烈生硬”的能源品牌具有了人性化的温度和温情。这是能源品牌塑造成功的原因所在，也是能源品牌的魅力所在。

综上所述，这些做法有利于改善区域能源结构，提升区域品牌影响力。通过这些举措推动传统能源转型升级，积极发展新能源，塑造新的能源产业发展格局，推动能源产业高质量发展。

三、我国能源特色区域（城市 / 园区）品牌

“十三五”期间，我国深入推进能源供给侧结构性改革和消费转型升级，

积极应对各种风险挑战，能源领域总体保持稳中向好发展态势，供应保障、结构调整、设施建设、区域合作、体制改革取得显著成效，为实现特色城市定位和打赢蓝天保卫战提供坚强保障，为“十四五”高质量发展奠定良好基础。

（一）南通如东县洋口港：国家级 LNG“能源岛”

绿色是高质量发展的底色，作为江苏省内最早布局清洁能源产业的城市，如东牢记习近平总书记谆谆嘱托，坚持生态优先、绿色发展，加快推进重大能源基础设施项目建设，着力打造千亿级 LNG“能源岛”，努力为经济社会高质量发展提供更加稳定、安全、绿色的能源供给，对于提升城市品牌影响力意义重大。

1. 能源品牌定位

自 2008 年通航以来，江苏如东洋港口崛起，阳光岛是江苏省海上第一座围填形成的人工岛，有成为全国最大 LNG 能源岛的潜质。江苏如东洋口港建成年接卸周转能力 2000 万吨级的 LNG 能源岛，正在打造国家级能源岛。到“十四五”末，岛上的四个 LNG 接收站将全部投入运营，年接卸 LNG 能力将达到 2800 万吨，将全面助力江苏乃至华东区域能源结构调整，为国家能源发展战略作出更大贡献。

2. 能源品牌建设举措

阳光岛建立之初，就秉承绿色发展理念，营造绿色宜居环境。国网江苏省电力公司高度重视阳光岛电网建设需求，将 110 千伏阳光岛输变电工程列为年度重点建设项目，组建省市县三级联动工作机制，快速响应，组织开展项目的可行性研究分析和工程项目设计，国网南通供电公司和如东县供电公司多次派技术专家团队上岛进行勘探设计，并实地了解企业的用电需求。阳光岛变电站建设积极响应国家低碳减排的建设要求，整站设计从装配式建筑入手，推动绿色环保建设，保护岛上一草一木，尽可能减少现场混凝土浇筑带来的环境污染。同时，变电站将充分利用清洁能源，采取在建筑物屋顶增设光伏、智能风光储路灯等设计方案，合理利用太阳能等可再生能源。

3. 能源品牌建设成效

10 年来，洋口港共计接卸 565 船约 4700 万吨液化天然气，累计外输天然气超 650 亿立方米。每年对地方的财政贡献达 10 亿元。

如东“能源岛”现已建成长三角地区首个千万吨级 LNG 接收基地。阳光岛上正在加紧推进国信、协鑫汇东 LNG 接收站、华润燃气如东 LNG 接收站等 3 个重大能源项目。“能源岛”项目全部建成后，年接卸周转能力、年应税销售将分别突破 2800 万吨、1000 亿元，成为我国西气东输、北气南下、海气登陆的重要交汇点。

如东打造典型项目和“如东样板”，贡献“如东能量”。江苏中国石油天然气集团有限公司 LNG 接收站——国家重点工程，接收站累计接卸 LNG 超 5000 万吨，天然气供应规模超 700 亿立方米。据统计，2022 年，接收站全年为如东本地贡献财税收入超 9 亿元。当前，接收站正加快推进四期工程，实现天然气供应保障能力提升 30%，接卸、储存、气化、外输能力均达到千万吨级。协鑫汇东江苏如东 LNG 接收站项目——项目一期总投资约 50 亿元，规划建设 1 座 LNG 卸船码头、1 座装船码头、2 座 20 万立方米容积的 LNG 储罐及配套工艺和公用工程设施，设计年接卸规模为 300 万吨（约 40 亿立方米天然气），与煤炭、石油等能源相比，每年可减排二氧化碳 900 多万吨，减排氮氧化物 16.8 万吨，相当于植树造林 2000 万棵。江苏省 LNG 储运调峰工程项目——总投资 52 亿元，规划建设 3 座 20 万立方米 LNG 储罐及相应辅助公用工程设施，全面投运后，单日最大气化外输能力可达 3000 万立方米，年装车能力可达50万吨。该项目的建设有助于江苏省提高储气能力和调峰能力，推动节能减排工作顺利开展。

江苏如东背靠黄海，拥有得天独厚的海洋资源、风光资源。在国家能源革命和“双碳”目标指引下，如东人正奋力拼搏，编织能源网，建设如东美丽宜居城市，以绿色为底色，描绘大众在阳光岛追波逐浪、“气”定神闲、人海和谐与共的生动画卷。

（二）盐城：海上三峡

位于盐城的中国黄（渤）海候鸟栖息地（第一期）是中国仅有的 14 个世界自然遗产之一，也是中国向世界展现共建地球生命共同体、促进人与自然和谐共生的一扇窗口。而作为中国最大的海上风电基地和东部沿海地区最重要的新能源产业基地，盐城又是我国引领碳中和革命的“碳路先锋”。推动能源结构向深度脱碳转型，是关乎发展的一场深刻革命。在全球能源市场面临深刻变革的大势下，盐城在争当“双碳”目标践行者的道路上一路探索、一路前行，拥抱“双碳”，不负“风光”。在新发展理念指引下，盐城深入贯彻落实“四个革命、一个合作”能源安全新战略，坚持把新能源产业作为主导产业之一，聚力打造晶硅光伏、风电装备等地标产业链，科学开发“风光”资源，能源结构持续优化，产业链条基本建成，加快构建低碳循环的绿色产业体系，已成为“风的故乡”“海上三峡”“海上风电第一城”、全国首批新能源示范城市、国家海上风电产业区域集聚发展试点、长三角地区首个“千万千瓦新能源发电城市”和全球绿色能源城市，对于提升城市品牌影响力意义重大。

1. 能源品牌定位

盐城是江苏乃至全国海上风电开发建设条件最好的区域之一，是名副其实的“风的故乡”，是江苏打造“海上三峡”的主战场、主阵地、主力军。盐城以风电为代表的新能源产业异军突起，发展势头强劲。国家能源、华能、金风、远景等一批“国字头”能源开发企业和龙头装备制造企业加快集聚，新能源装机占江苏省新能源总装机规模的28%，发电量达到江苏省新能源发电量的34%，成为长三角地区首个“千万千瓦新能源发电城市”。

2. 能源品牌建设规划

《盐城市加快建设绿色能源之城行动方案》提出：到2025年，海上大功率风机、漂浮式海上风电等一批关键技术和装备实现突破，建成江苏沿海可再生能源技术中心等一批高层次科创平台，海上“能源岛”、“海洋牧场”等一批融合示范项目建设取得实质性进展，产业链创新能力显著增强，核心技术装备自主可控水平大幅提高。重点任务包括：建设海上风电之都。推进近海海上风电集群化发展，加快大丰85万千瓦海上风电、大丰80万千瓦海上风电和射阳100万千瓦海上风电等首批竞争性配置项目群建设，力争2024年底前实现全容量并网。梯次推进“十四五”新增近海海上风电项目群竞争性配置工作，同步开展输电规划研究和接网方案论证，不断提高源网协同发展水平。稳妥开展深远海海上风电示范建设，积极推进射阳、滨海、大丰等地首批百万级深远海示范项目前期，率先在全国范围内启动深远海项目建设，实施超大功率海上风机、海上风电柔性直流等示范应用。力争年均新增近远海海上风电装机规模300万千瓦，年均投资规模350亿元以上，到2025年，海上风电装机规模列全球城市首位，打造世界海上风电之都。

3. 能源品牌建设成效

2010年9月，江苏打造“海上三峡”正式起步。近年来，盐城深挖海洋资源，加快风电开发建设，实现海上风电装机容量291.3万千瓦，占全国1/2、全球1/10，打造“海上三峡”取得卓越成效。

（1）形成具有国际竞争力的先进风电装备制造集群

盐城市持续推动产业补链强链，夯实产业基础。重点发展风电产业链，吸引轴承、控制系统等风电关键零部件企业入驻园区。经过盐城市的精心培育和大力支持，目前以风电为代表的新能源产业异军突起。国家能源投资集团有限责任公司、中国华能集团有限公司等一批“国字头”能源开发企业和龙头装备制造企业加快集聚，新能源装机占江苏省新能源总装机规模的 28%，发电量达到江苏省新能源发电量的 34%。作为中国海上风电的排头兵、主阵地，盐城云集国家能源投资集团有限责任公司、国家电力投资集团有限公司、中国长江三峡集团有限公司、中国华能集团有限公司、中国大唐集团有限公司、中国华电集团有限公司、中国广核集团有限公司等一大批大型央企和国企，实施风光资源系统化、规模化、集中化开发。引进金风科技股份有限公司、远景能源有限公司、上海电气集团股份有限公司为代表的整机制造企业，以及其他配套装备制造企业、海工制造企业，形成了风电整机及配套电机、叶片、海缆、塔筒、机舱罩、组件、叶片成套芯材等研发、制造和运维服务一条龙的产业链条，打造了海上风电全产业链生态圈，成为国内产业规模大、配套能力强、集聚效应佳的风电装备制造基地。

（2）新能源发展势头良好

“十三五”期间，盐城规划海上风电容量 822 万千瓦，占全省的 56%。海上风电并网容量占全省的 61%、全国的 39%、全球的 10%。截至 2022 年 9 月底，盐城新能源发电装机容量 1235.76 万千瓦，占全省的 25.48%，规模全省第 1。其中，风电 946.58 万千瓦，占全省的 42.12%。如今盐城已成为长三角地区首个“千万千瓦新能源发电城市”，2020 年盐城新能源“绿电”占全社会用电量超 47%。如今，盐城新能源装机容量和发电量已占江苏三成以上，海上风电装机容量更是能占到全国的 1/2、全球的 1/10，是名副其实的“海上三峡”。

（3）形成具有国际竞争力的特色园区品牌

盐城加快构建形成“两大集群、四大基地、八大园区”产业发展格局，打造海上风电产业集群、光伏产业集群，建设近海千万千瓦级海上风电开发基地、远海千万千瓦级海上风电开发基地、千万千瓦级光伏综合利用基地、千亿级海上风电运维基地，布局大丰风电产业园、射阳新能源及其装备产业园、东台风电产业园、阜宁风电装备产业园、滨海风电产业园、响水风电产业园、盐城经济技术开发区光电产业园、建湖光伏产业园，不断提升产业转型“含绿量”。

（4）代表性项目促进品牌成长

《“十四五”盐城市新能源产业发展白皮书》显示，盐城、海上风电已建成容量全国第一，盐城市携手三峡、华能、国电投等多家国企、央企共建海上风电项目。国家电力投资集团有限公司800兆瓦海上风电项目——国内装机规模最大海上风电场，200台风机全部并网发电，包括H4、H7两座海上风电场，预计每年可贡献清洁电量约24亿千瓦时，相当于100万户家庭全年的基本用电量。

随着射阳龙源40万千瓦海上风电项目顺利实现全容量并网，盐城新能源累计装机容量达到1004.76万千瓦，成为长三角地区首个新能源装机破千万千瓦的城市。这里提到的射阳，是盐城的一个县，位于我国南北地理分界线的东部起点，相传因精卫填海而成陆，由后羿射日而得名。地处盐城沿海中心位置的射阳港，已经成为全国最大的海上风电母港，2020年风电产业出货量超过丹麦的埃斯比约港口。丹麦埃斯比约港，是欧洲著名的风电港口，它在欧洲海上风电发展过程中起到了至关重要的作用。目前其海上风电业务已经超越传统港口业务，成为港口收入第一大来源。2020年，埃斯比约港的海上风电装运容量超过1GW。而2020年射阳港口风机出货量突破2GW，完成吞吐量800万吨，风电大件装卸量480台（套）。

江苏盐城这座城市，拥有省内最长的海岸线、最大的沿海滩涂、最广的海域面积，作为长三角地区首个千万千瓦新能源发电城市，获批全国首批新能源示范城市，全球单体规模最大的滩涂风光电产业基地，以“勇当沿海地区高质量发展排头兵”目标定位，手握“破题之钥”，走在御“风”而行、与日月争“光”的路上，正在创造属于这个时代的辉煌！

（三）海盐：开创南方核能供热先河

海盐县，隶属于浙江省嘉兴市，1985年被国务院列入沿海经济开放区，是中国综合实力百强县。近年来，海盐县积极推进“无废城市”建设，围绕“减量化、资源化、无害化”的原则，形成以“低碳能源为保障、以循环经济产业链为纽带、以智慧零碳”为动力的、具有海盐特色的固体废物治理模式。2017—2020年，海盐县连续四年获评“美丽浙江建设工作考核优秀县”。2021年12月，海盐县打造核能供热示范项目推进核能综合利用工作获得省领导批示，以优异的成绩交出一份高水平的“无废城市”建设答卷，树立了城市绿色发展品牌形象。2022年，浙江省嘉兴市海盐县发布政府工作报告，其中提到，保护有质感的生态环境。认真贯彻碳达峰碳中和国家战略，倡导绿色低碳的生产生活方式，做大做强核电、光伏、氢能、风电等清洁全要素产业链，积极打造零碳未来城。作为一种清洁、零碳、绿色的供热形式，核能供热对于解决城镇集中供热，减少环境污染，尤其是减少碳排放具有重要作用。海盐县打造核能项目，为城市供热，树立了良好的品牌效益。

1. 能源品牌定位

我国首个南方核能供热、核能工业供热项目均在海盐诞生。中国核电控股的秦山核电与海盐县政府正在共同探索打造“零碳未来城”，建立核能发电、集中供热、供汽制冷等零碳能源平台，争创“零碳能源，绿色发展”的国家级高质量发展示范区。

2. 能源品牌目标规划

秦山核电核能供热整个规划达到 150 兆瓦，目前我们核能供热量仅 11 兆瓦左右。秦山核电联合海盐县将推动核能供热广泛利用，继续推进核能供热在海盐县居民小区推广，通过联通新建小区的供热设施和推进建成小区的核能供热改造，将核能温暖送给海盐的千家万户。与此同时，秦山核电还在积极拓展核能供热的多元化应用，进一步拓展核能供热在公益、公建、商业等领域的应用。秦山核电也在积极探索核能农业供热，为后续深入推进核能综合利用提供借鉴和参考。

3. 能源品牌建设成效

（1）形成代表性能源品牌样板

秦山核电与海盐县签订协议，双方合作开展“浙江海盐核能供热示范工程”，这是我国南方地区首个核能供热工程。预计到 2025 年，该项目全面建成后，供暖面积将达到 400 万平方米，基本覆盖海盐主城区和秦山街道、澉浦镇等区域。

我国首个核能工业供热项目在浙江海盐正式建成投用，标志着中核集团秦山核电和海盐县在核能综合利用方面取得又一重大突破。该项目搭建了中国首个核能工业供热示范平台，为工业产业园区清洁能源替代提供核能方案，可为当地企业提供 24 小时热能供应保障，年工业供热约 28.8 万吉焦，相当于节约标准煤约 1 万吨，减排二氧化碳约 2.4 万吨。

（2）便民惠民服务收获满满

居民供热面积达 46 万平方米，惠及近 4000 户居民；工业供热项目提供 24 小时热能供应保障，年工业供热约 28.8 万吉焦，相当于节约标准煤约 1 万吨，减排二氧化碳约 2.4 万吨，对改善当地生态环境、建设美丽乡村发挥巨大作用。

“双碳”时代下，如何找到清洁能源替代，成为许多城市发展工业产业创新探索的问题。海盐县开始了工业产业对清洁能源替代利用的探索，为嘉兴率先走出生态优先、节约集约、绿色低碳发展新道路提供可以借鉴的经验，对于提升城市品牌影响力意义重大。

（四）成都：绿氢之都

成都自古有“天府之国”的美誉，是首批国家历史文化名城，古蜀文明发祥地，中国最佳旅游城市。在我国“双碳”目标指导下，成都市遵循“四个革命、一个合作”能源安全新战略，围绕加快建设能源强国部署，以建设践行新发展理念的公园城市示范区为统领，全面提升城市发展能级和综合竞争力，增强中心城市引领带动作用，着力打造带动全国高质量发展的重要增长极和新的动力源。建设清洁低碳安全高效的现代能源体系，促进能源与经济、社会、生态协调发展，对成都实现城市愿景、做强成渝地区双城经济圈“极核”和全省“主干”功能具有重要意义，对于提升城市品牌影响力意义重大。

1. 能源品牌定位

氢能被誉为“终极能源”，已纳入世界主要发达国家能源战略。大力发展氢能产业是实现碳达峰碳中和战略目标的重要途径之一。我国氢能产业发展正步入快车道，机构预计到 2025 年，氢能产业产值将达到万亿级。近年来，我国加速布局氢能产业，2019 年首次将氢能写入《政府工作报告》，先后出台 60 余项引导支持政策，制定相关国家标准约 90 项，进一步推动氢能关键技术实现自主突破，稳步推进氢能产业化进程，加快建设氢能装备制造和配套体系，加大氢能产品示范应用，预计到 2050 年氢能在我国终端能源体系占比将达 10%，成为终端能源体系的消费主体。全国各地高度重视氢能产业发展，北京、上海、广东、山东、江苏等省市陆续发布本地氢能发展指导性文件，推动氢能在交通、工业等领域先行先试，初步形成了长三角、珠三角、京津冀、成渝和中部地区为代表的五大发展区域，推动氢能产业高质量发展。

成都氢能产业已有一定基础，在发展氢能产业上具备较好的产业基础和资源禀赋。成都市目前已聚集东方氢能等国内外知名骨干企业，覆盖了制氢、储运、加注、燃料电池、整车整机、检测等产业链各个环节，形成以郫都区、彭州市、龙泉驿区为氢能产业主要承载地的发展格局。成都在 2019 年启动了“绿色氢都”建设。2021 年 12 月的四川省委全会通过了《中共四川省委关于以实现碳达峰碳中和目标为引领推动绿色低碳优势产业高质量发展的决定》，其中明确四川将支持成都打造“绿氢之都”。

2. 能源品牌建设规划

2022 年 5 月 24 日，成都市政府发布的《成都市“十四五”能源发展规划》提出，要加快氢能推广应用，打造中国“绿氢之都”。具体目标包括：开展规模化富余水电制氢试点，推进彭州电解水绿氢工厂一期、二期项目建设，在郫都、彭州、都江堰等区域试点建设小规模电解水制氢加氢一体站，到 2025 年形成 11 万吨 / 年的供氢能力。鼓励社会资本参与加氢站建设，力争规划建设（含改建、扩建）40 座加氢站（含具有加氢功能的综合能源站），适当加密示范区加氢站布局，初步建成高效便捷的加氢站服务保障体系。联合区域申报国家氢燃料电池汽车示范城市群，推动成渝、成德绵、成雅、成自、成南等高速沿线布局加氢站，形成以成都为枢纽，辐射川渝地区的绿色“氢走廊”。推动燃料电池汽车在公共交通、城建运输、接驳转运、环卫服务等中远途中重型商用车领域应用。规划建设燃料电池轨道示范线路。发挥产业基础和场景优势，推动氢能在叉车、无人机、应急保供等多领域应用。

到“十四五”末，能源重大项目建设累计总投资 775 亿元以上，其中电力 480 亿元以上、天然气 190 亿元以上、油品（成品油）13 亿元以上，新能源及其他基础设施 92 亿元以上；充电桩 16 万个、充（换）电站 3000 座；规划建设加氢站 40 座（含油氢一体、油电氢一体、气氢一体等综合能源站）。

3. 能源品牌建设成效

四川省开展了一系列氢能及燃料电池汽车应用示范工作，成效显著。

（1）氢能得到有效利用

2018 年 2 月在成都市开通运营了西部首条燃料电池公交示范线路并配套建设西部地区首座加氢站。截至 2020 年 8 月，已累计投入 220 辆燃料电池汽车，安全运行超过 350 万公里，配套建设了 5 座加氢站，加氢总量超 15 万公斤，示范规模西部第 1。截至 2023 年 2 月，郫都区已有 200 辆“郫都造”氢燃料公交车投运到 16 条公交线路，安全运营总里程达 1600 万公里。

（2）形成代表性项目能源品牌样板

我国西部地区第一条、全国第二条商业化运行的氢燃料电池公交线。19 台氢能公交车主要服务于成都市中心城区与郫都区之间的快速通勤。该电池系统的核心重要零部件已经实现了国产化，技术指标均超过设计要求；中国第一条量产级和标准化的绿氢电极产线——标志着成都氢源制备关键材料取得重大突破，推动产氢能力提升 3 倍，综合能耗降低 10% 以上，将解决碱液制氢运营成本相对过高的问题，填补成都在绿氢装备材料领域的空白；国产首台产业化氢燃料电池混合动力调车机车下线，标志着我国氢能利用技术取得关键突破。而该车最关键的氢燃料动力系统是由四川荣创新能公司研制生产，并获得日内瓦国际发明展金奖；全球首列氢能源市域列车——2022 年 12 月 28 日，由中车长客股份公司联合成都轨道集团共同研制、具有自主知识产权的全球首列氢能源市域列车在成都新津正式下线。

成都绿色氢能产业功能区的东方氢能产业园——西部首座氢能高端先进装备制造产业园，项目占地面积 87 亩，建筑面积达 10 万平方米，园区将打造氢能产业生态圈创新生态链，构建燃料电池及制氢、储氢、加氢、氢能综合利用企业集群，一体建设氢能科技创新中心、制造中心、科普中心、运维服务及大数据中心和应用示范中心。将围绕气态储运氢装备的检验检测及研究展开，打破西部氢燃料电池汽车检测依赖沿海地区专业机构的窘境，为本地氢能产业提供专业检测服务。四川省特检院、中国测试技术研究院、国富氢能、势加透博、东德实业等氢能行业企业和机构已同东方电气签订入园协议。

成都市以习近平新时代中国特色社会主义思想为指导，全面贯彻党的各项精神，牢固树立创新、协调、绿色、开放、共享的新发展理念，落实习近平总书记关于成渝地区双城经济圈建设的重大战略部署，围绕省委“一干多支、五区协同”“四向拓展、全域开放”的发展要求，立足四川实际，将氢能产业打造为构建“5+1”现代产业体系的重点。“绿氢之都”以春意盎然、繁花似锦的新面貌展现在世界舞台中央，成都“绿氢之都”能源品牌也将刻上时代的烙印，载入历史的新篇章！

（五）盐城射阳港经开区：全国零碳示范先进园区

党的二十大报告明确指出要“协同推进降碳、减污、扩绿、增长，推进生态优先、节约集约、绿色低碳发展”。产业园汇聚众多企业，是重点用能区域。建设低（零）碳产业园有助于推动绿色发展，促进人与自然和谐共生。盐城聚焦“双碳”目标、紧扣“低碳”发展、引领“零碳”未来，全面拉开低（零）碳产业园区建设大幕。建设射阳港低（零）碳产业园，被写入江苏省委 30 号文件、盐城市委八届四次全会报告。市委全会提出，要积极推进低（零）碳产业园建设，加快绿色低碳前沿技术研发和推广应用，推动能源清洁化、产业绿色化、设施低碳化、管理智慧化、认证国际化，坚持“源网荷储”一体化建设，积极争取国家碳达峰碳中和试点示范。射阳港经济开发区先行先试，全方位践行“零碳”理念、探索“零碳”路径，迅速在清洁能源供应、新型电力系统、绿色产业集群、绿电溯源认证等方面开启深层次、系统性变革，打造可感知、可复制、可持续的零碳产业园，打造绿色能源名片，提升区域影响力。

1. 能源品牌定位与规划

2022 年 11 月，江苏省委省政府出台《关于支持盐城建设绿色低碳发展示范区的意见》，明确提出支持条件成熟园区或产业集聚区开展零碳园区建设试点，推动射阳港低（零）碳产业园区建设。2023 年新春第一会上，盐城市委、市政府印发《关于加快建设绿色低碳发展示范区的实施意见》，要求先行开展射阳港经济开发区低（零）碳产业园区试点。

锚定“2025 年建成江苏省零碳发展先行示范区”目标，射阳集成政策、资源、要素推进射阳港低（零）碳产业园区建设，加快实施 CQC 新能源创新基地、中车叶片检测、保利泰克等补链项目，超前布局新能源 + 储能、新能源 + 制氢等创新示范项目，构建“绿色制造 + 绿电应用 + 绿色服务”风电产业生态圈。

根据规划，园区计划到 2025 年，初步构建以可再生能源为主的园区能源利用体系，可再生能源自供给比例超过 50%，非化石能源利用比例达到 60%，园区绿电消费比例达到 80%。到 2030 年，可再生能源自供给比例达到 80%，非化石能源利用比例达到 80%，园区绿电消费比例达到 80%，初步建成全国零碳示范先进园区。

《江苏射阳港经济开发区低（零）碳园区规划》提出射阳港经济开发区零碳产业园建设的重点任务包括，培育高质量新能源及装备产业，发展百亿级新材料产业群，打造沿海健康绿色发展基地，包括节能降碳改造工程、能源绿色低碳转型工程，完善园区零碳交通体系，建设生态碳汇能力提升工程等。

2. 能源品牌建设成效

（1）高质量建成低（零）碳产业园区试点

以打造“八大重点工程”为抓手，持续聚焦“生产、生活、生态”三大主题，锚定“千亿投资、千亿销售、千万千瓦装机容量”目标，围绕工业节能降碳、绿色能源供给、碳汇能力提升、能碳协同管理、应用场景布局等重点领域展开。

在零碳智慧交通方面，推进园区公交纯电化升级，建设光储充一体化停车场3处，完成无桩电动车试点布局，打造绿色交通新模式。为满足园区企业生产生活需要，规划建设零碳社区，采用屋面光伏、智能暖通、智慧照明、地源热泵等低零碳措施，打造零碳绿色建筑“样板间”。

（2）形成代表性项目示范效应

园区的“能—碳”双控平台——基于物联网设备实时掌握能耗数据，根据算法模型对碳数据进行分析，做到“知碳”“算碳”。接下来将开发上线更多功能，比如说，碳资产管理、绿电交易运营、认证零碳产品等，将其打造成园区的“零碳数字大脑”。

在射阳港经济开发区低（零）碳产业园的核心区域远景能源，企业开发的海上产品新平台ModelY平台正式下线，该平台单机功率覆盖6~12MW，风轮直径覆盖182~236米，还可对国内外海上各类风速与海况的复杂应用场景灵活配置产品方案。在额定风速下，远景ModelY平台机组每转动一圈可发电约22千瓦时，单台每年可输出约5000万千瓦时清洁电能，满足约2.5万户的用电需求，减少1.46万吨燃煤消耗和3.65万吨二氧化碳排放，具有显著的节能减排效益。

（3）能源产业集群逐渐完善

在总规划面积2.58万亩的射阳港低（零）碳产业园区内，已集聚了远景能源、长风海工、中车时代、亨通海能等27家龙头企业，基本形成风场开发、风机整装、叶片、塔筒、海缆、齿轮箱、发电机以及大数据运维等全产业链条。射阳加强新能源产业协同创新平台建设，积极参与国际新能源产业合作，打造一批具有行业引领地位的龙头企业，到2025年，能源转型工作成效显著，新能源产业经济规模预计超过2000亿元，区域生态环境不断改善，打造国际绿色能源城市“射阳”样板。

射阳港低（零）碳产业园将明确“模式创新、技术争先、标准引领”的推进思路，进行园区低碳零碳实践探索，紧扣“发得多”“送得出”“用得好”，立足生态禀赋、绿电优势、制造基础，射阳主动接轨欧盟CBAM标准，加快构建“绿色能源、绿电管理、绿色产业、绿色认证、绿色碳汇”五大支撑体系，塑造园区优势，为推动经济发展作出突出贡献，为盐城这张新能源闪亮的城市名片再添一抹新绿！

（六）青岛中德生态园：国家园区“低碳范本”

能源减排问题一直是世界治理的主要问题。建设低碳园区是世界各国探索降碳的主要领域。早在 2016 年，国家发展改革委批复青岛中德生态园国家低碳城（镇）试点实施方案。多年来，青岛中德生态园坚定不移走绿色低碳发展道路，打造“生态发展实验室”，率先建成“零碳园区”，实现区域发展的零碳跨越。迄今为止，园区已先后获得绿色生态示范城区、综合标准化示范、新能源应用示范等十余项国家级称号。中德生态园打造了“生产化、生态化、生活化”“工业美、生活美、环境美”的“三生三美”实践模式，为国际减排降碳提供了中国低碳样本，为提升青岛和中国国际影响力贡献智慧和力量。

1. 能源品牌定位与规划

青岛中德生态园（青岛国际经济合作区）是青岛市重点功能区之一，位于青岛西海岸新区北部。区域内拥有中德两国首个生态合作示范项目——中德生态园，承担建设青岛德国、日本“国际客厅”职能，是青岛对外开放合作的重要门户和平台。园区启动区面积 34.92 平方公里，区域叠加中国（山东）自由贸易试验区青岛片区约 12.86 平方公里。在 2016 年，国家发展改革委批复中德生态园国家低碳城（镇）试点实施方案。迄今为止，园区已先后获得“绿色生态示范城区”“综合标准化示范”“新能源应用示范”等十余项国家级称号。中德生态园以中德未来城等为载体，从城市建设、工业发展等入手，力争率先打造“零碳试验区”、碳中和“灯塔基地”，并初步制定了园区“2027 年碳达峰，2050 年碳中和”的发展目标。

2. 能源品牌建设举措

顶层设计：中德生态园建立起以生态保护为导向的 40 项可持续发展指标体系，率先推出全国首个 2030 可持续发展指标体系；编制涵盖 40 项成果的绿色规划体系，国民经济、土地利用、城市规划三规融合；建立国内首个园区级绿色生态建设标准体系。

开发建设：100% 实施绿色施工、绿色建筑，园区绿建二星标准以上占比达 60%；大力发展被动房产业，被动房建设总量 40 万平方米，在学校、酒店、办公、住宅等多类型建筑全面示范应用。

产业选择：坚持“三高两低”原则，即高技术含量、高生产率、高贡献率，低碳排放、低环境影响，引进培育战略性新兴产业；项目坚持“三不要”原则，即达不到指标体系标准的项目、不符合绿色产业目录的项目、没有核心竞争力的项目不予准入。

3. 能源品牌建设成效

构建国内首个园区级绿色生态建设标准体系，设立40项生态指标，其中6项为国内首次提出，实现发展路径可落实、可复制、可推广。该指标体系被纳入商务部工作指南，作为全国开发区指导性文件。

中德未来城——园区打造“零碳试验区”的先锋。按照规划，这里将建成高端生态示范、技术创新先导、和谐宜居的新社区。规划中充分融入了绿色生态低碳理念，100%建设被动房建筑，最大化利用可再生能源和绿色低碳节能技术。“十四五”期间，园区将打造成为百万平方米量级的被动房新城，实现年减碳量约6.4万吨；海尔中德智慧园区——海尔集团在中德生态园建成全球首个5G+智能制造全连接工业园区，主要生产滚筒洗衣机、特种冰箱等产品。海尔卡奥斯智慧能源为园区设计的燃气三联供系统。据介绍，这一系统综合能源利用效率达到80%以上，相比传统供能系统，可实现节能减排达20%～40%；中德生态园被动房技术体验中心——全国首例德国标准被动房建筑，先后荣获国家绿色建筑三星运营标识双认证、2020年度全国绿色建筑创新奖和奥地利绿色星球奖等一系列荣誉。中心建筑面积仅有1.3万平方米，与现行国家节能设计标准相比，建筑节能率达到90%以上，年节约一次能源消耗可达130万千瓦时，减少二氧化碳排放量664吨。在首批国家低碳城试点评选中，中德生态园以总分第一的成绩通过国家发改委组织的评审。园区也先后获评中国人居环境范例奖、全球可持续城市和人居环境奖，并在综合标准化、低碳城市、智慧城市和智能制造等方面获得10多项国家级荣誉。中德生态园结合全生命周期理念将规划设计、建设、运营全流程一体化纳入零碳要求，打造高端生态示范、技术创新先导、和谐宜居的新社区。未来，中德生态园将成为全球碳中和“绿色灯塔”，闪耀在世界的东方。

（七）特色市县 / 园区能源品牌建设模式总结

1. 能源打造途径

传统资源型区域：根据国家能源产业政策规划要求，坚持“先立后破”原则，推动传统能源产业进行技术创新和升级转型，传统能源向清洁能源转换，探索能源产业发展新道路。

清洁能源与制造型区域：分析区域能源产业资源优势，基于产业优势精准确定区域能源产业发展方向和目标，制定能源产业发展规划，并推动规划落实，打造新能源产业基地、创新示范区，提升区域能源创新能力。

2. 区域能源产业品牌打造途径

（1）围绕“产、供、消”三端协同发力，全产业链推进区域产业品牌建设

“产”——发展清洁能源产业。加强能源先进技术、优质产品、能源装备、关键零部件和特色材料的研发设计、生产制造管理，推动能源产业升级，探索能源产业示范区建设路径，打造高端制造产业园典型项目。

“供”——优化能源供给结构。大力开发太阳能、风能、水电、储能、氢能等新能源，打造太阳能与农林牧副渔业融合发展复合业态，产生例如“光伏＋渔光互补”“光伏＋农光互补”等新经济。

“消”——推动能源消费升级。国家提出加强对能源消费总量和消费强度的管控，强化对高能耗、高污染项目管理，提高项目准入条件，加大煤炭发电机组节能改造，减少碳排放。支持各地扩大清洁能源使用场景，实施电能替代，提升能源消费水平。

（2）用能零碳化

开发光伏、风电、水电等可再生能源，加强储能设施建设，推动新能源入网，提供绿色清洁能源，满足企业和社会用能要求。

（3）管理智慧化

完善节能管理制度，精准满足局部用能需求，持续提升园区的运营能效和电气化水平。

（4）实施碳交易

搭建碳交易平台，鼓励园区和企业减少碳排放，通过售卖碳资产获得经济收益。

（5）取得部分成效

全国首批 81 个创建新能源示范城市和 8 个产业园区中，部分城市凭借资源、产业规模、市场、政策等优势，已经在新能源产业发展方面成为了领先者，如大同、张家口、阜新、盐城、台州等。

（6）部分领域有待提高

部分城市重在新能源生产利用，且规模得到了快速发展，但并未精准定位，未完全将资源禀赋优势转化为产业驱动力，从能源的资源强市向产业强市跃进，仍有待塑造享誉全国、世界级区域能源产业品牌。

（7）立足地情，发挥资源区位最大优势

顶层高度重视区域能源产业发展，抢抓国家发展机遇，将打造区域能源

产业品牌作为谋划推进中国式现代化、推进区域经济高质量发展的主要组成部分。摸清底数、科学布局，做好全市资源能源统筹规范管理。

（8）规划引领，绘制“区域品牌”蓝图

明确基地发展目标、路径、任务等，绘制时间表和路线图，确保各项工作高质高效实施；科学编制能源产业规划、具体实施方案。明确责任分工，重点抓落实，推动清洁能源产业高质量发展。

（9）招商集聚，推动企业地方共建共赢

出台优化营商环境政策、拿出“真金白银”，在政策、资金、土地、生产要素等方面全力保障，着力引育人才和资金，打造创新生态和能源全产业链投资兴业高地。

梳理相关产业、实行精准招商，引进、打造一批具有行业引领地位的龙头企业、一批具有核心竞争优势的骨干企业、一批具有广阔发展前景的高成长性企业，延长产业链条。

（10）项目示范，重视技术研发创新转化

聚焦创新能力建设，加大研发推动核心技术攻关和产业化，重大项目攻关和重大创新示范。着重发挥项目对于当地建设发展的正面效应、引领作用。提高新能源发电消纳水平。推动新能源与农业、交通等不同产业的深度融合发展，不断拓展应用场景。

（11）加大能源品牌宣传，提高品牌知名度

“双碳”背景下，我国很多城市和园区积极开发和利用清洁能源，建设“氢能之都”“碳中和之都”“能源产业创新示范区”等特色品牌。这些区域加大品牌营销力度，重点介绍这些特色品牌的特点；举办各种活动，传播品牌建设经验，提高品牌知名度。

总之，通过上述举措培育新型品牌，发展壮大、升级已有品牌，推动品牌在能源产业高质量发展中发挥更大作用，创造更多可能，为我国经济发展保驾护航！

四、我国能源企业品牌

党的二十大报告指出，高质量发展是全面建设社会主义现代化国家的首要任务。推动高质量发展离不开高水平的品牌建设。品牌是高质量发展的重要象征，是企业具有高附加值的无形资产，是产业乃至国家竞争力的综合体

现。建设世界一流能源企业品牌是我国现阶段优秀能源企业的必然选择和迫切需要。随着能源科技和产业革命的加快演进，以及双碳目标的提出，国家电网有限公司、中国石油天然气集团有限公司、国家能源投资集团有限责任公司、中国广核集团有限公司、通威集团有限公司等能源企业认识到品牌建设的重要性，品牌建设工作开展得有声有色、如火如荼，打造能源企业品牌建设样板。以下分别介绍这些典型企业的品牌建设模式：

（一）中国石油天然气集团有限公司品牌建设模式

中国石油天然气集团有限公司（简称“中国石油”）作为重要的油气生产和供应国有企业，积极开展品牌建设工作，在品牌塑造过程中站在全球视野进行顶层设计，制定完善的品牌建设体系，把品牌建设融入到企业生产经营活动各层面和各环节，最大限度发挥协同和整体效应，为品牌价值持续提升提供可靠保障。

1. 全面开展品牌规划建设工作

中国石油从品牌形象、文化体系、行为体系等方面大力弘扬“石油精神、大庆精神、铁人精神”，诠释“建设基业长青世界一流综合性国际能源公司”的企业愿景，表达“绿色发展，奉献能源，为客户成长增动力，为人民幸福赋新能”的价值追求，把品牌建设融入到企业生产经营活动各层面和各环节，最大限度发挥协同和整体效应，为品牌价值持续提升提供了可靠保障。

（1）成立品牌管理委员会，建立健全品牌工作体系

中国石油是较早建立相对完备品牌架构的中央企业，公司品牌建设各项工作顺利开展，主要得益于组织架构的顶层统领和机制模式的顺畅运行。2004 年，中国石油成立集团公司品牌管理委员会，在此基础上，2011 年成立社会责任管理工作委员会，设立产品、海外、对外传播 3 个工作组，分别负责产品与服务品牌建设、国际化品牌建设和形象传播、内外部传播沟通统筹三个专业领域的品牌工作统筹和协同推进（见图 6.19）。集团公司品牌管理委员各部门分工协作，全力推动品牌建设工作融入公司日常管理和生产运营。对内建立各部门齐抓共管的工作格局，协同联动的长效机制，规范适用的制度体系，精干高效的品牌、社会责任和声誉管理团队；对外多年来与国家部委、社会团体等利益相关方建立了良好关系。

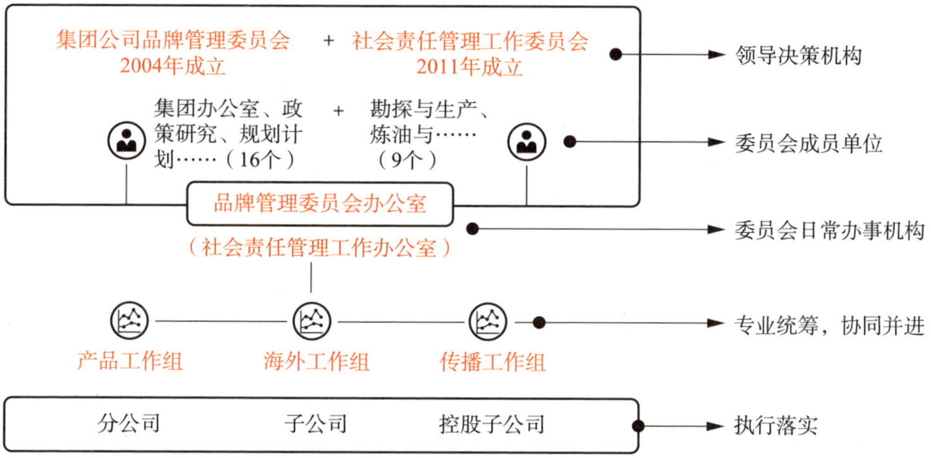

图 6.19　中国石油品牌和社会责任工作组织机构与职责分工示意图

资料来源：中国石油天然气集团有限公司。

对标国际大石油公司做法经验，逐步完善品牌管理制度体系。先后组织完成跨国石油企业品牌管理实践、基于 ISO 26000 的中国石油企业社会责任指标体系、中国石油社会公益管理、中国石油品牌战略规划研究等近 20 项研究成果，并用于指导工作实践。颁布实施加强品牌建设工作指导意见、履行社会责任指引、品牌建设专项规划、标识应用管理办法等一系列制度与标准。

（2）加强品牌顶层设计，优化品牌管理体系

2020 年以来，结合创建世界一流企业目标要求，对标国际一流能源企业品牌战略管理实践，编制公司“十四五”品牌专项规划，完善了品牌建设管理职责和工作机制。

（3）优化主副、母子品牌关系，完善品牌架构体系

中国石油天然气集团有限公司确立“统一规范、两级许可、定期授权”的管理模式，发挥品牌引领作用，推动品牌建设与业务工作紧密结合，促进业务管理提升和品牌影响力提升。在油气业务领域，形成以集团公司标识为核心的服务品牌、产品品牌体系，以统一品牌形象较好体现企业组织属性的一致性、服务的专业性、产品的区分性，发挥优势品牌的协同效应。在非油气业务领域，采用多元化、个性化的独立品牌，满足非油气业务服务和产品的多样性需求。集团公司服务品牌统一使用“中国石油”，石化产品统一使用“昆仑”，装备制造产品统一背书“中国石油装备”，品牌形象更加鲜明规范。

（4）完善品牌形象管理

中国石油天然气集团有限公司相继完成公司视觉、理念、行为识别系统研究，2012 年正式对外发布《企业形象识别系统（CIS）手册》，构建理念、行为、视觉三大识别系统，统一公司品牌核心价值，深化品牌形象，规范品牌传播内容。新标识具有较好的继承性、统一性、区别性和规范性，体现了中国石油天然气集团有限公司的价值观、行业特点和企业特色，满足服务与产品的应用需要。很快赢得市场、社会公众和百万石油员工的高度认同，成为统一意志、凝聚力量的纽带和桥梁，上下游、国内外、上市非上市的 100 多家单位、百万员工共举一面大旗，归属感、自豪感、凝聚力不断增强。后续制定出台了《集团公司标识管理办法》《企业标识应用规范》等系列规范和标准，夯实品牌架构建设基础。

中国石油天然气集团有限公司的标志设计充满深意，体现了公司文化理念和经营哲学。《中国石油企业文化建设工作条例》对中国石油标志进行了解释：中国石油标志是一朵红黄相间的宝石花。从色彩上看，logo 的颜色与中国国旗的旗面色保持一致，体现了中国石油是国家的石油公司。此外，通过红色和黄色，来体现石油和天然气行业的特点。从形状上看，logo 的整体呈圆形，体现了中国石油全球化、国际化的发展战略。logo 的外观呈花朵状，体现了中国石油注重环境，创造能源与环境和谐的社会责任。红色基底凸显方形一角，不仅体现中国石油基础深厚，而且还寓意中国石油无限的凝聚力和创造力。中心太阳初升，光芒四射，象征着中国石油朝气蓬勃，前程似锦（见图 6.20）。

图 6.20　中国石油天然气集团有限公司 logo

资料来源：中国石油天然气集团有限公司。

“昆仑润滑油”品牌是中国石油天然气集团有限公司的子品牌，其 logo 设计风格沿袭了母品牌的特点（见图 6.21）。根据中国石油天然气集团有限公司官网的解释："'昆仑'标志设计以'日出昆仑'为设计主题，融合"昆仑"品牌和'润滑油'产品的概念，象征企业雄厚的经营实力与'团结、敬业、务实、创新'的经营作风；寓意企业将'昆仑'打造成为中国润滑油市场第一品牌的远景目标；从标志造型看，昆仑山的雄伟壮观和日出光芒，象征'昆仑'润滑油以雄厚的资源优势为基础，积极进取、蒸蒸日上的光明前途；外轮廓为十等分圆弧的几何图形，象征企业产品与事业的多元辽阔及面向国际化市场的经营战略，并传达出企业为大众提供圆满服务的宗旨；从色彩看，红色代表热情、开放、创新与突破，橘黄色渐变代表高品质的能源与动力。""昆仑润滑油"logo 在设计风格和理念上与母品牌非常吻合，凸显出中国石油天然气集团有限公司在油气供应方面的业务特点，彰显了品牌如旭日朝阳一样蓬勃的生命力。

图 6.21　中国石油天然气集团有限公司子品牌"昆仑润滑油"logo

资料来源：中国石油天然气集团有限公司。

（5）树立良好责任企业形象

中国石油天然气集团有限公司也是最早建立社会责任报告发布制度的央企之一，连续 12 年发布社会责任报告、国别报告及专题社会责任报告，向社会展示了公司企业公民形象。自 2015 年以来，中国石油与中国乡村发展基金会共同发起成立中国石油"旭航"助学项目，按照"每人每年 2000 元生活学习资助，考入重点高校给予5000元一次性奖励"的标准，帮助学生完成学业。项目已拓展至四川、河南、贵州、江西、河北、青海、甘肃、云南等省份。中国石油天然气集团有限公司的爱心项目为企业树立了良好的企业形象，推动企业品牌建设迈入更高阶段。

2. 品牌建设工作取得突出成就

（1）积极开展品牌保护、创新商标管理

开展国内外商标防御注册，2001 年开始，中国石油及其下属控及股公司就在多个类别申请注册“”或包含“”的组合商标，并一直延续使用至今。针对公司商标在海外被恶意抢注行为，组织专门力量以法律手段维护公司权益。在国内，“”商标或包含“”的组合商标已全部覆盖 45 个类别；在海外，“”商标通过马德里商标指定注册、区域性知识产权组织注册或单独国家注册。加强和规范商标应用。陆续编发视觉形象识别手册 9 册，涵盖办公、运输、加油（气）站、工作服等各领域应用，组织商标应用检查和专项整顿，避免商标被滥用和误用。

（2）商标推广知名度、美誉度持续提升

“”与“中国石油”图文组合、“昆仑”获得国家驰名商标认定，“昆仑润滑油”“昆仑尿素”“昆仑石蜡”被评为中国名牌产品，直缝埋弧焊钢管、钻井泵等一大批背书“中国石油装备”的自主装备产品获得中国石油和化学工业知名品牌产品称号。中国石油荣获国家工商总局和世界知识产权组织共同颁发的 2017 年度“中国商标创新金奖”，成为唯一获奖的石油石化企业。中国石油先后成为北京奥运会、上海世博会、北京冬奥会合作伙伴，“”商标与奥运会徽、世博会徽、冬奥会徽的组合使用，扩大了中国石油的影响，树立了良好社会形象。支持南极科学考察活动、中国越野锦标赛、中国—东盟国际汽车拉力赛、全国卡车大赛、女排精英赛、大学生羽毛球赛等多项国家赛事，利用积极向上的赛事风格体现“昆仑”商标活力。

（3）品牌不断优化升级，助力企业发展

“昆仑润滑油”作为中国石油的一张名片、一个窗口，品牌优势逐渐显现。2009—2012 年，润滑油公司四年三获国家奖，荣获“CCTV 我最喜爱的中国品牌”“全国最受消费者喜爱的润滑油品牌”“国家免检产品”等多个荣誉。2016 年 10 月，昆仑润滑油确定“3369”发展蓝图，提出“做强技术、做优服务、做大品牌”三大定位，将“技术、服务、品牌”提升到公司的战略高度，突出品牌定位，为公司品牌建设打下坚实基础。2018 年 8 月，品牌实现转型升级，从“昆仑润滑油”升级到“昆仑润滑”，公布“军工品质　大国重器”的品牌口号，明确了“为中国制造、高端装备、关键核心技术提供润滑服务”的品牌使命，守护每一份向前的动力。携手冬奥，冠名高铁，联动国家级、世界级事件，权威释放信息，昆仑润滑品牌形象深入人心，品牌价值稳健提升。

（4）品牌价值和外部评价显著提升

2021 年，中国石油在美国《财富》“世界 500 强”中排名第 4 位。在美国《石油情报周刊》2020年发布的“全球最大50家石油公司综合排名”中位居第3。在全球知名品牌价值评估机构英国Brand Finance“全球品牌价值500强”中排名第45位，位居行业第3；品牌价值达到314亿美元。国内信用评级保持了最高等级AAA级，国际信用评级保持了中国境内企业最高评级“中国主权级”评级，为维护公司在国内国际资本市场的品牌形象发挥了重要作用。

（5）开展“一带一路”跨文化传播，提升企业国际形象

中国石油在缅甸围绕“互利共赢、合作发展”的主题，充分利用网络社交媒体和短视频等多种形式，开展精准传播，加强跨文化沟通和融合。2020年底，借助Facebook平台和Tiktok平台，发起首届“CNPC青年短视频挑战赛”线上活动，以企业名义助力展现疫情下缅甸青年正能量。公司面向全球开展线上中缅油气管道马德岛“云开放”活动，专门为活动拍摄制作的18分钟短视频，全方位展现中国石油中缅项目作为“一带一路”倡议的先行者和践行者，是互利共赢、绿色发展、合规运营的项目，是对当地发展具有促进作用的项目。

为提升活动影响力，提出了“中国石油，为缅甸加油”（CNPC，Power Up Your Energy）的口号，既符合中国石油的主营业务，也契合活动主题，通过要求参赛者在视频中喊出该口号，经过多次传播，最终成为整个活动的“记忆点”之一。

未来，中国石油以国家品牌发展战略为指引，继续完善品牌建设工作，打造绿色、国际、可持续的国际形象，为创建资源节约型、环境友好型企业，保障国家能源安全，促进经济发展全力赋能。

（二）中国石油化工集团有限公司品牌建设模式

1983年9月14日，中国石油化工集团有限公司（以下简称“中国石化”或“中石化”）成立。在40年的时间里，中国石油化工集团有限公司已经成长为中国最大的成品油和石化产品供应商、世界第一大炼油公司。品牌是影响力、竞争力、软实力的体现。中国石油化工集团有限公司取得如此优异的成绩与其重视品牌建设密切相关。多年来，中国石油化工集团有限公司一直非常重视品牌建设工作，牢牢抓住品牌建设的关键环节，把创新作为品牌建设的发动机，把质量作为品牌建设的生命线，把绿色低碳作为品牌建设的新焦点；不断丰富品牌的精神内涵，持续提高品牌传播精准度；把品牌塑造与

人民需求紧密结合起来，增强社会各界的认可认同，擦亮中国石油化工集团有限公司品牌形象，让品牌立得住、传得开、叫得响。中国石油化工集团有限公司加快打造世界级领先品牌，为打造世界领先企业厚植优势、夯实根基，让中国石油化工集团有限公司“党和人民好企业”“负责任国际化大公司”形象在世界各地传播，成为中国质量、中国能量、中国精神的响当当的名片。

1. 品牌建设现状

（1）品牌建设发展阶段

1）品牌建设阶段

中国石油化工集团有限公司的品牌建设可以追溯到 1984 年“朝阳”标识诞生之时，到 1998 年中国石油化工集团有限公司设计制作了第一本形象识别手册。

2）品牌战略管理阶段

2002 年，中国石油化工集团有限公司启动打造统一品牌战略，大力推行润滑油、化工等产品的品牌整合。步入新时期，中国石油化工集团有限公司陆续发布《中国石化品牌战略》《中国石化品牌战略行动计划 2018—2050》，逐步统一品牌标识形象。

2020 年，中国石油化工集团有限公司印发《关于加强中国石化品牌建设的指导意见》《公司品牌建设“十四五”规划》，首次发布全新的品牌理念。

将“以创新和责任专注于能源化工可持续发展，共享美好生活”作为品牌主张，将“为美好生活加油”作为品牌口号，明确提出将中国石油化工集团有限公司打造成为“软硬实力皆位居行业前列、世界领先的一流品牌”目标。中国石油化工集团有限公司的品牌建设正式进入品牌战略管理阶段。

在这一阶段，中国石油化工集团有限公司将工作重心放在“推进品牌创建工程、推进品牌资产管理、提升品牌价值”三大方面，全面加强品牌建设和管理。形成一体化品牌战略体系，确立以“单一母品牌为主 + 少量优质子品牌为辅”的品牌架构模式，形成母子品牌协调发展的品牌架构体系，促进集团品牌与业务品牌良性互动。

在打造世界一流领先品牌的目标引领下，中国石油化工集团有限公司聚焦加强品牌建设七大任务：夯实品牌建设基础、持续加强品牌宣传贯彻、积极探索品牌与业务的融合、精心打造高附加值业务品牌、推进品牌精准化传播、强化品牌资产管理、分步推进品牌国际化建设。

2021 年，中国石油化工集团有限公司发布全新品牌理念手册“能源至

净　生活至美”，从清洁能源的视角阐述中国石油化工集团有限公司品牌理念，加快推进化石能源洁净化、洁净能源规模化、生产过程低碳化、能源产品绿色化，让“洁净”为能源生产和大众生活保驾护航。

3）品牌业务引领阶段

2023年，恰逢中国石油化工集团有限公司成立40周年。站在40岁的历史节点上，中国石油化工集团有限公司印发《中国石化品牌引领行动实施方案》，从2023年起大力开展为期三年的品牌引领行动，力争到2025年，中国石油化工集团有限公司品牌建设深入推进，全员品牌意识明显增强，品牌理念获得广泛认同，品牌建设体系完善，品牌国际化运营模式健全，品牌与业务深度融合，品牌传播精准有效，品牌竞争优势明显提升，品牌价值持续增值，品牌建设水平稳居央企领先行列。

（2）中国石油化工集团有限公司品牌内涵

中国石油化工集团有限公司围绕“能源至净、生活至美”品牌承诺，打造品牌体系。目前，中国石油化工集团有限公司已打造推出页岩气勘探开发技术体系、百万吨乙烯技术等十大技术品牌，“长城”牌润滑油产品品牌，以及“易捷”“易派客”等优秀业务品牌。这些品牌获得社会的广泛认可。

中国石化图形标由朝阳图形、中文简称和英文简称（SINOPEC）三部分构成（见图6.22）。代表中国石油化工集团有限公司秉承可持续发展的理念，通过完备的一体化产业链和先进的技术，肩负起为美好生活加油的神圣使命。红色圆圈将中文与英文和谐地连接为一个整体，寓意中国石化是能源的提供者，是经济运行的血脉，正在朝着建设世界领先企业的愿景目标迈进。

图6.22　中国石油化工集团有限公司标识

资料来源：中国石油化工集团有限公司。

例如，中国石油化工集团有限公司打造“易捷”品牌建设“DCE”模型，塑造服务品牌，满足用户使用要求。所谓“DCE”模型，D为需求（Demand）的英文首字母，C为联系接触（Contact）的英文首字母，E为评价（Evaluation）的英文首字母。易捷“DCE”模型，即通过以客户需求（Demand）为核心提炼品牌理念、以客户触点（Contact）为依据梳理品牌架构、以客户评价（Evaluation）为准绳确定品牌建设思路，打通品牌管理体系，建设易捷卓越品牌。15 年来，易捷围绕客户需求，构建便利店、养车、快餐、咖啡等业务板块，打造易捷加油、易捷商城、易捷养车、易捷国际等线上平台，推出“一键到车”“一键到家”等智慧服务。通过提升产品、服务、平台、活动四个客户重要触点的体验，易捷确立“1+4+N”品牌架构，即易捷主品牌加“产品 + 服务 + 平台 + 活动”四类自有品牌矩阵，孵化卓玛泉、长白山天泉、鸥露、赖茅、三人炫、劲淳、海龙等产品品牌；培育易捷养车、易捷咖啡等服务品牌；搭建易捷加油、易捷商城、易捷国际等平台品牌；打造易享节、出行养车节等活动品牌，全力打造“人・车・生活”综合服务生态圈。根据零售业和服务业的行业特点，易捷进一步把“客户评价”细分为“可信度、辨识度、忠诚度、知名度、美誉度”五个维度，坚守易捷“万店无假货”承诺，建设自有品牌矩阵，打造一站式综合服务平台，通过“五位一体”品牌建设思路全力提升易捷品牌价值。如今，易捷“品质保证、方便快捷，让人・车・生活更美好”品牌主张已经深入人心，“易捷，一路便捷”的品牌口号已经响彻在大江南北、长城内外，成为一种极致服务的象征。

2. 品牌建设成果

党的十八大以来，中国石油化工集团有限公司作为我国石化工业和能源行业的“领头羊”和“排头兵”，一直强化品牌引领的作用，在深化品牌意识、加强品牌管理，打造卓越品质，加快创新驱动，加大品牌宣传，履行社会责任，培育特色文化等方面积累了丰富的经验，建立了丰厚的品牌成果。

（1）深化品牌管理意识，完善品牌管理机制

中国石油化工集团有限公司从全球能源产业发展和企业发展的高度，以前瞻性、全局性、战略性视角规划布局品牌建设。中国石油化工集团有限公司成立以公司主要领导为组长的品牌管理领导小组，总部挂牌成立品牌部，52 家所属企业设立企业品牌管理领导小组。持续推动建立“集团统筹谋划，事业部、专业公司协同推进，直属单位组织实施”的品牌运营机制。

中国石油化工集团有限公司强化全员参与品牌建设的重要性和必要性，从上到下全面推动品牌建设，从我做起，从点滴做起，从身边做起，共同塑造和维护中国石油化工集团有限公司良好的品牌形象，形成了企业品牌建设一盘棋的良好局面。公司还加强品牌保护，防止发生侵权行为损害公司的声誉和利益。

（2）培育人本、诚信、精细、共赢的企业文化

中国石油化工集团有限公司培育人本、诚信、精细、共赢的企业文化，带动品牌成长。人本：站在客户和大众的角度思考市场需求、品牌的核心价值以及对用户带来的改变；为员工提供良好的工作环境和发展空间，实现员工个人价值和企业价值双提升。诚信：诚信是企业立足的根本，稳定发展的保障。中国石油化工集团有限公司建立诚信文化，提供优质产品和服务，做到“每一滴油都是承诺”，以此赢得客户和大众的信任，树立良好的品牌形象。精细：追求技术精益求精、产品制造品质精良、管理精细化、精打细算，提质增效，增加产品竞争力，树立卓著品牌形象。共赢：秉承精诚合作、互惠互利的原则，开展国内、国际合作，尊重所在国（地区）的法律法规、文化习俗，实现合作各方的共赢，惠及企业周边民众。

（3）提供优质技术产品和服务，提升品牌影响力

技术创新驱动发展，为消费者提供优质的产品和服务体验，这是保持品牌竞争优势的关键因素之一。40 年来，中国石油化工集团有限公司基于提供优质技术产品，服务万千大众的出发点，塑造企业技术品牌、产品品牌和服务品牌。不断提升产品质量和创新服务水平，以满足消费者的多元化需求和提高市场占有率。企业成果包括：建立涵盖“制储运加用研”氢能全产业链条，成为全球建设和运营加氢站最多的企业；超高分子量聚乙烯纤维助力港珠澳大桥接头安装；自主研发生产的碳纤维成功应用于北京冬奥会火炬“飞扬”等方面。在这些成果中最为亮眼的是中国石油化工集团有限公司洁净能源“为冬奥加油”的事例，让中国石油化工集团有限公司的名号如同冬奥会赛场上的体育明星一样闪耀。自 2018 年成为冬奥会官方油气合作伙伴以来，中国石油化工集团有限公司开启了保障冬奥能源供应的系列行动：提前完成京 6B 清洁油品置换工作，油品提质不提价；推出“爱跑 98”新一代环保高标准汽油；供应东海牌环保沥青和节能型发动机油长城润滑油等产品，保障冬奥重点项目建设；在北京赛区，布局 30 座油品保供站、29 座 LNG 加气站；在河北赛区，布局 19 座油品保供站。除了点亮奥运主火炬，中国石油化工集团有限公司还全面供应了 4 座冬奥加氢站。通过冬奥期间的各种活动，中国石油化工集团有限公司的品牌已经被国内外更多人所熟悉和信赖。中国石油化工集团有限公司先进技术产品和服务品牌张力满满，影响力非凡。

（4）加快创新驱动，永葆品牌活力

中国石油化工集团有限公司在发展过程中不断求新求变，以市场需求为

导向，积极探索新的商业模式和营销策略，不断创新产品和服务形式，以提高客户满意度和市场占有率为目标而努力，提升企业品牌竞争力。在科技方面，中国石油化工集团有限公司注重基础研究和科技创新，集中精力在油气勘探开发、炼油化工、重大工程装备领域进行深耕细作、攻坚克难。在管理方面，中国石油化工集团有限公司整合集团资源塑造产业竞争新优势，成立我国首个碳全产业链科技公司，设立9家新能源、新材料、节能环保创新公司，打造专精尖研发转化平台，构建易派客工业品电商平台、“石化智云”工业互联网平台、“石化e贸”石化产品销售服务平台。在市场方面，近年来易捷在餐饮业务上不断创新，探索品牌加盟、场地租赁、合作联营等合作模式，打造“易捷咖啡”品牌，为消费者提供“堂食+外卖”餐饮服务。中国石油化工集团有限公司立足现状，面向全球，打造立得住、传得开、叫得响的卓著品牌。

（5）全方位进行品牌宣传，提升品牌影响力

近年来，中国石油化工集团有限公司倾力打造全媒体品牌传播矩阵，形成线上线下协同、自有媒体和公域媒体协同，推动品牌影响力相互促进、不断扩大。中国石油化工集团有限公司通过各种活动积极宣传公司业务、主张、特色、价值，树立全面、立体的品牌形象，让“能源至净　生活至美”品牌承诺变得生动、富有温情。例如，中国石油化工集团有限公司在中国品牌日、中国自主品牌博览会、北京冬奥会品牌宣传等主题活动上，全方位展示品牌发展成就和公司品牌价值主张。创新打造“健康快车”“环卫驿站”“司机之家”等公益品牌项目，以及“公众开放日”“中国石化在当地”等责任沟通活动，树立良好的品牌形象。

作为北京2022年冬奥会和冬残奥会官方油气合作伙伴，中国石油化工集团有限公司突出“洁净、创新、责任”等理念，呈现中国石油化工集团有限公司作为世界领先洁净能源化工公司，助力冬奥步履不停，在践行“能源至净　生活至美”的品牌承诺上不断突破探索。中国石油化工集团有限公司发布冬奥主题品牌广告片，画面火炬“飞扬”聚焦新型能源引领低碳净零，“氢燃料+碳纤维”让洁净能源助力绿色奥运；“人类、能源、自然”的和谐共融，让中国石油化工集团有限公司塑造更美好的未来绿色生活的初心和愿景广泛传播（见图6.23）。“加油冬奥　圆梦冰雪”中国石化点亮希望行动、“洁净加油团”行动、“易捷冰雪嘉年华PLUS”计划从多方面普及冬奥知识，推广冬奥文化，持续助力“三亿人参与冰雪运动”。

图 6.23 中国石油化工集团有限公司冬奥会宣传图

资料来源：中国石油化工集团有限公司。

（6）履行社会责任，回馈社会

1）聚力扶贫，共创幸福。截至 2020 年底，中国石油化工集团有限公司累计投入帮扶资金超 24 亿元，对口支援和定点扶贫的 8 个县全部实现脱贫摘帽。谋划制订“助力乡村振兴计划”，再启新程，创新实施“一县一链”特色帮扶，共同创享美好生活。中国石油化工集团有限公司已连续多年坚持开展“中国石化光明号”健康快车、“情暖驿站”“司机之家”“爱心驿站”等公益项目，向社会传达企业关爱社会、关注民生、乐于奉献的理念。截至 2021 年底，中国石油化工集团有限公司已在全国 31 个省份建成并运营 2178 座“司机之家”，并计划“十四五”期间建设 5000 座“司机之家”，搭建温暖的驻足休息场所，为人民群众共享美好生活不断加油助力。

2）造福“一带一路”，传递中国石油化工集团有限公司品牌声音。据介绍，中国石油化工集团有限公司本着合作共赢的原则开发国际项目，按照“人才国际化、用工本地化”原则优先雇用大量本地人，累计提供就业岗位超 75100 个，为当地解决就业、培养人才作出积极贡献。中国石油化工集团有限公司坚持以人为本，建立完善的人力资源管理体系，实现劳动合同覆盖率、社会保险覆盖率、体检覆盖率均为 100%，完善薪酬福利制度，确保员工合法权益得到充分保障。通过这种方式实现海外业务增长和本地人才发展共赢，不仅为当地经济发展作出突出贡献，也为本地员工提供了发展机会和成长空间。这也符合企业的社会责任观，只有尊重和关心员工，才能赢得当地民众的信任和支持，进而推动企业可持续发展。中国石油化工集团有限公司建立了完善的培训和晋升体系，采用“师带徒”形式培养人才，关注员工的职业生涯发展，为其制定发展规划，并通过评比和表彰形式鼓励员工努力工作，增强自豪感、荣誉感，实现自我价值的提升。

中国石油化工集团有限公司在尊重差异、开放包容的理念指引下，致力于打造中外文化交流平台，积极推动跨文化交流融合，共享各种传统节日活动的欢乐，共鉴中外文化精华和魅力，让不同文化背景的人们相互了解、相互尊重、相互包容，打破文化壁垒，增进彼此之间的友谊，为“一带一路”共建国家的民众找到情感共鸣，搭建起一座坚实的民心之桥，为构建和谐世界贡献一分力量。

在积极推动“一带一路”倡议，助力共建国家和地区经济发展的同时，中国石油化工集团有限公司关注民生发展，积极参与当地基础设施建设，大力支持医疗卫生事业发展和当地儿童教育提升，积极履行社会责任。鉴于中国石油化工集团有限公司为全球可持续发展所作出的贡献，公司很荣幸地获得了联合国全球契约组织授予的“实现可持续发展目标企业最佳实践”荣誉。这份荣誉不仅是对中国石油化工集团有限公司工作的肯定，更是对其未来发展的鞭策和激励。未来，中国石油化工集团有限公司将继续努力，为共建“一带一路”倡议注入更多的正能量，为全球经济发展作出更大的贡献。

（7）品牌价值大幅提升

近年来，中国石油化工集团有限公司把品牌建设工作放在首位，探索形成独具特色的品牌架构。“中国石化品牌架构管理实践”被国务院国资委评为中央企业品牌建设最佳实践，成为企业品牌建设的典范。

中国石油化工集团有限公司从更宽视野、更高站位谋划和推进品牌建设，推动品牌价值显著提升。

“中国品牌价值评价信息”的数据显示，“十三五”期间，中国石油化工集团有限公司取得了品牌价值从 2462.88 亿元提升到 3085.91 亿元，增长了约 25% 的优异成绩。这一增长使其在中国能源化工行业稳居第 1，在全国范围内排名第 3。此外，中国石油化工集团有限公司的品牌建设能力在中央企业中名列前茅。这一成就反映了公司在品牌建设方面的努力和成果，也体现了其在市场中的重要地位。

在 2021 年，中国石油化工集团有限公司品牌价值大幅提升，达到了 263.98 亿美元，在“2021 BRAND FINACE 全球品牌价值 500 强”榜单中位列全球第 58 位。不仅如此，中国石油化工集团有限公司在“2021 中国品牌价值信息评价”中更是名列前茅，全国排名第 3 位，行业排名第 1 位，品牌价值达到 3085.91 亿元。

随着旗下业务的拓展，品牌价值也得到了显著提升。其中，“易捷”品牌价值增长了 23 亿元，达到了 184 亿元；“长城润滑油”品牌价值也增长了 10 亿元，达到了 87 亿元；“易派客”品牌价值增长了 6 亿元，达到了 104 亿元；“东海牌沥青”品牌价值 14.63 亿元，“中国石化机械”品牌价值 5.8 亿元。中国石油化工集团有限公司品牌建设能力位居中央企业第 1 名。

易捷公司非常关注民生需求，以其独特的视角，瞄准了酒水、饮料和日化等与人们生活息息相关的领域，积极发展自有品牌，凭借着精准的市场定位和卓越的产品质量，易捷自有品牌在市场上取得了令人瞩目的成绩。在 2022 年，易捷的品牌价值已经达到 197.53 亿元，自有品牌的商品销售额更是达到了逾百亿元，这无疑是对易捷品牌价值的又一有力支撑。

2023 年，国务院国资委发布 2022 年度中央企业品牌建设对标情况，其中，中国石油化工集团有限公司以 133.76 分卓越的表现荣登榜首，连续三年在中央企业品牌建设能力评比中位列第 1。在浙江德清举办的 2023 中国品牌价值评价信息发布暨中国品牌建设高峰论坛上，中国石油化工集团有限公司更是首次荣获“品牌建设领跑者”称号，品牌价值高达 3586.21 亿元，增长了 310.5 亿元。自 2017 年起，该公司已连续七年位居能源化工行业第一。这不仅体现了其在能源行业内的领先地位，也证明了其在市场中的强大竞争力和持续发展能力。中国石油化工集团有限公司在全局性、明确的品牌战略引领下，品牌建设成绩显著，为世界一流企业建设提供了动力源泉。

总之，从多元产品到高端技术，从示范项目到优质服务，从传统产业到新兴领域，从民生保障到公益事业，中国石油化工集团有限公司全局谋划、全面推进，全力打造享誉全球的中国品牌，推动品牌价值提升。后续，中国石油化工集团有限公司将以习近平新时代中国特色社会主义思想为指导，全面贯彻党中央、国务院关于品牌发展的决策部署，紧扣高质量发展主题，中国石油化工集团有限公司致力于打造国际领先中国能源品牌，全局谋划、全面推进品牌建设，提升品牌价值。从传统能源到新型能源，从单一产品到多元产品，从技术跟随到技术颠覆，从普通项目到示范项目，从基础服务到优质服务，从民生保障到公益事业，无不展现出中国石油化工集团有限公司战略高瞻远瞩和卓越的实力。未来，中国石油化工集团有限公司将继续以创新为动力，以质量为核心，以服务为导向，深入推进品牌建设融入企业高质量发展全过程，持续塑造品牌竞争优势，让中国石油化工集团有限公司的品牌在世界领先品牌阵列中散发出光和热，为世界人民带来福祉。

（三）国家电网有限公司品牌建设模式

党的十九大明确提出，我国要加快培育具有全球竞争力的世界一流企业。打造一流品牌是培育世界一流企业的必然要求。中央企业是“国之重器”，也是我国能源供应的主力军，在品牌强国建设中责任重大。近年来，国家电网有限公司高度重视品牌工作，加强战略引领，不断提升品牌管理水平和价值，注重系统推进，不断完善品牌工作体系和子品牌创建路径，提升品牌价值，加快培育在全球产业发展中具有国际竞争力的一流品牌。

1. 品牌建设模式

（1）构建品牌架构

国家电网有限公司坚持理念创新、科技创新、管理创新、制度创新，打造基于“全员、全过程、全方位”的全面品牌管理体系，让每一位员工都了解品牌的重要性，并参与到品牌建设中来；从产品设计、生产、销售到售后服务，每一个环节都应得到充分的关注和实施；建立系统的规章制度，涵盖品牌传播、品牌保护、品牌评估等方面，以确保品牌始终保持高质量和高水准。国家电网有限公司充分发挥品牌引领作用，推动品牌与业务深度融合，基于业务生态体系搭建复合式品牌架构体系，塑造“国家电网”核心品牌，彰显国家电网有限公司以人民为中心，强化国家意识的本色和精神内涵；推进各类子品牌协调发展，形成“国家电网”品牌与子品牌良性互动，增强品牌合力，确保品牌价值持续提升。

（2）培育特色子品牌

国家电网有限公司注重系统推进和典型带动，指导推动基层开展各具特色的品牌创新实践，上下联动的品牌工作体系和子品牌创建路径不断完善。

公司积极推动“国家电网”品牌特性和地方文化特色高度融合，且能够加强地域公众情感共鸣和黏性的特色品牌，形成特色子品牌与“国家电网”母品牌同频共振、互补发展。

国家电网有限公司深度挖掘“国家电网”品牌内涵，结合地方特色文化打造子品牌，塑造更有温度、更贴近人民的爱心、暖心品牌，减少大众对“国家电网”品牌的距离感，增加地域公众情感共鸣和黏性，形成母子品牌同频共振，互相促进。

（3）完善品牌形象管理

国家电网有限公司的标志不是一蹴而就的，而是经历了多次改变，才最终成型。

2004年，国家电网有限公司开始进行品牌推广工作。最初的国家电网标志由一个平面的球形标志和“国家电网”STATE GRID中英文组成。

2006年，国家电网有限公司又组织人员对VI手册进行了第二次修改，对第一版VI手册存在的缺陷进行了修订和完善。

2009年，国家电网有限公司对VI手册进行了第三次修订，发布了国家电网有限公司品牌推广应用手册第三版。此版中将国家电网球形标志修改为立体标志，并广泛应用于国家电网有限公司及其各级下属单位的门楣、地标等场所。

2010年，国家电网有限公司营销部发布了《国家电网公司标准化供电营业建设手册（2010）》版，对供电营业厅办公家具、门楣、办公用品、装修等涉及国家电网标志的细节进行了明确阐述和规定，对各级供电营业厅的形象统一起到了促进作用。2011年，国家电网有限公司对外发布了《国家电网品牌口号组合标识推广应用手册》。手册中对2009第三版VI做了部分修改，增加了“你用电　我用心”的元素，国家电网便民伞、纸杯、不干胶贴、户外广告旗等一些制品都相应做了调整，使之更符合品牌传播的需要。

国家电网有限公司出台的《国家电网公司标识应用管理办法》规定，“国家电网”标识应用包括办公环境、办公事务、营业场所、生产场所、电力交易场所、电动汽车充换电站场所6类、50个应用项目。公司总（分）部标识应用包括4类、27个应用项目。省公司、直属单位本部标识应用包括4类、30个应用项目。

1）核心标志体现公司文化内涵

在中国传统文化认知中，圆形通常具有团圆、和谐、繁荣、完整、完美、循环、连续、持之以恒等美好的寓意和象征。国家电网有限公司品牌球形的标志是公司主要业务和文化理念的集中体现，也彰显了中国传统文化智慧，具有鲜明的特色。圆形图案是企业团结、力量的象征。又寓意在新的市场格局中，企业与客户互惠互利、共同发展的和谐关系。纵横相交的两组经纬代表国家电网有限公司“经营电网”的核心业务，也寓意能源安全、合理、及时地传输。绿色具有清洁、清新、希望、生机、永恒、成长、旺盛生命力、安全、平静、舒适、和谐、欢迎、友谊、好运、活泼等美好的寓意。当前是能源转型的关键时期，绿色是能源产业发展的主旋律。国家电网有限公司品牌标志的标准色为深绿色，彰显国家电网有限公司向社会提供绿色电力，提高资源利用效率，促进经济增长、保障用电安全的发展理念。标志外环是企业的名称（见图 6.24）。这种国际化的组合赋予标志极大的亲和力，视觉效果友好、真诚，突出了企业服务的性质，树立了良好的社会形象。标志集图案和名称于一体，使今后推广使用简洁迅速。

图 6.24　国家电网有限公司形象标志

资料来源：国家电网有限公司。

2）衍生标志优化服务内涵

“你用电 · 我用心 Your Power Our Care”（见图 6.25）是国家电网有限公司的传播口号，反映了国家电网有限公司为人民群众服务，为百姓生活提供贴心、周到的电力服务，确保电力稳定和可靠供应的经营理念，赢得了社会的广泛赞誉和认可。

图 6.25　国家电网有限公司衍生标志

资料来源：国家电网有限公司。

国家电网有限公司成为 2022 年冬残奥会的合作伙伴，为“双奥”提供更加可靠、安全、清洁、绿色的电力服务。国家电网有限公司将品牌标志增加了北京冬奥会会徽（见图 6.26）。

图 6.26　国家电网有限公司 2022 年冬奥会和残奥会品牌宣传资料

资料来源：国家电网有限公司。

3）国网浙江电力公司“红船服务”品牌标志独具特色

国网浙江电力公司发扬红船精神建立了“红船服务”，建立了整套红船服务品牌，形成了清晰辨识的品牌视觉识别系统，在员工工作服、电力服务队服务衣物、旗帜等物品上都印上标识，深化品牌印象。红船服务品牌成立之初，嘉兴公司就融合“红船精神”特征和电力服务内涵设计了品牌标识，标识以红色为主，简单醒目，突出“红色”精神，展示出服务的热忱及品牌影响力，极具视觉冲击力；大红色的线条抽象成一个船的形态，简单的船形态，荡漾的水波侧影，简洁生动，紧扣“红船”主题；书法写意般的笔触勾勒，富有水墨画的效果，极具中国特色；整体图案形似奖杯，喻示着服务队的高起点、高要求、高品质，体现极高的社会形象；图案又似灯芯，体现着电力局的行业服务特征；图案更似往前冲的人物形态，象征着服务队电力抢修时的高效，以及品牌推广的迅速和广阔的发展前景（见图 6.27）。

图 6.27　国网浙江电力公司“红船服务”标志

资料来源：国家电网有限公司。

2007 年至 2017 年，国网浙江电力以嘉兴公司为红船服务品牌创建试点，提出了 12345 红船服务品牌战略：唱响 1 个品牌，即红船服务品牌；实施 2

点联动，要与社区服务热线“96345”联动、与农村“光明驿站”联动；构建3大体系，构建抢修服务体系、构建营销服务体系、构建志愿者服务体系；开展4项活动，分别是走进农村打造“红船服务·光明驿站”、走进企业建设“红船服务·园区驿站”、走进社区建设“红船服务·社区驿站”、走进爱心领域构建“红船服务·爱心驿站”；实现5个统一，即组织机构统一、标识旗号统一、服务范围统一、服装服饰统一、服务语言及行动口号统一。此战略为嘉兴公司纵深探索推进红船服务品牌建设指明了发展方向和路径。

4）国网江苏电力公司“电力橙”品牌标志

国网江苏电力为打造公司良好形象，推出“电力橙”品牌（见图6.28）。“电力橙”是中华橙，有着深厚的传统文化底蕴和鲜明的红色基因，充分体现“中国特色”，彰显国家电网有限公司“人民电业为人民”的宗旨；“电力橙”也是国际橙ORANGE，包含Outgoing（开放友好）、Revolution（变革）、

图6.28 国网江苏电力公司“电力橙”标志

资料来源：国家电网有限公司。

Assist（服务）、Newtimes（新时代）、Green（绿色）、Energy（能源），寓意国家电网有限公司以开放友好合作共赢的理念，引领构建人本服务、绿色低碳的能源体系；“电力橙”还是智汇橙，橙子内核的网状结构与电网物理形态相似，象征能源互联网与社会互联共享、服务高质量发展的功能定位。

国网江苏电力聚焦品牌化管理水平提升和专业化运作能力建设，编制发布《“电力橙”品牌手册》，建立健全“电力橙”在品牌理念、形象识别、应用场景、资产保护以及保障机制等方面的管理准则和运营流程，进一步完善“电力橙”品牌体系建设，确保品牌资产保值增值。为创造外部影响，开展“电力橙”品牌创新实践，国网江苏电力策划开展“真‘橙’沟通、‘橙’就客户、‘橙’现美好、传‘橙’美德”四类品牌创新实践，与社会各界真诚沟通、友好互动，输出企业价值，塑造鲜明形象。国网江苏电力持续推动“电力橙”品牌与业务运营深度融合，不断扩大品牌覆盖范围，全方位拓展应用场景，建设“橙事汇客厅”品牌体验空间，培育了“苏电传媒”“优能”“易碳”“极客空间”等“橙”系列族群品牌，赋能电网业务运营与推广，实现品牌与业务相融共进、协同发展，积极发挥对“国家电网”母品牌的增值、提质、优化、美誉的反哺作用。

5）制定专项规划

国家电网有限公司深入挖掘“人民电业为人民”的品牌文化内涵，制定品牌建设专项规划，通过各种渠道和方式，推广“你用电·我用心”的品牌口号，将品牌理念传递给更多的潜在客户和合作伙伴，提升品牌形象和影响力。

6）创新品牌故事创作体系，加强品牌推广

基于利益相关方不同群体需求打造品牌传播体系，精心策划品牌故事，利用融媒体技术，如社交媒体、数字广告、内容营销平台广泛传播品牌故事，创造引人入胜、感动人心的品牌体验，使公众在情感上与品牌产生共鸣；同时，还应通过各种活动、社区参与和线上讨论等多领域、多层面的互动，建立品牌与公众的联系，增进对品牌的认同感。

国家电网有限公司探索形成以项目化运作、一体化管理、精品化集成、精准化投放、平台化运维的“五化”品牌故事管理模式，进一步优化传播渠道，集中优势资源，科学开展品牌故事创作与管理。对内，增强公司战略共识，全面提升员工品牌文化认同感、自豪感，促进品牌与管理的全面融合，形成各项工作创先争优、竞相发展的态势。对外，促进受众更好地认识国网、记住国网，有效传递了国家电网有限公司“为美好生活充电，为美丽中国赋能”的使命。申报作品连续 4 年入选国资委国有企业优秀品牌故事，在历年全国性的品牌故事比赛中荣获各类大奖 31 项，连续 2 年被授予“全国品牌故事大赛最佳组织奖”，生动传递了国网品牌理念与价值。

7）强化品牌体验管理

聚焦“硬实力、软实力”主线，通过“理念层、实践层、接触层”品牌体验路径，构建“全员参与、全程管控、全息呈现、全效体验”的品牌体验管理模式。自 2018 年起，连续开展 5・10 中国品牌日影响力活动，打造了“梦想电巴士”“零碳对话”等亲切自然、平等交互的沟通载体，深化了公众对国家电网品牌的情感认同和价值认同。创新品牌体验方式，立体传递品牌活力。国网天津电力与时俱进，建设运营天津电力博物馆和综合能源服务中心，充分利用新兴科技手段，基于精准感知的配电物联网、5G 创新应用、智慧能源工厂等极具互动性的能源互联网建设成果，以广大受众的体验为导向，制定差异化、互动化的品牌体验方案，厚培品牌活力与感染力，使品牌形象更加立体丰富，赢得了受众的高度评价。

8）探索品牌资产管理模式

推进品牌实验室建设，规范品牌资产创建和应用开展常态化管理，基于融媒体平台，研究品牌资产评价模型，探索实施品牌资产动态监测，加强品牌保护，建立高效运转的品牌授权管理机制，确保品牌资产保值增值。

9）塑造全球形象

积极融入国家形象塑造，立足全球视野传递价值贡献，加强国际品牌传播，注重跨文化融合，不断树立中国企业良好形象。积极运用冬奥会平台，聚焦重要节点，讲好冬奥故事，塑造与世界一流赛事官方合作伙伴相匹配的可靠可信赖国网冬奥品牌。

2. 品牌建设效果

（1）打造“国蛟一号”海洋输电技术品牌，为建设更加美好的世界贡献中国海洋输电智慧和系统解决方案

“国蛟一号”施工的舟山 500 千伏联网工程创造了 14 项世界纪录，代表了我国海洋输电最高技术水平，不断突破复杂海洋环境下电力传输“卡脖子”问题，创新成果填补了多项国内技术空白，打破海洋输电的关键瓶颈；拥有国内唯一专业从事海洋输电工程的技术实验室、国内首艘海缆水下探测船，535 千伏直流电缆推动关键装备迈向产业高端。“国蛟一号”（见图

6.29）荣获“国家优质工程金奖”，中国专利奖优秀奖、浙江省科技进步奖，公司科技进步奖等25项省部级及以上荣誉；荣获绿能星·尖端技术产品特等奖。

图6.29　“国蛟一号”

资料来源：国家电网有限公司。

（2）树立了“精致电网”品牌，提升了公司美誉度

威海“精致电网”建设全面贯彻落实国家电网有限公司“建设具有中国特色国际领先的能源互联网企业”战略要求，以“网城融合型地市级示范能源互联网”为定位，系统探索新型电力系统构建，通过实施电网“形态、技术、功能、价值”精致升级，建设“坚强电网、智慧电网、绿色电网、融合电网”，全面供好“安全电”“智慧电”“绿色电”“美丽电”（见图6.30）。

推动电网价值精致升级，塑造共享共赢生态。积极服务威海生态、生产、生活“三生共融”的美丽城市建设。聚焦客户“用上电、用好电、不停电”，创新实施“房产+用电”联合过户、企业“注册即来电”等多项服务举措，电力营商环境发展指数保持全省第1。开展电力设施环境融合专项行动，完成全市主干道及重要景区周边近303台设备等美化治理。因地制宜在商业街区、住宅区，打造“环境融合样板”“花园变电站”等特色项目，并获评山东省二星级绿色建筑标识项目。（见图6.31）

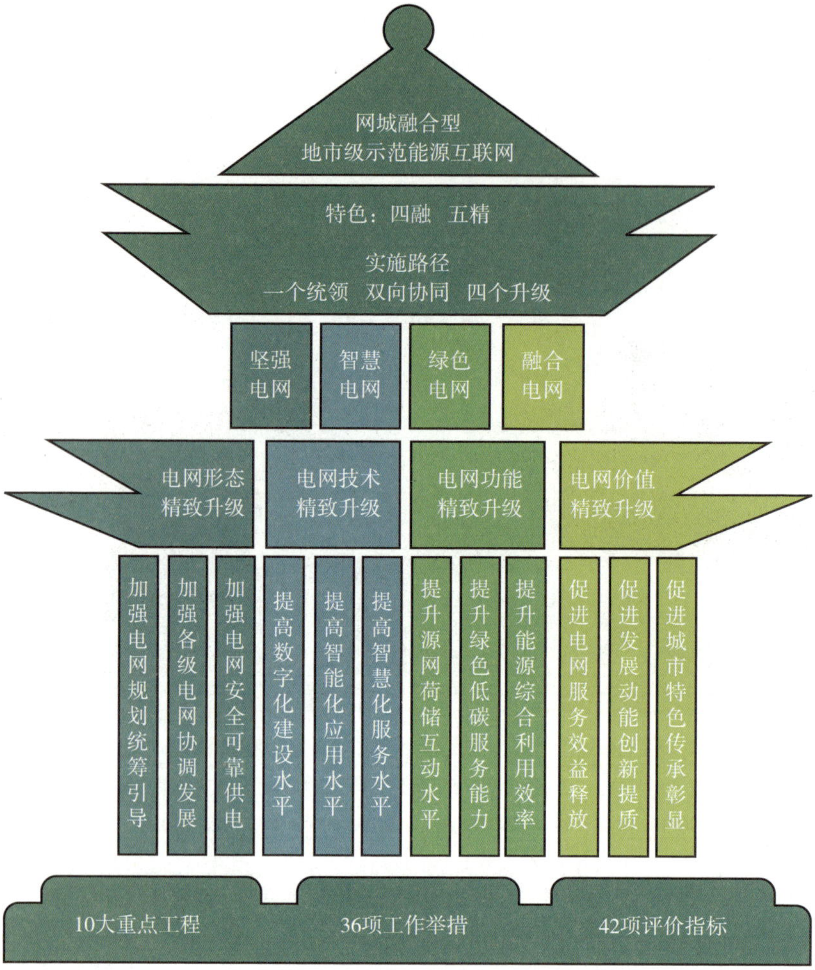

图 6.30 国网“精致电网”架构体系

资料来源：国家电网有限公司。

“精致电网”相关成果获中国工程院刘吉臻、中国科学院陈维江、中国工程院王成山、中国工程院程时杰等 4 位院士的高度评价，先后获评中国电力企业联合会电力科技创新、山东省管理创新奖一等奖、中国智慧城市特等奖，入选国家电网有限公司管理提升示范基地，中央电视台、新华社等省部级以上媒体 60 余次报道相关做法。

（3）品牌建设推动公司服务水平和营商环境优化

国家电网有限公司近 20 多年来持续创造全球特大型电网最长安全纪录，建成多项特高压输电工程，成为世界上输电能力最强、新能源并网规模最大

图 6.31　220 千伏福河绿色建造示范变电站

资料来源：国家电网有限公司。

的电网。国家电网有限公司不断追求卓越、积极履行社会责任，提供优质服务，优化营商环境，赢得社会各界更多的信任和支持。

（4）获得多个奖项

国家电网有限公司积极开展扶贫帮困项目，其中定点帮扶青海玛多县和湖北“三县一区”，累计实施对外捐赠 11.3 亿元，3 次荣获“中华慈善奖”。荣获 2017 年中国“社会责任杰出企业奖”“中国工业企业履行社会责任五星级企业”称号，获“2017 中国企业最佳实践”称号，连续四年荣获“金蜜蜂社会责任长青奖”，国家电网有限公司阳光扶贫行动获得推动中国能源产业扶贫特别贡献奖。

此外，浙江瑞安供电公司基于能源大数据动态感知的产业链产能预警平台方案，将产业链“数据孤岛”连成“信息大陆”。2021 年 12 月，产品获评浙江省优秀省级重大应用；2022 年 7 月，产品获评浙江省企业管理现代化创新成果一等奖；2022 年 12 月，产品获第十七届“振兴杯”全国青年职业技能大赛管理创新类银奖。国网长兴县供电公司浙江湖州长兴岸电推广联盟率先打造“全电物流”港口绿色运输方式，彰显生态之美。项目获 2022“金钥匙·国家电网主题赛”金奖、国网浙江电力 2023 年度技术发明奖二等奖，相关成果已在全国推广应用。这些荣誉的获得，充分显示了社会各界对能源企业的认可。

（5）品牌价值提升

近年来，国家电网有限公司认真贯彻中央关于企业品牌建设的重要指示精神，落实国资委有关工作部署，围绕“具有中国特色国际领先的能源互联网企业”战略目标，聚焦“品牌价值领先”，以品牌为载体凝聚内外发展共识，走出一条具有中国特色的品牌创新发展之路，连续多年在国际知名品牌榜单中名列前茅。世界品牌实验室（World Brand Lab）发布的 2021 年《中国 500 最具价值品牌》中，国家电网品牌以 5576.95 亿元的品牌价值蝉联本年度最具价值品牌榜首，品牌价值较上年增长 540.08 亿元，连续 15 年攀升。到 2023 年，国家电网有限公司连续 8 年位列中国 500 最具价值品牌榜首。公司连续 6 年位居全球公用事业品牌第 1 位，连续 11 年获三大国际评级机构国家主权级信用评级，用心用情优服务，让品牌更有温度，推动我国“获得电力”排名大幅跃升至第 12 位。

未来，国家电网有限公司将始终胸怀“国之大者”，发挥大国重器“顶梁柱”作用，以产品卓越夯品牌之基，以创新领先塑品牌之源，以治理现代铸品牌之魂，以责任典范聚品牌之力，以特色文化固品牌之本，建设具有中国特色国际领先的能源互联网企业，为中国式现代化赋动能作贡献！

（四）国家能源投资集团有限责任公司品牌建设“RISE 模式”

国家能源投资集团有限责任公司是近年重组成立的中央骨干能源企业，拥有“煤电化路港航”全产业链业务，煤炭生产、火力发电、风力发电、煤制油煤化工规模全球第 1。集团公司高度重视品牌建设，把创建卓著品牌融入“一个目标、三型五化、七个一流”发展战略，明确能源基石、转型主力、经济标兵、创新先锋、改革中坚、党建示范“六个担当”的责任使命，科学构建“一主多元”的复合型品牌架构，实施“RISE”品牌战略。

2022 年 2 月 25 日，国家能源投资集团有限责任公司在京举办以“创享共富美好生活”为主题的品牌战略发布会。时任国务院国资委党委委员、秘书长彭华岗，中国品牌建设促进会专家委员会副主任葛志荣出席发布会并讲话。时任国家能源投资集团有限责任公司党组书记、董事长王祥喜宣布 RISE 品牌战略发布，党组副书记、总经理刘国跃主持发布会，董事、党组副书记王敏对 RISE 品牌战略作重点说明。“RISE”品牌战略模型如图 6.32 所示。

图 6.32 “RISE”品牌战略模型

资料来源：国家能源投资集团有限责任公司。

国家能源投资集团有限责任公司标识由字母 C、E 组合而成，C、E 是集团公司英文简称 CHN ENERGY 的首写字母，表示国家能源投资集团有限责任公司（见图 6.33）。标识的总体含义是：国家能源投资集团有限责任公司认真贯彻党的十九大精神，积极响应习近平总书记社会主义是干出来的伟大号召，秉承奉献清洁能源、建设美丽中国光荣使命，建设具有全球竞争力的世界一流能源集团。图案主色调为红色，内含金黄渐变色，是国旗和党徽的主体色，表示国家能源投资集团有限责任公司高举习近平新时代中国特色社会主义思想伟大旗帜，坚持党的领导、加强党的建设，坚持央企姓党、传承红色基因，高举旗帜、勇担使命。黑色文字与红色图形融为一体，寓意以煤为基础，聚焦煤炭、发电主业，相关产业协同发展。C、E 紧密组合为一体，由四个粗犷线条组成，吸纳了原“国电”和原“神华”标识元素，寓意手拉手、心连心、紧密融合、浑然一体，彰显联合、整合、融合、合作、合力、合心。主线条指向右上方，体现昂扬向上的生机活力，又具动感和美感。CE 组合标识简洁明快，造型硬朗，庄重大气，象征国家能源投资集团有限责任公司勇担维护国家能源安全的稳定器和压舱石的重任。标识造型工业感强，彰显国家能源投资集团有限责任公司产业特征。

图 6.33 国家能源投资集团有限责任公司 logo

资料来源：国家能源投资集团有限责任公司。

“RISE”品牌战略模型，外形、颜色、寓意与国家能源投资集团有限责任公司 logo 一脉相承，以“旭日东升”为创意，代表了集团品牌与企业文化一体两面，相辅相成，寓意源源不断、可持续发展的能源，体现了集团品牌的行业属性和发展形象。

1. “RISE”的内涵

“RISE”的本义是崛起、增强、提升，在此，“RISE”分别代表以下含义：

R–Revolutionary 的缩写，改革创新的含义。

R 所代表的改革创新的含义解释了“从何而来”：国家能源投资集团有限责任公司从改革创新而来，集团源于重组、承担能源革命的责任使命，改革创新是集团的基因。

I–Integrative 的缩写，一体化的含义。

I 所代表的一体化的含义解释了“因何而强”：国家能源投资集团有限责任公司因一体化而强，形成集团独特竞争力和竞争优势。

S–Sustainable 的缩写，可持续的含义。

S 所代表的可持续的含义解释了“奔何而去”：未来，将朝着可持续发展的目标奔赴，以煤炭、火电、新能源、化工为主业的能源企业，在国家能源安全战略和“双碳”目标下，努力实现绿色、可持续发展。

E–Equal 的缩写，平等共享的含义。

E 所代表的平等共享的含义解释了“靠何而立”。品牌靠平等共享而立，这是品牌建设的价值追求，也是社会各界的关切所在。

国家能源集团企管法律部（改革办）副主任李永生阐述了国家能源投资集团有限责任公司“RISE”品牌战略的联想：“RISE”的本意，“RISE”品牌战略所呈现的崛起、提升、阳光灿烂是“面子”，“RISE”四个字母代表的改革创新、一体化、可持续、平等共享是提纲挈领的“领子”，树立“RISE”品牌理念、强化“RISE”品牌意识、实施五项“RISE”品牌工程、打造国家能源投资集团有限责任公司世界一流品牌是“里子”，国家能源企业这个品牌

“从何而来”“因何而强”“奔何而去”“靠何而立”的品牌理论逻辑的根“底子”，加上扛在肩上的创建世界一流企业、世界一流品牌卓著的责任使命“担子”，实现“面子”“领子”“里子”“底子”“担子”五子联动，更好地服务国家战略。

2. “RISE”品牌架构

基于国家能源投资集团有限责任公司“战略＋运营”为主的管控模式和统一的企业文化核心价值理念体系，国家能源投资集团有限责任公司采用统一品牌为主的复合型品牌架构，包括集团品牌、产业品牌、公司品牌、产品服务品牌、要素品牌五级，各类品牌同频共振、协同联动，形成合力。基于八大产业板块，国家能源投资集团有限责任公司构建产业品牌，包括国能煤炭、国能电力、国能化工、国能运输等。

3. “RISE”五项提升工程

国家能源投资集团有限责任公司以“RISE”品牌战略为指引，大力推进理念立品、管理树品、融合铸品、传播响品、保障促品五大工程，品牌建设深度融入企业经营发展，品牌知名度和美誉度不断提升。

（1）理念立品工程

国家能源投资集团有限责任公司的品牌愿景是“创享共富美好生活”，品牌定位为“全球可持续能源典范”，品牌口号为“国家能源——不断前进的动力”，品牌主张为“RISE 无止境”，品牌个性为“负责任，善创新，讲诚信，勇争先”，品牌特质为树立“绿色发展、追求卓越”的企业核心价值观，秉承“实干、奉献、创新、争先”的企业精神。正如国家能源投资集团有限责任公司原董事长王祥喜在“RISE”品牌战略发布会致辞中指出，国家能源投资集团有限责任公司认真贯彻落实习近平总书记关于品牌建设的重要指示批示精神和视察国家能源投资集团有限责任公司的重要讲话要求，将“品牌一流”作为企业发展战略的重要内容，坚持以创新为魂、质量为本、诚信为根，打造具有全球影响力的亮丽名片，创新提出了“RISE”品牌战略，明确“为社会赋能，为经济助力”的企业宗旨、“能源供应压舱石，能源革命排头兵”的企业使命，“实干、奉献、创新、争先”的企业精神，“绿色发展，追求卓越”的核心价值观，“可持续能源典范”的品牌定位和“建成世界一流品牌”的目标。“RISE”品牌战略不仅是一个商业战略，更是一种社会责任、使命和价值追求。国家能源投资集团有限责任公司将以此次发布会为新起点，基于“RISE”品牌战略推动公司品牌建设，引领整个集团发展，促进质量提升、能源转型、科技创新，打造世界一流能源品牌，不断提升品牌实力和影响力。

（2）管理树品工程

当今这个充满挑战与机遇的时代，呼唤着、孕育着更多更优更强的中国品牌。国资央企在品牌强国建设中责任重大、任务艰巨，要比以往任何时候都更有方向、更有底气、更有力量；要立足新发展阶段，贯彻新发展理念，构建新发展格局，加快转型升级、提质增效，努力推动更多品牌产品、品牌服务走向世界、享誉世界。

国资央企肩负着建设品牌强国的重任，应坚定信念，明确目标，勇往直前，贯彻落实国家提出的新发展理念，加快能源绿色转型，推动更多具有竞争力的品牌产品、品牌服务走向世界，彰显中国制造、中国创造、中国建造的巨大能量和熠熠光彩。国家能源投资集团有限责任公司加快实施五项“RISE”品牌工程，制定规章制度，细化分解任务，落实目标责任，加强监督管控，推动品牌战略项目化、工程化、规范化，实现集团品牌形象、品牌管理、品牌价值快速、持续提升，早日建成有央企担当、有家国情怀、有国际影响的世界一流品牌，引领带动世界一流示范企业建设，更好发挥出骨干能源央企示范引领作用。

（3）融合铸品工程

国家能源投资集团有限责任公司积极推进机构重组整合、党建文化与生产融合、数字化与管理融合、能源产业融合、企业合作、品牌建设与社会责任融合，打造融合铸品工程，提高品牌影响力。

1）机构融合。国企改革三年行动以来，国家能源投资集团有限责任公司坚持以习近平新时代中国特色社会主义思想为指导，坚决落实党中央、国务院重大决策部署，按照“可衡量、可考核、可检验、要办事”的要求，推动改革三年行动不断走深走实，扎实推动内部机构整合融合，实现总部部门精简近一半，分批推进火电业务整合和同质化公司业务整合，实现“1+1 ≥ 2”的效应，以良好的改革成效推动企业高质量发展，加快建设具有全球竞争力的世界一流能源集团。

2）全面推进党建工作与生产经营深度融合。国家能源投资集团有限责任公司致力于打造坚强有力的党组织，富有担当、敢于作为的党建文化，积极构建“大党建”工作格局，发挥党组织在工作中凝聚人心、团结一致、攻坚克难、乐于奉献方面的领导作用。国家能源投资集团有限责任公司将党建工作全面覆盖到每一个角落，并以此为基石，开展定期的党建考核工作，把提高企业效益、增强企业竞争力、实现国有资产保值增值作为党组织工作的出发点和落脚点，引领企业高质量发展。

3）数字化与管理融合。国家能源投资集团有限责任公司积极制定实施数字化转型战略和专项行动计划，通过构建“一网三平台”（即工业互联网、智慧管理平台、智慧运营平台和生态协作平台），推进企业从内到外的全方位全级次转型变革。推进智慧运营，建成在央企具有代表性的一流生产运营协同调度指挥系统和应急指挥平台，实施多产业联合调度指挥模式，加速企业数字化转型。

4）能源产业融合。国家能源投资集团有限责任公司勇做能源革命排头兵，大力推动绿色低碳发展，建成了涵盖清洁高效煤电、气电、风能、太阳能、氢能等在内的能源产业体系，持续提升清洁能源占比，构建清洁低碳、多能协同、安全高效的能源体系。加快布局氢能、煤基新材料等战略性新兴产业，牵头成立中国氢能联盟，带头建设氢能“生态圈”。

5）企业合作。2022 年 11 月 6 日，在第五届中国国际进口博览会期间，国家能源投资集团有限责任公司与蒂森克虏伯股份有限公司签署了合作谅解备忘录。国家能源投资集团有限责任公司全资子公司国华能源投资有限公司与蒂森克虏伯新纪元氯工程技术（上海）有限公司、伊藤忠（中国）集团有限公司签署了合作谅解备忘录。

6）品牌建设与社会责任融合。国家能源投资集团有限责任公司积极承担社会责任，投入 26.7 亿元帮扶 9 个县脱贫摘帽，接续助力乡村振兴。实施 RISE 品牌战略，发布“国家能源 · 责任动力社会责任指标体系”，打造能源保供、绿色发展、科技创新、社会责任四个领军形象。

（4）传播响品工程

国家能源投资集团有限责任公司创新提出“RISE”品牌战略，实施“RISE”品牌行动，发布“CE · CE（国家能源 · 责任动力）社会责任体系”，以品牌建设的新成效，引领带动世界一流企业建设，树立“全球可持续能源典范”形象。国家能源投资集团有限责任公司深耕国际化经营，成功打造南非德阿风电、印尼爪哇煤电、希腊等优质国际能源合作案例，提升了企业品牌形象。国华能源投资有限公司作为国家能源投资集团有限责任公司旗下新能源领域的排头兵，深入贯彻落实“一带一路”倡议，制定了“立足希腊、拓展欧洲、参控并举、风光同步、循序渐进”的发展战略，通过加强与共建国家的经济合作，扎根当地新能源建设，彰显推动能源安全新战略向纵深发展的使命担当，传播国家能源投资集团有限责任公司“可持续、平等共享”

的“RISE”品牌理念、引领企业在希腊及周边环地中海区域积极推进可再生能源业务。站在中希两国友好继往开来的新起点上，国华投资公司本着“平等共享”的品牌理念和“促文化交融、让民心相通”的宗旨与初衷，以企业自发行为、自主之力，举办多场跨文化融合活动，为中希两国友好交往注入新动能（见图 6.34）。在企业开放日活动中，中国驻希腊大使、风电场所在省省长、消防总局将军等与风电场所在地的应急救灾队成员、小学师生同聚风电现场，进行友好互动交流，消防总局向欧洲新能源公司表达了日后加强交流的美好愿景。

中希青年多维对话活动，被纳入庆祝中希建交 50 周年系列活动之一。希腊外交部秘书长、希腊驻华大使、中国驻希腊大使、中国外文局副局长、国家能源投资集团有限责任公司副总经理等亲临现场并致辞。在中希青年多维对话中，来自国家能源投资集团有限责任公司和中国海洋石油集团有限公司的青年代表分享了目前全球绿色能源的发展与实践应用，以及中国能源企业的转型升级成果。同时正式发布《中希青年可持续发展倡议》，该倡议提出，两国青年将携手同行，助力推进联合国 2030 年可持续发展议程，为建设更加美好的地球贡献青春力量。

图 6.34　国家能源投资集团有限责任公司希腊跨文化交流活动

资料来源：国家能源投资集团有限责任公司。

为充分提升跨文化活动对“RISE”品牌美誉度的助力，国华投资公司聚焦所在国、国际地区、中国国内三个舆论场，打出宣传报道系列“组合拳”，为品牌美誉增光添彩。在希腊，国家通讯社雅通社、主流权威大报《每日报》、最大私营电视台 Open TV 以及雅典知名报纸 ΑΜΑΡΥΣΙΑ 等主流媒体，均对活动作出积极正面的宣传报道。尤其是《中希时讯》“中希建交 50 周年”专刊直呈希腊总理办公室。在国际其他地区，活动稿件以英语、西语、法语等 11 种语言进行广泛传播，共计发稿超 2000 篇，覆盖全球超 52 个国家地区，触达受众超 5 亿人。在希腊跨文化融合工作开局起步即摘得多项荣誉，“RISE”品牌新增一抹亮色：《“全球青年多维对话”之“青春梦想　共同成长”中国—希腊专场活动举办》获第九届国企好新闻国际传播作品三等奖；《风电场的希腊“票友”》获“一带一路”百国印记短视频大赛“优秀视频达人”奖项；《携手“Z 世代”共筑“文化桥”》案例入选 2022 中国企业国际形象建设十大案例（跨文化融合类）。跨文化融合工作的成功推进，得益于国家能源投资集团有限责任公司夯实根基，构建高效贯通、执行有力的组织体系。

（5）保障促品工程

在中国式现代化的浪潮中，国家能源投资集团有限责任公司始终牢记“国之大者”，勇担时代使命，奋力担当“能源基石、转型主力、经济标兵、创新先锋、改革中坚、党建示范”，深入实施“四保一大”发展路径，以煤炭保能源安全，以煤电保电力稳定，以多元快速保可再生能源规模化发展，以一体化、数字化保公司综合实力提升。

1）“四保”策略：在全力保障能源安全的基础上，国家能源投资集团有限责任公司深入贯彻落实“双碳”目标，举全集团之力加强绿色转型发展，因地制宜、因资源制宜，基地式、场站式、分布式开发相结合，多元化、快速化、规模化、效益化、科学化发展可再生能源，建成了涵盖清洁高效煤电、气电、风能、太阳能、生物质能、潮汐能、地热能、氢能在内的能源产业体系和能源数字化体系。国家能源投资集团有限责任公司勇做能源供应压舱石、能源革命排头兵，不断加大投入，积极投身于重大项目建设，秉持创新、协调、绿色、开放、共享的新发展理念，优化能源结构，提高能源利用效率，努力打造世界一流企业，实现绿色低碳的发展目标。

2）“一大”策略：大力实施干部人才工程，锻造高素质专业化干部人才队伍，建强“优秀专家、大国工匠、青年人才”三支队伍，将管理类单通道晋升拓展为管理、专业、技能三通道并行，形成“自上而下、五层四级”的全员绩效考核体系，自主培养中国工程院院士 3 名；30 多万人次投入“国家能源杯”绿色发展劳动竞赛和智能建设技能大赛；大渡河大岗山水电站值长徐博海地震瞬间逆行坚守，获评 2022 年“央企楷模”。

4. 品牌价值提升

2023 年以来，国家能源投资集团有限责任公司加快实施理念立品、管理树品、融合铸品、传播响品、保障促品“五大工程”，积极组织旗下相关业务板块代表企业共同申报各类评价和评比。“2023 中国品牌价值评价信息”榜单中，国家能源投资集团有限责任公司中国神华、国电电力、国华投资、煤炭经营分公司、长源电力、龙源环保，交通运输领域朔黄铁路、包神铁路，产品品牌领域物资公司、财务公司、国际工程均创佳绩，上榜品牌数量比 2022 年增加 6 家。2022 年世界 500 强排名第 85 位，提高了中国企业品牌形象。

国家能源投资集团有限责任公司，保持敏锐的洞察力，聚焦市场需求，以国家战略需求为引领，坚定科技、人才和创新的力量，积极推进党建引领、科技创新、数字化转型战略，全面实施“RISE”品牌战略和“CE · CE 责任管理体系”，致力于推动“ESG 体系”建设，分层分类全面对标提升，努力打造产品卓越、品牌卓越、创新领先、治理现代的世界一流企业，以实际行动引领能源产业现代化进程。未来，国家能源投资集团有限责任公司将继续推动品牌建设工作，推动企业高质量发展，为我国经济发展提供新动能，书写“双碳”时代的华彩乐章。

（五）中国广核集团有限公司品牌建设“NICER 模式”

核能是安全、稳定、高效的清洁能源，是我国优化能源结构、保障能源安全和实现“双碳”目标的重要选择。中国广核集团有限公司（简称“中广核”）坚守央企“姓党为民”政治本色，全面贯彻新发展理念，逐步走出一条“使命引领、透明驱动”的担当履责之路，建立了独具特色的企业管理模式——“NICER 模式”（见图 6.35）。

1.“NICER 模式”内涵

中国广核集团有限公司以“NICER 模式”为指引，积极推动社会责任管理融入企业发展，为公司进一步打造优秀履责典范提供了行动指南，为加快创建世界一流企业指明了方向。

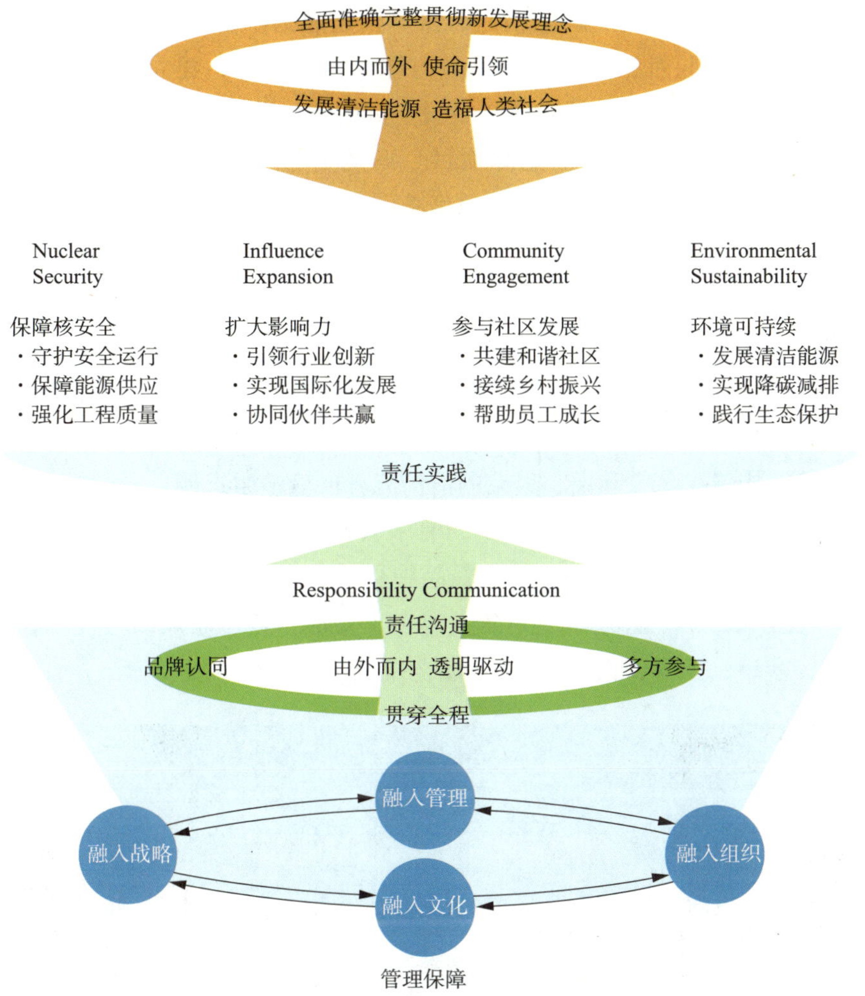

图 6.35　中国广核集团有限公司“NICER”社会责任管理模式示意图

资料来源：中国广核集团有限公司。

“N”是指保障核安全。践行“严慎细实”，确保核安全万无一失。始终以“行为零违规、质量零缺陷”为目标，着力提升工程建设全产业链的质量意识和安全意识。从“增量”“增发”“增质”三方面落实能源供应，为经济社会发展和民生需求提供清洁能源保障。

“I”是指扩大影响力。全面引领行业创新，在关键核心技术自主化方面下狠功夫，逐步形成两大中心、9 个国家级研发平台、多个省部级和集团级研发中心，持续打造优化“华龙一号”“和睦系统”等“国之重器”，全面提升核心竞争力。坚持布局“一带一路”沿线，推动核能、核燃料、新能源、非动力核技术、数字化等产业“出海”，推动构建能源命运共同体。

“C”是指参与社区发展。一是参与和谐社区共建，建立利益共享机制，带动就业，增加税收。二是落实乡村振兴举措，因地制宜打造帮扶地区特色发展模式，量身定制清洁能源项目。三是坚持人才先行，打造“白鹭计划”“红鹭计划”“鹭越重洋”等专项培养模式。

“E”是指环境可持续。一是大力发展清洁能源，推进多元化产业布局，积极有序发展核能项目。二是瞄准“三侧”降碳减排，在供给侧，高质量发展核电，加快发展新能源，从源头减少碳排放；在生产侧，研发节能技术、加强节能管理、倡导绿色办公，降低运营碳排放；在消费侧，通过开展绿电交易、绿证交易、碳交易等业务，促进能源消费结构调整。三是合力守护生物多样性，构建绿色、和谐、繁荣的清洁能源产业链生态圈。

“R”指责任沟通。中国广核集团有限公司立足“安全、绿色、担当”三个主要品牌核心内涵，策划开展责任品牌行动。通过举办“8·7 公众开放体验日”（见图 6.36）、召开年度新闻发布会、开辟工业旅游路线等行动，实现与政府、客户、社区、媒体等多元利益相关方深入沟通。

图 6.36　2022 年中国广核集团有限公司“8·7 公众开放体验日”启动仪式现场

资料来源：中国广核集团有限公司。

2. 品牌建设取得丰硕成果

中国广核集团有限公司推进落实“NICER 模式”行动框架，助力企业加快建设“公众信赖、更具责任，技术领先、更具实力，持续发展、更具价值”的世界一流清洁能源企业。目前，中国广核集团有限公司推进落实“NICER

模式”已经取得丰硕的成果。

（1）迈入全球领先行列

在核能产业方面，三代核电自主品牌“华龙一号”同时满足国际原子能机构的安全要求和美国、欧洲三代技术标准，成为核电市场接受度最高的三代核电机型之一。在数字化产业方面，“和睦系统”实现核电站“中枢神经”中国造，掌握了10余项关键技术，打造出我国首个具有自主知识产权的通用核级数字化仪控（DCS）平台。中国广核集团有限公司坚定“A+”战略引领，持续推动结构优化调整，实现向高端产品结构升级，依托成熟的工业电子加速器研发制造基础，不断做强做优加速器制造业务，做深做广辐照应用场景，朝着“更美丽、更安全、更健康”三个业务方向深化拓展，加强电子加速器与辐照、新材料、测控装备、医疗健康四大业务的融合布局，加大创新成果与工业、农业、医学、公共安全、环境保护等传统产业融合发展，努力为建设美丽中国、平安中国、健康中国积极作贡献。

（2）创造领先综合价值

中国广核集团有限公司全球清洁能源装机容量超7700万千瓦，为能源安全稳定供应提供有力保障。区域经济带动实现新突破，在粤港澳大湾区、长三角、京津冀地区、北部湾经济区等区域发力清洁能源，为香港每年供电超100亿度，占总用电量的1/4，为全国30个省份、海外15个国家和地区提供能源转型“中广核方案”。

（3）产品优势有效转化为品牌效应

中国广核集团有限公司在全面推进非动力核技术各项应用领域建设的基础上，实现品牌引领发展，持续打造核心技术特色鲜明、个性鲜活的品牌形象。以电子束处理特种废物技术为例，中国广核集团有限公司在2022年成功注册“和美”商标及标识，通过命名易记好说、含义同振共鸣的品牌“超级符号”，用视觉化信息传递品牌理念，加快推进电子束处理特种废物技术品牌化发展，推动相关技术持续取得突破，实现更多领域产业化应用。

（4）形成领先品牌文化

中国广核集团有限公司品牌影响力持续加强，进一步提炼总结出清晰一致的品牌核心价值，即品牌核心是“守护核安全”，品牌倡导是“善用自然的能量”，品牌精神是“勇于担当、为国尽责”，品牌发展得以注入更温暖的人性光辉和更强大的生命力。联合清华大学持续开展“打造世界一流企业品牌模型与指标”课题研究，核心品牌商标“中广核”在2022年被认定为“驰名商标”。2022 年，中国广核集团有限公司立足核能特色提炼形成《中国广核集团：使命引领、透明驱动型社会责任管理》经验成果书籍，纳入国务院国资委社会责任局指导的“中央企业社会责任管理之道丛书”正式公开出版。

（5）积极推动企业品牌文化海外传播

随着国际化布局稳步推进，为有效开展国际舆论引导，占据舆论主导权和主动权，中国广核集团有限公司坚持“善用自然的能量”品牌倡导，连续 5 年在海外举办“开放日”公众体验活动，通过“中广核元素，国际表达”的理念积极展现可敬、可爱、可信的中国广核集团有限公司企业形象，让中广核品牌在世界闪耀能源命运共同体温暖、友爱的万丈光芒。中国广核集团有限公司依托海外新能源项目资源优势，始终坚持业务高质量发展与“讲好中国故事”相结合，推动国际传播方式创新，从 2019 年至 2022 年，连续五年结合不同主题在法国风电场开展“开放日”公众体验活动，向欧洲民众宣介具有中国特色、体现中国精神、蕴藏中国智慧的优秀文化。中国广核集团有限公司在法国南部阿萨克风电场开辟了“从风电场到风车磨坊”主题徒步路线，被法国塔恩河谷和阿尔比盖奥山旅游局纳入当地“工业旅游”重点推广项目（见图 6.37）。

图 6.37　法国南部阿萨克风电场项目

资料来源：中国广核集团有限公司。

中国广核集团有限公司还在沿途路线设立多个解说牌，科普风电相关知识，推广绿色发展理念，倡导生态保护意识，积极呼应了 2022 年世界旅游日

"重新思考旅游业"主题，成为当地建设绿色清洁而可持续的旅游资源的典型。在带来绿色电力点亮欧洲万家灯火的同时，中国广核集团有限公司润物细无声地宣介了中国主张、中国智慧、中国方案。阿萨克风电场有 10 台风力发电机，在 2022 年发电 0.23 亿度，相当于 1.4 万个家庭使用的电力。依托风电项目资源，中国广核集团有限公司积极融入当地社区，为当地居民带来新的生机，加深了欧洲民众对中国的认知和理解，在传递"利相融"的同时实现"民相亲""心相通"，积极展示人类命运共同体发展理念。中国广核集团有限公司积极打造国际品牌 IP，传递全球能源转型发展中的"中国贡献"，提升责任品牌影响力。

为积极履行透明之责，中国广核集团有限公司能源国际所属欧能公司在法国连续五年开展"云开放"活动，采用欧洲受众易接受、符合新媒体传播趋势的形式，搭建中国企业与海外受众的沟通桥梁，传递全球能源转型中的"中国贡献"。2018—2020 年，先后邀请周边小学生、大学生群体走进法国夏尔蒙风电场，零距离体验清洁能源生态之美；2021 年，联合法国 Assac 市政府开发"从风电场到风车磨坊"6 公里徒步路线，并邀请法国第一大电视新闻台——BFM TV 知名主持人夏洛特·布特鲁普，用镜头带领公众"云游"徒步路线，传递风电带来的生态之美（见图 6.38）；2022 年，开展工业旅游线路公众徒步活动，由阿萨克市市长维格鲁带领市民共赴生态之行，沉浸式体验风能利用带给小镇的改变。通过将"云开放"打造成具有影响力、感召力的国际传播品牌 IP，向欧洲各界展示了开放、透明、负责任的中国企业形象。

图 6.38　知名主持人夏洛特·布特鲁普探访徒步线路

资料来源：中国广核集团有限公司。

未来，中国广核集团有限公司作为国务院国资委首批中央企业创建世界一流示范企业之一，坚持绿色发展方向，强化品牌创新意识，持续丰富“安全、绿色、担当”的品牌内涵，充分发挥品牌引领作用，不断实现“中国产品”到“中国品牌”转变。

（六）通威集团有限公司品牌建设模式

通威集团有限公司是深耕绿色农业、绿色能源的大型跨国集团公司，秉承“为了生活更美好”的企业愿景和“追求卓越，奉献社会”的企业宗旨，坚定不移发展绿色农业和绿色能源。在新能源主业方面，通威已成为拥有从上游高纯晶硅生产、中游高效太阳能电池片和高效组件生产，到终端光伏电站建设与运营的垂直一体化光伏企业，形成了完整的拥有自主知识产权的光伏新能源产业链条。

通威集团有限公司是一家在绿色农业、绿色能源领域具有重要影响力的跨国集团公司，以“让生活更美好”为企业愿景，作为公司所有业务的核心驱动力。通威集团有限公司大力开发新能源，已经形成了一套完整的、拥有自主知识产权的光伏产业链，涉及从上游的高纯晶硅生产，到中游高效太阳能电池片和高效组件生产，再到终端光伏电站建设与运营。通威集团有限公司业务范围已经涵盖了全球，绿色能源产品不仅在国内市场受到广泛欢迎，也在国际市场上赢得了声誉，树立了中国光伏企业优异的品牌形象。

1. 通威品牌文化建设举措

（1）领导重视，紧抓品牌创新工作

品牌全面反映了企业的整体素质、形象、文化、商誉以及核心竞争力，是衡量企业社会影响力和竞争力的重要标准，也是未来市场竞争的关键所在。多年以来，在全国政协十一届常委、全国人大代表、通威集团有限公司董事局刘汉元主席的带领下，通威走出一条“品质立企、品牌强企”之路，积极探索品牌建设、品牌传播、品牌管理新途径，彰显通威品牌强大实力和独特魅力。

（2）不断优化和迭代商标品牌

经过 40 年的稳健快速发展，通威从无到有、从小到大，实现了从单一饲料经营向农业与新能源双主业高效协同发展的崭新格局。

通威品牌 1.0 时代：1982—1992 年：集团初创阶段，以“科力”饲料品牌为代表，集团开始品牌探索和品牌构建的初步历程。

通威品牌 2.0 时代：1992—2004 年：通威逐步发展为上市公司，集团 CI 委员会成立，提炼企业文化并构建起以通威报、集团官网为基础的内外传播架构。

通威品牌 3.0 时代：2004—2012 年：集团 CI 委员会转变为集团新闻中心，建立新闻发言人制度，拓展媒体公共关系与大力强化危机管理。

通威品牌 4.0 时代：2012—2021 年：逐步形成“水产饲料、高效电池片、高纯晶硅三大世界级龙头”，集团新闻中心转变为集团品牌管理中心，开展系统、全面的品牌战略规划，通威市值、品牌价值双双破千亿。

通威品牌 5.0 时代：2022 年，通威集团有限公司迎来 40 年庆祝。随着通威市值最高突破 3000 亿元、品牌价值蝉联全球水产和光伏两大行业第一，通威品牌正式迈入 5.0 时代，通过品牌战略的一系列调整，实现通威品牌影响力最大化，并通过大变革、大调整、大优化，推动通威品牌影响力、话语权全面迈上新台阶，进而带动通威旗下各个产业均成为“通威”品牌的受益者！

（3）保护知识产权，创新引领发展

40 年来，通威始终坚持以技术创新作为企业核心竞争力，有力推动了农业和新能源双主业协同高效发展。在知识产权保护及商标建设工作方面，截至目前，通威集团有限公司已注册的国内商标共 1216 件，海外商标包括马德里和单一商标共计 74 件。目前“通威”及“好主人”商标被国家商标局认定为中国驰名商标。

在海外商标布局上，自公司成立之初就通过马德里注册进行商标国际保护，后续增加单国注册进一步扩大国际保护范围，特别是在东南亚部分国家强化布局保护。与此同时，市场上假冒通威商标的行为时有发生。公司及时维权，在各地市场监督部门大力支持下对不法行为坚决予以打击，有力维护了通威品牌形象。

产业创新方面，通威全球首创的“渔光一体”发展模式，实现了绿色农业和绿色能源两大产业协同发展，将通威集团有限公司打造成“世界级健康安全食品供应商”和“世界级清洁能源运营商”两大愿景完美结合。

（4）强化顶层设计，全方位塑造通威品牌

作为集团核心竞争力之一，通威一直以不断开放的视野深化品牌战略布局，构建品牌传播顶层设计。依托集团强大品牌优势，通威传媒充分发挥集团品牌建设的落地、执行职能，由此构建起完整的集团品牌传播“规划—管理—执行”体系，为集团及各板块、各产业的发展提供更具时效、更为实用、更可操作的内外传播及品牌管理，进一步助力集团立足全球的战略发展。

为匹配集团发展，集团品牌管理中心构建起了报、网、微信、视频、展陈体系等全媒体传播矩阵，紧贴集团发展战略，全面聚焦集团产业，将通威理念、通威文化、通威故事持续推广。

随着“双碳”目标持续深入推进，光伏新能源产业迎来黄金发展时期。通威登陆央视大型工业纪录片《大国重器》，成为唯一一家亮相的中国光伏企业；央视《新闻联播》《经济信息联播》《东方时空》《朝闻天下》等节目先后多次聚焦通威新能源产业发展成果；通威全新广告形象片重磅登陆央视三大频道，展现通威全新品牌形象和推动人类可持续发展的美好愿景。

在做好自身品牌建设的同时，集团品牌管理中心积极联合各主管政府部门、行业协会等，共同举办“中国农业品牌年度盛典”“中国水产科技大会”“中国国际光伏产业高峰论坛”“中国宠物行业高质量发展论坛”“中国国际物业管理高峰论坛”五大行业盛会，构建行业交流平台，打通政、产、学、研各界壁垒，形成良好行业生态。

此外，集团品牌管理中心精心策划了通威品牌登陆纽约时代广场大屏，展示了全球首创的“渔光一体”创新发展模式；冠名京沪高铁，“通威号”高铁穿越京津冀和长三角两大经济区，品牌传播接轨高铁时代；连续三年挺进青藏无人区，捐赠十余套离网光伏发电系统，用绿色清洁能源点亮世界屋脊；正式推出《通威集团品牌白皮书》，在全球农牧和新能源两大行业首开先河；刘汉元主席做客 CCTV2《对话》栏目，与行业大咖共同探讨光伏产业发展新格局；持续启动“百家媒体进通威”等大型媒体传播活动，百余家央级媒体、主流媒体、行业媒体、财经媒体等媒体团走进通威位于全国的新能源基地，实地了解新能源产业发展成果，并使得通威声音得到广泛传播，通威的品牌知名度、美誉度，行业影响力、话语权进一步加强。

通过软硬件平台的搭建、优质媒体的资源整合、媒体活动的持续举行，不断向社会各界传播了通威声音、展示通威形象、彰显通威实力，营造了良好的外部舆论环境，全力支撑集团的快速发展。

（5）推动品牌建设与业务融合

进入“十四五”时期，我国乡村振兴战略全面推进，加快农业农村现代化。通威集团有限公司积极响应乡村振兴，把握时机，进一步升级“渔光一体”模式，提出“渔光一体”生态产业园概念。同时融合渔业、光伏、大数据等为一体的模式，形成现代养殖、清洁能源、研、学、游的产业闭环，通过这种方式真正推动渔业提质增效，百姓增收致富，为乡村振兴和碳中和提供通威样本。

“十四五”时期，我国全面推进乡村振兴，推动产业振兴，加快农业农村现代化进程。通威集团有限公司长期深耕农业和光伏领域，拥有很多管理经验和产业优势。为积极响应国家乡村振兴的号召，通威集团有限公司推出“渔光一体”生态产业园模式，主打“上可发电，下可养鱼”的“渔光一体”项目，助推乡村振兴。这种模式将渔业、光伏、大数据等元素融合在一起，打造集现代养殖、清洁能源、研究、学习、旅游于一体的新经济业态。这种形式不仅推动了渔业的质量和效益提升，带动农民增收致富，也为乡村振兴和实现“双碳”目标提供了通威模式。目前，通威新能源已在全国 20 多个省市开发建设以“渔光一体”为主的光伏发电基地（见图 6.39）。以通威如东“渔光一体”项目、南京龙袍“渔光一体”项目为代表的项目，成为通威集团有限公司响当当的名片，给当地区域经济发展带来福祉。

图 6.39　通威集团有限公司“渔光一体”项目

资料来源：通威集团有限公司。

2. 通威品牌文化建设成效

经过多年坚持不懈的品牌建设，通威集团有限公司品牌美誉度和品牌价值不断提升。通威集团有限公司荣获“全球新能源企业 500 强”“中国企业 500 强”“中国民营企业 500 强”“中国民营企业制造业 100 强”等殊荣。2022 年 7 月 26 日，世界品牌实验室发布 2022 年《中国 500 最具价值品牌》，通威品牌价值再创新高，达到 1610.58 亿元，位列中国 500 最具价值品牌 50 强，蝉联全球水产和光伏两大行业第一，通威品牌价值刷新纪录。

五、能源产业特色奖项品牌

（一）“绿能星”品牌内涵

能源是人类社会发展的基础，也是生产力的源泉、国家经济发展的重要支柱。我国提出能源“四个革命、一个合作”之后，全社会对能源的重视程度与日俱增，涌现出各种类型的宣传活动。例如，2013—2017 年，国内媒体机构推出了“美丽中国 · 我在行动”主题评选活动、“70 华诞”献礼能源行业成就评选活动、“中国能源科技装备引领高质量发展”评选活动、“脱贫攻坚 · 能源扶贫成果”公益评选活动、“能源产业助力‘碳中和’系列成果”评价活动、“引领城市高质量发展 · 清洁高效供能项目 100 强”等活动。这些活动均以时间、时代、行业性质为名称，没有品牌概念，没有连续性、延展性和深度挖掘。活动结束，影响力消失。

与社会上很多能源品牌评选活动相比，“绿能星”高质量系列奖项公益评选活动则是中国能源行业独有标志性大奖评选活动。以“绿能之星　闪耀世界”定位，以“绿色低碳、清洁高效”为核心要素进行评选。随着“绿能星”评选活动的全面展开，“绿能星”品牌也随之进入大众视野。绿：是指环保、清洁、低碳。能：是指能源、能效。星：是指星球（地球、家园）、星级（标准、高大上）。“绿能星”代表能源发展方向和能源人共建美好家园的寓意。

目前，从 2017 年的“绿能星”能源微电影到 2023 年能源产业“绿能星”能源品牌，实现了“绿能星”品牌升级。“绿能星”已经注册了商标，拥有独特的 logo。从 logo 形象、品牌名称和定位方面都充分体现了绿色能源品牌内涵。

绿能星 logo 上端是英文字母“e”变形而成的圆形造型，整体颜色为翡翠绿色，在右上角闭合处有五角星点缀，熠熠生辉。整个上半部分代表了绿色地球、绿色能源“energy”的含义。中间部分呈椭圆形左右对称，恰似中间一个人用头顶和双手擎起绿色地球。人与地球融为一体，表达了人类命运共同体的含义。logo 下端“绿能星”3 个汉字和英文字母格外醒目，其中“星”字的上面红色五角星，与上端绿色的五角星遥相呼应、浑然天成（见图 6.40）。整个造型凸显了“绿能之星闪耀世界”的定位，蕴含了“绿色低碳、清洁高效”的理念，与我国提倡清洁能源和绿色发展的理念相通。

图 6.40　“绿能星”logo

资料来源：北京韬能咨询顾问有限公司。

（二）“绿能星”评选活动简介

2023 年 5 月 6—12 日，首届“510 中国品牌日·能源产业品牌宣传周”（简称“能源品牌宣传周”）在京举办。活动期间，能源行业推出“绿能星”高质量系列评选活动，主要围绕新时代能源产业发展中诞生的“项目工程、技术产品、解决方案”以及涌现的“能源文化故事、一线能源人物”等进行梳理、总结及评优。评选活动共评出：“绿能星·能源人物”20 位、“绿能星·特等奖”13 个、“绿能星·一等奖”58 个、“绿能星·优秀奖”37 个。

1. “绿能星·能源人物”

本次获得“绿能星·能源人物”的 20 人中，包含“行业领军人物 3 位、时代先锋人物 7 位、技术创新人物 10 位”。获奖者涉及我国能源领域不同岗位的相关人物，有“企业家、模范代表、技术创新人才”（见图 6.41）。凭借对绿色发展理念的坚持、对能源行业的突出贡献，全国人大代表、全国工商联副主席、通威集团有限公司董事局主席刘汉元，全国人大代表、天能控股集团董事长张天任，全国工商联新能源商会常务会长、浙江正泰新能源开发有限公司董事长陆川三位荣膺“绿能星·行业领军人物”殊荣。三位企业家不仅带领自身企业发展成为行业龙头，更是践行绿色发展理念，提供绿色产品和绿色服务，以实际行动引领能源行业高质量发展，助力“双碳”目标实现。清华大学社会科学学院能源转型与社会发展研究中心常务副主任何继江博士，长期关注农村能源转型与发展问题，在多个省区市进行光伏赋能零碳乡村的考察，应邀支持在近 30 个村庄建设零碳乡村实验站。他提出 1+N 光伏赋能零碳乡村建设模式，1 指一千瓦光伏，N 指多种应用场景，形成一个分布式光伏全覆盖、电动汽车全覆盖、清洁供热为主的互联网 + 能量交易平台，服务于乡村能源转型和乡村振兴。时代楷模、全国人大代表、浙江电力慈溪市供电公司社区客户经理钱海军 2022 年被中宣部授予“时代楷模”称号。他技术精湛、工作尽责、乐于奉献，工作之余，他利用一技之长为社区居民尤其是老年用户提供免费电力维修 24 年，结对空巢、孤寡老人 100 余位，捐助贫困学子 27 名，个人累计志愿服务 2.5 万小时，惠及 1.3 万人次。如今，钱海军已经成为国家电网有限公司品牌形象大使，代表了国家电网“人民电业为人民”优质服务精神。这些能源人物的共性是他们积极发挥带头作用，为引领和推动能源产业发展作出了应有贡献。同时，也彰显出能源人积极向上的精神，为我国经济社会发展和能源绿色低碳转型作出了表率。

图 6.41 “绿能星”颁奖现场一

资料来源：北京韬能咨询顾问有限公司。

2.“绿能星”特等奖项目

本次获得“绿能星”特等奖的 13 个项目中，含有尖端技术产品 5 个、绿色工程项目 5 个、企业品牌建设 3 个。获得特等奖的项目案例既有水电、光伏、风电、储能等可再生能源领域的尖端技术与工程，也包括煤港、燃气电厂等传统能源低碳绿色智慧转型的突出代表，共同打造了一批代表我国能源领先技术实力的亮丽名片，体现了我国能源产业转型成就，彰显了我国能源产业领跑世界的风采（见图 6.42）。

图 6.42 “绿能星”颁奖现场二

资料来源：北京韬能咨询顾问有限公司。

（1）国家电网有限公司获得“绿能星”两项特等奖

国家电网有限公司“国蛟一号”“精致电网”两个项目获得“绿能星”特等奖，彰显了国家电网雄厚的技术实力。浙江电力舟山供电公司“国蛟一号”海洋输电技术特色鲜明：“国蛟一号”施工的舟山 500 千伏联网工程创造了 14 项世界纪录，代表我国海洋输电最高技术水平，工程荣获“国家优质工程金奖”；不断突破复杂海洋环境下电力传输“卡脖子”问题，创新成果填补多项国内技术空白，解决制约海洋输电的关键瓶颈问题。山东电力威海供电公司新型电力系统威海“精致电网”示范引领项目以“网城融合型地市级示范能源互联网”为定位；相关成果获刘吉臻等 4 位院士的高度评价“国内示范引领，国际先进”，获评中国电力企业联合会电力科技创新一等奖；基于威海具备“风光核储”能源齐聚特点打造市域“三纵两横”供电网络、创新搭建客户侧能源互联网智慧体系，打造“用采系统—调控云—分布式电源管理系统”，开创了“网城融合”的新模式；打造“环境融合样板”“花园变电站”等特色项目。

（2）国家能源投资集团有限责任公司获得“绿能星”两项特等奖

国家能源投资集团有限责任公司是煤炭生产、火力发电、风力发电、煤制油煤化工规模全球第一的中央骨干能源企业，将“品牌一流”作为企业发展战略的重要内容，创新提出了 RISE 品牌战略，明确了“全球可持续能源典范”的品牌定位和“建成世界一流品牌”的目标。在本次能源产业“绿能星”高质量系列奖项公益评选活动中，国家能源投资集团有限责任公司旗下黄骅港“绿色煤港”项目、“国内智能化程度最高绿色生态电站”京燃电厂项目，分别获得“绿能星”特等奖。

国能黄骅港务有限责任公司黄骅港“绿色煤港”项目，全球首创采用了集高效与环保于一体的储煤筒仓工艺，自主研发“本质长效抑尘技术”获 3 项国家专利授权；“煤尘车间”制煤饼，做到“零煤损”；“两湖三湿地”生态水系，解决煤水排海开展海域增殖放流工作。被评为国内首家煤港 AAA 级工业旅游景区，获“中华环境优秀奖”，成为全国首批首个获“五星级中国绿色港口”称号的专业化干散货港口；技术在日内瓦国际发明博览会上荣获金奖，案例作为标杆企业连续两年被写入交通运输部《中国港口高质量发展报告》。2023 年 5 月 11 日，中共中央总书记、国家主席习近平来到黄骅港煤炭港区码头，了解河北省港口整合发展和黄骅港生产经营、发展规划等情况。习近平总书记强调：“港口是经济发展的重要支撑，希望你们进一步科学发展，把黄骅港打造成具有战略意义的多功能、综合性、现代化大港，为京津冀协同发展、雄安新区建设、共建“一带一路”等作出更大贡献。”国能黄骅港务有限责任公司坚持绿色发展理念打造黄骅港，获得“绿能星”特等奖可谓实至名归。由此可见，“绿能星”以“绿色低碳、清洁高效”为核心要素进行评选的理念与国家能源转型绿色发展理念一致。“绿能星”评选是中国能源行业独有标志性大奖评选活动，具有重要行业参考价值。

国能国华（北京）燃气热电有限公司“国内智能化程度最高绿色生态电站”被誉为“国内智能化程度最高绿色生态电站”，获得中国电力科学技术奖一等奖等多项殊荣；在运一套“二拖一”燃气—蒸汽联合循环机组，总装机 95 万千瓦。使用天然气作为燃料，烟尘、二氧化硫排放均为零；是一座新工艺、新流程、新技术、新设备的“四新”智能化电站，打破了传统电厂的生产管理方式，使得一键启动、一体化平台、三维全景、智能巡检、智能票务等成为现实；定员只有同等规模电厂的一半，每年却能完成北京集中供热任务的近 10%。国能国华（北京）燃气热电有限公司“国内智能化程度最高绿色生态电站”获得“绿能星”特等奖，是国能国华（北京）燃气热电有限公司在国家能源投资集团有限责任公司领导下，积极践行品牌战略的创新成果。

（三）"绿能星"评选活动影响力

"绿能星"评选活动在能源行业内树立了标杆，影响力广泛。环球网、能源界等很多媒体对"绿能星"评选活动进行了报道，介绍了"绿能星"品牌内涵和整体评选情况，重点介绍了获奖企业品牌建设理念和品牌特色。获奖能源企业也通过各种途径报道获得"绿能星"奖项情况，彰显企业品牌特色和创新成效。这些报道掀起了一波"绿能星"评选热潮。而且，能源行业非常重视"绿能星"评选活动，在"绿能星"奖项评选结束之后，很多企业通过各种途径积极宣传"绿能星"获奖项目，极大地提高了"绿能星"品牌知名度和影响力。

例如，2023 年 11 月 28 日至 12 月 2 日，首届中国国际供应链促进博览会（简称链博会）在北京举行（见图 6.43 至图 6.45）。作为全球第一个以供应链为主题的国家级展会，首届链博会以"链接世界，共创未来"为主题，全力打造推进高水平对外开放的新窗口、服务构建新发展格局的新平台。本届链

图 6.43　链博会上"绿能星"展板样式图

资料来源：北京韬能咨询顾问有限公司。

图 6.44 链博会上“绿能星”能源人物展板样式图

资料来源：北京韬能咨询顾问有限公司。

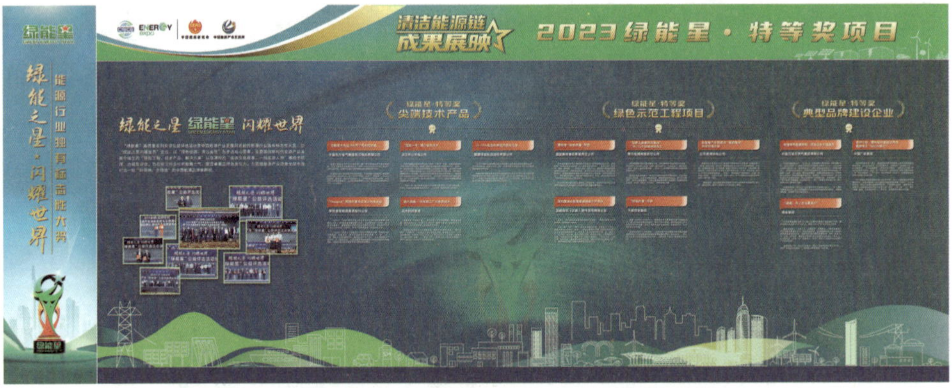

图 6.45 链博会上“绿能星”特等奖项目展板样式图

资料来源：北京韬能咨询顾问有限公司。

博会设置智能汽车链、绿色农业链、清洁能源链、数字科技链、健康生活链等 5 大产业链和供应链服务展区。清洁能源链展区位于 W2、W3 馆，展览面积约 2 万平方米。在清洁能源链展区内展示了“绿能星”获奖项目名称和项目特色，提高企业品牌影响力。

“绿能星”是能源行业独有的标志性奖项。能源行业和获奖企业非常重视“绿能星”奖项，在媒体和展会等活动中大力宣传“绿能星”奖项，在提高行业和企业影响力的同时，也极大地提升了“绿能星”的行业影响力。

第七章

我国能源产业品牌发展建议

本章结合能源企业发展环境和品牌建设存在的问题，提出能源企业品牌优化策略，以期待为我国能源企业品牌建设提供创新思路和参考。

一、顶层设计品牌发展战略

（一）增强能源品牌塑造意识

近年来，我国能源产业发展迅猛，“含金量”与“含绿量”不断提升。很多能源企业走出国门，参与“一带一路”能源合作，提升我国能源企业国际竞争力。总体而言，尽管我国能源企业数量众多，但是国际知名品牌数量并不多，行业影响力和话语权不高。为了应对这些挑战，加强能源产业品牌建设已经刻不容缓。能源产业要提高能源产业品牌意识，需要树立六个方面的意识：价值创造意识、问题导向意识、守正创新意识、系统观念意识、全球视野意识、生态塑造意识。培养软实力，相互借力，共同打造中国能源集群品牌。

区域清洁能源大省、能源转型大省、特色能源城市要强化能源品牌建设意识，认识到能源品牌建设对区域能源高质量发展、经济高质量发展、推动乡村振兴、促进产业融合发展、提高大众生活便利性和幸福感的重要性，发挥能源品牌的“杠杆效应”，激活区域经济创新因子，塑造新的发展动能。

能源企业要提高全员品牌建设意识，认识到品牌建设既是一种理论，也是一种方法体系，更是一种思想体系。只有全体员工真正意识到品牌建设的意义，并从上到下一以贯之，才能推动品牌良性发展。

一方面企业领导要率先垂范树立品牌意识，还要加强员工品牌意识教育，提高思想觉悟，深刻领会品牌定位、品牌内涵，另一方面要鼓励员工积极参与到品牌建设实践中，严格要求职工行为符合品牌标准化要求，以及品牌的定位和核心价值，共同打造核心品牌。此外，还要把品牌建设与员工管理结合起来，任何有损于品牌形象和违背品牌价值的行为都应该被约束、被制止，视情节严重给予必要的批评教育或惩罚。

在当今竞争激烈的市场环境中，企业领导者的作用至关重要。管理者不仅需要自身树立品牌意识，了解品牌的基本情况，更应该为员工作出表率，让员工意识到加强品牌建设的重要性，鼓励员工提高品牌建设思想觉悟，并在工作中贯彻执行。管理者要制定相应的管理规范，约束自己也约束员工，做到，任何有损于品牌形象和违背品牌价值的行为都应该被约束、被制止，视情节严重给予必要的批评教育或惩罚，从而更好地维护和推广品牌。只有管理者和员工都意识到品牌建设的重要性，并积极投入到品牌建设中，才能建设卓越的品牌。

（二）重视能源品牌建设，制定品牌发展战略

1. 充分认识品牌建设的必要性

（1）实施品牌战略是推动能源企业高质量发展的必然要求

我国提出“绿水青山就是金山银山”“双碳”“高质量发展”理念，为我国能源产业发展指明了方向。中国能源企业在发展过程中面临激烈的国内外竞争，为能源企业发展增添诸多不确定性。随着全球经济的不断融合，企业间的竞争已经不再局限于国内市场，而是扩大到了国际市场。新经济时代，竞争的焦点已经从产品竞争转向品牌竞争。品牌是企业特有的标识，也是助力企业成长、破解企业困境的有力武器，是企业与国家竞争力的综合体现。品牌作为一种重要的战略资源，在许多国家已被广泛使用。我国在品牌建设方面提出要“增品种、提品质、创品牌”，培育众多“中国工匠”，打造走向世界的“中国品牌”，推动中国经济发展进入质量时代。对于能源企业而言，实施品牌战略是推动能源企业高质量发展的必然要求。

（2）实施品牌战略是振兴区域经济和提高人民福祉的必然选择

能源是人类赖以生存的物质基础、推动社会经济发展和文明进步的动力源泉。从 20 世纪 90 年代以来，中国经济就保持了高速持续增长，目前经济总量居全球第二，中国在经济高速增长的同时对能源的消耗巨大。中国能源

矿产禀赋特征为富煤、缺油、少气，虽然目前拥有一定存量的能源，但我国的能源安全正面临挑战。品牌是高质量发展的重要象征，能源品牌具有为产业“减碳”、为发展“增绿”、为幸福“加分”的特质和潜在基因。实施能源品牌发展战略，有利于缓解我国能源危机，保障能源安全，发挥能源对乡村振兴和智慧城市建设的支撑作用，推动能源强国建设，满足人民群众美好生活期待，提高人民生活获得感、满足感和幸福感。能源企业应从国家能源安全和经济发展全局视野入手真抓实干，树立长远的企业品牌发展观、价值观，争创优质品牌，提升品牌的附加值和社会综合效益，推动能源企业与区域经济融合发展，为我国建设质量强国、品牌强国、能源强国奉献力量。

2. 从宏观层面制定品牌发展战略规划，打造具有前瞻性和竞争力的品牌

卓越的能源品牌不是一蹴而就形成的，必然是区域能源品牌和企业能源品牌双向奔赴、互相融合的结果。良好的区域能源品牌是企业能源品牌的背书，为企业能源品牌建设增加信任和荣光；反过来，良好的企业能源品牌是构成区域能源品牌的基本单元，众多良好的企业能源品牌有利于形成有影响力的能源品牌。

各省份要对标国际能源产业发展大势、先进国家的经验，进行能源产业、能源品牌建设研究，认真研究区域能源资源优势，包括能源资源类型、供给量、分布区域、季节性变化特征，现有的基础条件、产业优势，缺失的条件，在此基础上探索能源低碳化、零碳化发展路径，并出台能源产业政策、产业规划和实施方案，为能源品牌建设指明方向，为区域创业创新实践提供政策、资金、资源支持。从宏观角度、自上而下优化能源品牌发展的内外部环境，规划能源产业发展经济圈，集中精力打造清洁能源示范高地、清洁能源创新示范区、光伏产业基地、风电产业基地、氢能产业基地等特色区域，打造能源产业集群，形成能源品牌“群居叠加效益”，提升区域影响力。

能源企业把品牌管理纳入战略管理范畴，有利于品牌价值提升。企业从上至下高度重视品牌建设工作，厘清品牌的内涵，梳理产品、管理、文化等相关要素，制定品牌发展战略，建立短期、中期、长期发展目标，推动品牌建设工作顺利开展。最终，通过品牌建设创造发展新动能，带动企业高质量发展，抢占能源行业发展制高点，增强国际竞争力，推动我国能源企业“出海”，参与“一带一路”建设，创造更多价值，提升我国国际影响力。

3. 能源品牌发展战略层面上处理好减碳、去碳与经济发展之间的关系

当前，全球能源形势正发生着复杂而深刻的变化，新一轮能源革命加速推进。能源企业必须处理好减碳、去碳与经济发展之间的关系。要以化石能源清洁化、清洁能源规模化、多种能源综合化、新旧能源相互融合为主要路径，通过新能源对化石能源的可靠替代，逐步实现我国党的二十大提出的积极稳妥推进碳达峰碳中和目标。未来，能源绿色转型关键要做好三点：一是要继续提升新能源的开发和消纳利用水平，比如，可以通过集中式和分布式并举的方式加快开发，也可以通过能源 + 融合的多种模式加快推进消纳。二是要增强系统的灵活调节和支撑能力，包括加快建设支撑性的电源、新型储能等，为新能源的安全可靠替代做好有力支撑。三是要健全和完善化石能源安全兜底保障的相关机制，真正体现化石能源在能源保供中发挥的重要作用和价值，树立清洁能源和能源转型绿色发展的品牌形象。

（三）搭建区域能源品牌建设协作平台

各省份要整合本地区资源优势，搭建跨国家、跨地区、跨行业的能源品牌建设协作平台，培育、壮大品牌，实现专家人才、先进技术、资金等优势资源组合，建立能源产学研研究机构，进行产业链研究，塑造区域发展优势；鼓励创新，推动最新技术成果应用推广；实现信息流、技术流、产业流、价值流的流通，避免不同区域、不同企业间产能过剩、无序竞争。为能源品牌营造良好发展环境，增强抗风险能力。

（四）完善品牌管理机构和管理制度

1. 成立专门的品牌管理机构

企业品牌建设的前提是建立协调运作的强有力的企业品牌管理机构。企业品牌管理机构是由企业品牌管理的专门组织结构、队伍与制度构成的系统，是一个有机联系的整体。从组成上看，企业品牌管理机构一般由企业品牌管理委员会、品牌经理、品牌策划、品牌传播、危机管理等部门和人员组成。品牌管理委员会对品牌管理的战略规划和重点事项作出决策，对品牌建设的效果进行评估。品牌经理负责制定并实施公司品牌建设计划，并在实施过程中适时调整与改进，全面管理品牌开支，掌握公司品牌内涵及构成，寻找公司品牌发展的薄弱环节并加以改进，协调各子分公司的品牌建设工作，组织实施品牌维护与传播；品牌策划、品牌传播、危机管理等部门和人员各司其职，共同推动品牌建设工作。

2. 完善品牌管理制度

品牌管理作为企业管理的重要组成内容，长期以来一直是企业管理的一个盲区，但是随着品牌时代的到来，企业的品牌建设在企业管理中的作用日益凸显。品牌建设不仅是现代大型企业赖以生存与发展的立足之本，也是其保持核心竞争力与可持续发展的必由之路。加强公司的品牌建设，增强公司全体员工的品牌观念，通过品牌管理达到品牌效应并产生附加效益，同时为公司的企业形象和企业文化的建立、发展起到积极作用。遵循全员参与、统一管理、长期有效的原则，做好品牌要素、品牌推广计划、品牌推广等方面的管理。

（1）品牌要素管理

品牌要素管理指定义和区分品牌时所使用的通用要素，主要包括：①品牌结构和品牌层次；②品牌定位主要因素：品牌名称、品牌口号、品牌愿景、品牌价值观、产品定位、客户定位、品牌架构模式；③企业品牌与项目品牌组合使用。对品牌通用要素的管理，主要通过制定并下发执行年度品牌手册的方式进行管理。

（2）品牌推广计划及其管理

品牌推广计划管理包括：年度品牌推广主题定位；年度品牌推广诉求内容和公关主题；年度品牌推广费用管理；年度品牌推广媒体组合策略和费用预算；年度品牌推广公关活动方案和费用预算；制定效果评估的方法和控制程序。

品牌推广管理包括：品牌营销部定期整理、更新品牌推广的标准素材。标准素材的内容包含但不限于品牌手册中部分内容（含企业视觉识别系统规范）。

企业品牌管理的制定与实施能够更加稳妥地监控与管理企业与消费者之间的关系，加大了品牌的力量，形成了品牌独有的竞争优势。

二、优化能源品牌管理方式

（一）制定能源品牌管理架构

能源企业可基于品牌生命周期理论，根据自身所处阶段和发展需要选择合适的品牌架构模式。目前，常见的品牌架构模式有以下几种（见图 7.1）：

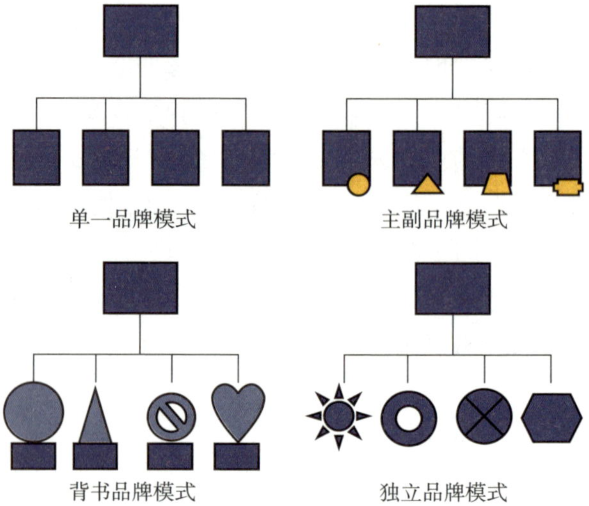

图 7.1　常见品牌架构模式

资料来源：北京韬能咨询顾问有限公司整理。

1. 单一品牌模式

单一品牌模式：一个单一的主品牌统领旗下所有业务，这些业务只能有描述性的文字。即一个企业把所有业务都使用同一品牌。

优点：能够集中资源，强化品牌形象，便于对外宣传，减少营销成本，易于被顾客接受。

缺点：容易在顾客中产生心理定势，不利于集团产业的延伸。一旦品牌形象受损，所有产品都可能受到影响。

因此，采用单一品牌战略的企业需要非常注重品牌形象的维护和管理。

2. 主副品牌（母子品牌）模式

主副品牌模式（母品牌驱动）：公司标识或名称用于旗下所有业务，业务本身带有独立的标识或名称，在不同产品或市场上使用子品牌。

优点：协调下属公司品牌矛盾，保持原有品牌资产价值。

缺点：缺少灵活性和针对性；重构过程成本较高，协同性难以处理。

主副品牌战略的优势在于能够借助母品牌的知名度和影响力，快速推广子品牌。同时，子品牌可以根据目标市场的特点进行个性化定位。母子品牌战略需要注意的是，母品牌和子品牌之间需要保持一定的关联性和一致性，避免出现品牌形象混乱的情况。

3. 背书品牌模式

背书品牌模式（子品牌驱动）：所有子品牌通过图形、色彩或字词的形式与主品牌建立联系，以得到主品牌的“背书”支持。

优点：增加消费者信任度，子品牌有相对的自由度。

缺点：受益品牌失败会使集团背书品牌受到损失；各业务单元协同性差，容易各自为政。

4. 独立品牌模式

每一个品牌都是一个独立的品牌，但其中一个品牌可以使用其母公司的名称作为其品牌名。这种模式，除了品牌使用母公司的名字外，所有品牌各自独立。

优点：将集团品牌与业务单元品牌分开，使每个品牌都有针对性，能够针对不同目标市场进行精准定位，满足消费者多样化的需求。同时，多品牌战略可以降低单一品牌风险，某个品牌出现问题时，其他品牌可以不受影响。

缺点：营销成本高，不能互相借力，各业务单元协同性更差，需要投入更多的资源进行品牌管理和推广。

目前，企业竞争模式从价格竞争、规模竞争、项目竞争与产品质量竞争逐渐向品牌竞争方式转变。企业应了解产业环境，确认公司的优势和劣势，确定核心竞争力立足点。明确的品牌定位是精准把握目标客户的前提，是整个品牌管理的核心工作。企业应确立品牌与消费者的关系，根据公司发展战略，进一步明确战略业务聚焦点或区域，通过深入分析竞争对手和客户，并结合公司品牌的现状，最终确立公司的品牌定位及各子公司品牌或项目的品牌定位。在树立公司母品牌的同时，根据产品类别和特性树立子品牌，例如产品品牌或项目品牌，以母品牌引领子品牌，以子品牌支撑母品牌，发挥品牌架构推动母子品牌之间、子子品牌之间同频共振、协同联动作用，形成品牌合力。例如，国网江苏省电力公司有很多子品牌，这些子品牌分别代表了不同的项目或服务。苏电传媒便是将“电力橙”子品牌与“国家电网”母品牌同频共振、互补发展形成的特色子品牌。国网江苏电力针对橙子生命力强、色彩温暖、营养丰富、消费广泛的特点，打造“电力橙”特色品牌，凸显国网江苏电力守正创新、持续领跑、努力超越自我的内在品质。通过充分应用橙子的形态特征，表达泛在电力物联网与社会互联共享、服务地区高质量发展的功能定位，以及推动能源革命、促进能源清洁低碳发展的枢纽型角色。鉴于母子品牌两者对品牌传播组合的要求存在差异，在传播所需时间、目标覆盖区域和目标客户覆盖上，根据需要达到的目的规划品牌传播策略组合，达到品牌传播的效果。

（二）确定能源品牌文化内涵

1. 找准品牌定位，形成独特的消费者心智认知

品牌是消费者心智和认知的战争。品牌认知是指消费者对于某个品牌的知晓程度和理解程度。品牌认知包括消费者对于品牌名称、标志、产品、服务、形象、声誉等方面的认知。品牌认知是品牌建设的基础，对于品牌的发展和营销具有重要的意义。品牌认知的建立需要通过品牌推广、宣传、广告等方式来实现。对于品牌而言，打造更具差异化的品牌定位是品牌赢得消费者好感度认购度的重要举措。

2. 完善品牌管理内涵

品牌内涵一方面体现为品牌功能价值，满足消费者使用需求，另一方面体现为一种文化理念，具有情感价值。企业应该向目标客户传递品牌内涵，得到目标客户的群体认可，品牌的价值（溢价）方可体现。要坚持以文化促融合，形成具有能源特色的企业文化和核心价值观，涵盖“企业核心价值观”“企业愿景”“企业使命”“企业精神”“企业发展理念”“企业广告语”等内容，围绕能源产业链，包括传统能源和新能源、能源经济、能源服务等方面展开，确定品牌的核心价值。企业价值观是能源企业品牌的命脉。未来能源品牌竞争是价值观的竞争，是服务践行、共享共富的竞争。什么样的价值产生什么样的企业，要让企业价值观与国家命运、人民生活休戚与共，才能获得最美企业形象与价值。此外，企业还要进一步提升职工对企业的认同感、归属感，更好地构筑起能源精神、能源价值和能源力量。贯彻落实以人民为中心的发展思想，全面提升服务质量，致力于提高企业在满足人民日益增长的美好生活需要上的保障能力和服务水平，以高品质能源供给助力乡村振兴和智慧城市、宜居城市建设。

3. 完善品牌外在形象管理

品牌形象是品牌营销的重要组成部分，它是消费者对品牌的认知和评价。品牌形象需要通过品牌标志、品牌口号、品牌包装等方式来传达。在品牌形象的塑造中，企业需要注重品牌的一致性和稳定性，以便消费者能够更好地识别和记忆品牌。品牌形象管理包括：①基本系统，包括标志、色彩、组合、字体、辅助图案和视觉性格；②应用系统，包括办公文书系统（名片、信纸、

信封、ppt模板、员工证件、笔记本、文件夹等）、招牌系统（前台背板、户外招牌等），以及广告传播系统（海报、展板、网站风格、报纸广告风格、企业海报等）。企业应完善品牌形象的色彩、图形含义、图形组合策略等要素，以此彰显公司品牌调性和企业独特的存在。

（三）提升品牌营销内容质量

1. 提升营销内容深度

内容是营销制胜的法宝。品牌营销内容包括传播内容和各类活动内容。传播内容主要分为宣传口号、宣传文化及产品教育等。品牌各类活动内容包括体验活动、社交媒体活动、折扣及促销活动、推广活动、公共关系活动、支持活动及商务活动等。宣传文案是品牌营销活动中最重要的内容，它可以帮助企业向消费者传达产品以及服务的独特魅力。它既需要表达出产品定位、特性字眼，又要提高品牌的知名度。宣传文案既要展现企业的文化，又要展现品牌的价值，还要加入有吸引力的细节，把大众最关心的问题体现在文案里。企业应提升品牌内容深度，深刻思考品牌存在的背景、意义、价值，品牌的独特性、技术优势、产品优势、项目示范性、服务能力、产业衍生价值、社会综合效应等，推动能源文化与红色党建文化、绿色双碳文化、优秀传统文化、社会主义核心价值观融合，让大众能感受到品牌的魅力、穿透力、震撼力，通过品牌彰显人性的温度和光辉。

2. 提升品牌内容广度

品牌是一项无形资产，需要长时间的精心培育和呵护，才能从幼小的品牌长成参天大树。近年来，互联网媒体营销“种草经济”理论的推出，就印证了这一道理。种草经济出现的本质，一是因为平台内容的大爆发；二是品牌营销需求的增长，各大平台都出现了有关此类商品的内容，以内容吸引消费者、以内容促使用户的购买。“种草经济”在品牌曝光上发挥了很大的作用，“种草营销”的特点是快速、轻量化、低预算，可衡量效果，不管品牌多大，处于什么阶段，基本都可以应用这种营销方式。“种草营销”本质是一种内容营销，脱离了内容的种草是没有灵魂的，因此它是一种更偏品牌曝光而非销售转化的营销方式。品牌是复杂的系统，涉及企业管理方方面面。能源企业要从企业管理的角度，多方拓展品牌营销内容，包括公司技术优势、产品特色、示范项目、战略规划、市场格局、产业协作、行业口碑、投资并购、董事会决策、企业文化、团队风采、领军人物、优秀员工、公司环境、公司动态等方面。通过这些内容提高公司的曝光度、知名度，让用户了解公司的发展状况，建立与公司的情感关联，形成良好的口碑效益，最终成为公司的忠诚用户，并转化成市场价值。

3. 提升品牌内容长度

品牌营销有两大主要目的：一是通过营销促进消费；二是通过营销提高品牌在市场上的曝光度，适时地发出自己的声音，确保品牌不会淹没在云诡波谲的品牌浪潮中。这就需要提升品牌内容的长度，不断持之以恒更新内容，记忆品牌成长的点点滴滴，长时间就形成了品牌历史积淀，也形成了品牌特有的文化基调、思维方式和行事风格，最终企业收获的不仅仅是用户的感动，还有市场的认可，以及社会的正向激励。

三、拓展品牌传播方式和途径

对于品牌传播，能源企业要发挥传统媒体、新媒体的作用，实施整合营销传播，加强品牌传播的有效性。

（一）丰富品牌传播方式

品牌营销是一门艺术，也是一种方法论。企业应根据产品使用场景和目的采取合适的营销方式，以求达到良好的传播效果。

1. 病毒式营销

病毒式营销侧重于出示有使用价值的商品或服务项目，“让大家告诉大家”，让他人给你宣传策划，完成“营销推广杠杆”的功效。能源企业有很多关系到百姓民生的优质产品，通过这种营销方式可以迅速积攒人气，促进品牌传播。

2. 事件营销

事件营销指加强对能源企业参与能源展会、公司或领导人获奖、企业庆典、公司重大技术突破、光伏基地等重大项目启动、项目竣工等重大事件的营销推广，吸引新闻媒体、社团组织和消费者的兴趣与关注，从而提升企业或商品的名气、品牌效应，塑造优良企业形象，促使商品销售或服务合作达成的市场营销方式和形式。此类营销方法具备受众群体广、突发强的特点，在短期内可以使信息内容做到最大、实现最佳散播的实际效果，为企业节省较多宣传策划成本等特性，近些年逐渐成为世界各国普遍采用的一种公关传播与品牌推广方式。

3. 口碑营销

搭建用户交流平台，根据顾客间的互相沟通交流，提高企业的知名度和美誉度。例如在 2022 年冬奥会期间，中国石油化工集团有限公司开展了很多活动，提升了用户口碑。

4. 知识营销

伴随着知识经济时代的到来，专业知识变成发展经济的资产，专业知识的累积和自主创新，变成推动经济发展的关键动力装置，因而，作为一个企业，在搞产品研发的基础上，需要建立起专业知识的营销推广团队，制作各种能源科普知识、关键技术解读宣传材料，让消费者不但知其所以然，并且学有所用，再次创建新的商品定义，提高大众对企业的关注度，增强节能环保意识，培养潜在的消费环境。以电力企业为例，尽管每个人、每个家庭几乎无时无刻都离不开电力，但是很多人掌握的电力知识有限，在此情况下普及常识性电力知识非常必要，这也成为内容营销的一部分。电力企业可以通过网络介绍电力常识，也可以走进校园、走进社区、走进企业进行现场授课，增加用户对电力的了解和对电力企业的好感。

5. 互动营销

能源企业参加各种展会，搭建产品和技术体验空间，让大众切身感受到技术和产品的魅力，从而提升企业品牌的知名度和美誉度。

6. 情感营销

情感营销是一种满足消费者个人情感需求的企业品牌营销方式。在进行情感营销时，需要深入了解消费者的内心世界，分析消费者的喜好、价值观、生活方式等要素，并以此为基础，制定出符合消费者情感需求的品牌推广策略。这些策略通常包括情感包装、情感营销、情感广告语、情感用户反馈、情感设计方案等，增加消费者对品牌的认同和好感。情感包装是通过选择与消费者情感相关的包装设计，来吸引消费者的注意力。情感广告语则是通过富有情感色彩的广告语，来触动消费者的内心情感，激发他们的购买欲望。情感用户反馈则是通过收集消费者的反馈和评价，来了解用户对品牌的满意度和忠诚度。即使是同一功能的产品，不同的消费者有不同的情感需求，例如，有的消费者喜欢简约风格的产品，有的消费者喜欢科技风格，有的消费者喜欢张扬个性化风格，企业在营销时要关注消费者不同层面的情感需求，找到产品与用户的契合点进行情感营销。对于能源企业而言，优质的服务往往会给用户带来用电安全、及时、服务周到等体验，建立起用户和企业之间的情感链接。

（二）积极开展品牌营销活动

品牌不仅要关注消费者的生活，也更要关注如何塑造和驱动公共价值和文化价值。企业开展各种品牌主体活动，例如产品优惠促销活动、企业成立纪念日、全国节能宣传周、“中国品牌日”等活动，通过活动增加品牌的曝光度，邀请用户、地区居民前去亲身体验，增强企业与用户的互动，塑造品牌公共价值。有条件的情况下还可以将公众开放日品牌化，搭建企业与社会公众零距离沟通的连心桥。

（三）借助媒体推动品牌传播

1. 充分利用传统渠道宣传品牌

目前，以新闻联播、《人民日报》等为代表的中央主要媒体和一些市场化媒体以其专业素养和敬业精神，为公众提供了准确、及时、有价值的新闻信息，仍具有不可动摇的公信力和权威性。能源企业应积极运用《人民日报》《中国工业报》《中国能源报》等权威传统媒体宣传企业品牌。此外，鉴于能源产品的特殊性，通过线下展会、体验馆等场景进行营销也是主要营销方式。

2. 充分利用新媒体进行品牌营销

数字经济时代，以新媒体和自媒体为代表的网络媒体几乎占据了品牌传播的半壁江山。企业要打造新媒体营销矩阵，充分利用微信公众号、官方微博、抖音平台、新浪、搜狐、一点资讯、百度百科等途径开展网络传播，持续扩大品牌影响力。例如，国家电网公众号“国网学堂”的内容包括但不限于：①营销业务：电力交易、业扩报装、电费电价、客户服务等方面的政策、业务知识及解决方案。②新技术应用：如电动汽车、智能家居、光伏发电等新技术应用的知识分享。③安全用电：包括安全用电常识、故障报修、电能表异常处理等安全用电方面的知识。④电力监管：电力监管政策、电力行业发展趋势、行业标准等方面的内容。⑤互动问答：用户可以提出对电力业务相关的问题，寻求解答或专家建议。⑥业务推荐：根据用户需求，推荐合适的电力产品和服务。⑦新闻资讯：电力行业的新闻动态、政策法规等。通过国网学堂，用户可以更全面地了解国家电网的业务、政策、新技术应用等方面的知识，提升用户对国家电网的认知和信任。

3. 加强海外市场品牌形象宣传

我国很多能源企业参与“一带一路”建设，打造清洁能源示范项目，为当地经济发展作出了突出贡献。能源企业要积极利用当地资源传播企业品牌文化，树立中国能源企业的良好形象。

企业通过“请进来、走出去”的方式，主动加强与当地政府、企业的沟通，提升对话意愿。首先通过多种方式邀请业主及利益相关方来中国、来企业进行参观访问，向其宣传企业发展战略、最新技术成果。了解海外各国国情及能源建设需求，进一步强化与业主及利益相关方的对话意愿。

国内企业在国外投资建厂或建设项目应采取“请进来、走出去”的方式，加强与当地政府、企业、民众的沟通。设立专门的联络部门，主动与当地政府沟通，以便及时了解当地政策法规和市场需求。与当地的合作伙伴或当地企业建立合作关系，共同推动项目或业务发展，有助于更好地了解当地市场和政策环境，并获得更多的支持和资源。组织企业或民众来企业进行参观访问，向其宣传企业发展战略、最新技术成果，增进对企业的了解，以便于共同创造更多的商业机会和价值。在进行品牌宣传时，企业充分利用 Twitter、Facebook 国际传播平台和当地网络平台进行宣传，介绍企业的重大活动和最新进展，发出中国企业的声音，提升企业影响力。同时，企业应加强海外宣传账号与国内品牌宣传账号的联动，实现国内、外市场之间的沟通，形成品牌合力。

四、全面提升品牌资产价值

（一）挖掘能源品牌特性，塑造卓越品牌价值

1. 充分认识质量与品牌的关系，推动品牌与质量融合、与业务融合

我国提出要加强质量建设，提升品牌价值。能源企业的品牌建设和质量提升相伴相生，互相促进。好品质是好品牌存在的基础。企业要想在市场上树立起良好的品牌形象，就必须注重产品质量，不断提升自身的实力和竞争力。另外，塑造品牌有利于提升产品质量。好品牌客观上也能推动品质提升。具有良好口碑和信誉度的品牌，能够吸引更多的消费者，也会通过提升品质来提高消费者的满意度和忠诚度。

2. 提高技术和产品创新能力，塑造特色品牌

功能型为主的品牌需要持续不断提高技术与产品使用价值，以市场需求为风向标，创造差异化价值点。在这一点上，能源品牌同样适用。高品质是塑造卓越品牌的前提，卓越的品牌是高品质的象征。企业应加强产、学、研、用新生态体系建设，提高产品核心竞争力，提供高品质的服务，建立品牌美誉度。企业应加强绿色能源关键技术研发和示范项目推广，运用信息化、人工智能技术提高生产效率，降低生产成本，提高品牌竞争力。能源企业加强产学研合作，提高技术创新力，增加企业品牌的美誉度。例如，中国东方电气集团有限公司 F 级 50 兆瓦重型燃气轮机研制项目中，先后联合了高校、科研院所、产业链上中下游近 300 家企业，共同打造安全可控、自主可靠的燃机产业链，最终实现主机国产化率 100%，通过这一项目树立了东方电气的美誉度，推动了东方电气品牌传播。齐鲁工业大学地空天动力装备与新能源系统集成工程研究中心、中国科学院工程热物理研究所、山东同智创新能源科技股份有限公司合作开发了耦合氢能绿色低碳柔和燃烧技术项目。耦合氢能开发绿色低碳柔和燃烧关键技术对传统能源动力装备绿色低碳转型具有重要意义。该项目获批国家自然科学基金重点研究计划项目 1 项，参与制定氢能压力容器国际标准 4 项。这些项目有助于提升企业在国内、国际的行业话语权，只有不断钻研科学技术，突破瓶颈才能实现技术的革新，才能不断提升品牌影响力。

3. 提供差异化的优质服务，塑造特色品牌

随着市场竞争的加剧，客户成为企业最重要的资产之一。因此，以客户为中心的企业服务品质提升已成为当今企业品牌建设的重要策略之一。能源品牌建立外在的能感知节点之一是“客户关系”。“客户关系”是建立在“信任”和“支持”角度上的，是客户企业的利器。良好的客户关系建立基于以下原则：首先，要实现以客户为中心的企业服务品质提升，企业需要确立客户至上的理念。只有将客户放在企业经营的核心位置，才能真正实现以客户为中心的服务理念。企业需要从企业文化、组织架构、经营模式等方面进行全面的调整，使企业的所有流程和服务都能以满足客户需求为出发点。其次，企业需要建立完善的客户服务体系。客户服务是企业与客户接触的重要渠道，建立完善的服务体系，能够有效提高企业服务品质。最后，提供“货”，即注意提供专业的商品服务，且单品可见，存货可见。消费者的个性化和专业化需求将带动更多纵向细分需求的不断涌现，“商品 + 服务”的高度融合是实现

消费者价值最大化的最佳选择。

4. 输出企业价值观与社会责任企业形象，塑造特色品牌

能源企业积极肩负起统筹全局新能源业务发展的历史使命，以深耕战略区域为抓手，全力抢抓新发展格局下的新机遇，为打造能源经济新引擎贡献全部力量。基于此，能源产业的品牌，如果没有向下延伸的终端应用产品，仅止于为企业用户服务，那么能源企业的品牌，应在企业价值观与社会责任层面集中阐述，效果更佳。作为面向企业服务的企业，没有消费者具体可感知的终端产品，塑造品牌的着力点，就应做好战略控制点，将企业的价值主张与品牌内涵紧密地融合在一起，让企业的战略目标、使命、路径与节奏，通过企业价值观与社会责任的外化，让社会感知企业的品牌形象与品牌价值。而不是仅仅靠垄断性的基础民生服务取胜，这种模式所创造的品牌价值利益有限，不利于品牌参与国际竞争。当能源产品不能品牌化、不能进一步细分的时候，积极宣传社会责任与企业价值观，有利于品牌塑造。

5. 建立企业与用户情感关联，塑造特色品牌

随着时代的变迁，人们的需求变得越来越多样化。因为每个时代都有其独特的需求和挑战，所以不存在一劳永逸的品牌能够满足所有人的需求。因此，品牌必须不断创新，才能保持其生命力。品牌不仅仅是一个商标或名称，它更是与消费者建立联系、传递价值和情感的重要桥梁。要想培育好品牌，需要倾听消费者的声音，理解他们的期望和痛点，并据此进行有针对性的创新。企业应注重“人”的情感需求，以消费者为核心，通过与消费者多渠道、多接触、持续互动，很好地把握核心消费者的消费习惯、生活方式和潜在消费需求，根据消费者要求进行品牌创新，将品牌特性和文化特色、情感高度融合或关联，提供情感关切和情感呵护，形成能够加强地域公众情感共鸣和黏性的中国特色品牌，以及用中国文化、中国智慧、中国方案、中国能量打造的个性化、价值连城的国际品牌。让企业品牌屹立于世界民族品牌之林，发出中国能源企业的高亢声音，彰显中国能源企业的熠熠光彩。

6. 基于大众化和年轻化视野，塑造特色品牌

信息时代，年轻人是网络的主力军，也是未来社会的主要生产力，更是未来消费的主体。事实上，年轻人对能源品牌了解不多。能源企业应进行创新，摒弃以往能源品牌老气横秋、老生常谈的营销方式，赋予能源品牌更多力量与激情，通过更加个性化的表达、更多年轻化运动，与年轻的消费者建立联系，推动品牌传播。

7. 提升服务水平，塑造特色品牌

能源品牌与流通品牌差别很大。能源品牌的特点之一是能源品牌是单向的产品服务。比如煤、石油、天然气、电力和热力等。适用于所有的单位、家庭与个人使用。但还是有很多产品不能直接触达终端用户，一般由能源企业经过多个层级、历经多次组合最终以“产品包”“服务包”的形式提供给用户。用户对某些具体的能源品牌参数没有直观的感受。因此，能源品牌建设应加强服务体检输出，让用户真切地体会到精致服务带来的极致体验和愉悦。应从以下方面提升服务水平：

第一，注重培训和提高员工素质，加强对服务内涵和服务态度的理解和把握，在服务技能、服务质量、体验管理等方面进行持续性的培训，提高服务技能水平和服务质量水平。为客户提供优质的服务，让客户感受到有人在倾听、理解他们的需求和问题，让客户有安全感。可以建立一个良好的客户服务渠道，以便客户可以联系公司并获得及时、周到的服务。推动业界协同发展，与相关领域进行紧密合作，开展各种形式的业务对接和技术交流，实现资源整合和优势互补，搭建起业内知识共享平台和业内联合服务体系，推动电力行业服务水平不断提高。

第二，拓宽服务领域。在服务领域上进行拓宽，注重贴近客户需求，支持发展太阳能、风能等可再生能源，为客户提供多元化的能源产品和服务。实行智能化管理，并建立用电热线、实时服务平台等多项信息化服务措施，实现用户集中管理和优质服务，不断提高用户满意度。

第三，在技术上要做到全面、一致、可靠，保证数据的准确性和精确性；而产品上可以根据不同客户的多种需求，提供多样化和个性化的选择，让客户感受到更多的便利。此外，公司可以通过增强客户关系来提高客户满意度，比如定期与客户沟通，让客户了解产品的新功能，了解客户对产品的看法和建议，以及需求和期望。例如，电力客户服务小组注重加强对客户的服务和关注，努力提高服务水平，让客户满意并享受到高质量的服务。通过建立客户服务保障机制，深化服务理念和实践，为企业用户和居民用户提供包括用电咨询、电费计算、用电安全、节电节能等多项专业服务，赢得用户的高度赞扬。同时，建立“一站式”服务模式，推行“服务网点到客户家”的服务方式，简化服务流程，缩短服务时间，提高服务效率和品质。

第四，公司也可以利用大数据和统计技术，不断监测和分析客户的行为，了解客户的需求，有针对性地提供更加专业、优质的服务，从而达到提高客

户满意度的目的。

第五，能源企业要不断改善自身的管理和服务水平，以实现人性化管理，提升客户服务水平；针对不同客户，根据客户需求灵活调整服务，并根据客户反馈及时修改产品和服务，以此来实现客户的满意度。公司还可以采取一些有效的措施来提高能源行业客户的满意度，比如，通过开发应用程序为客户提供更加安全、快捷的使用体验；建立客户反馈机制来更好地听取客户的意见和反馈；利用社交媒体和网络宣传来宣传公司的新技术和产品。

8. 提升数字化经营水平，塑造特色品牌

能源作为经济社会发展的基础支撑，其与数字技术的融合发展将提升企业经营管理水平，推动能源产业转型升级，助推经济发展，给大众生活带来福祉。能源企业可通过以下方式提升数字化经营水平，塑造特色品牌：

（1）制定数字化转型的长期战略：将数字化转型作为公司整体战略的一部分，明确数字化转型的目标和时间表。确保数字化战略与公司的整体战略保持一致，并与业务需求和市场需求相匹配。数字转型战略包括技术、数据、流程和组织等多个方面。通过数字化技术对业务流程进行优化和改进，提高工作效率和准确性。这可能包括引入自动化工具、优化数据管理、提高供应链效率等。

（2）建立数据驱动的决策体系：收集和分析数据，以了解市场需求、消费者行为和竞争态势。通过数据驱动的决策体系，可以更好地理解市场和消费者，从而制定更有效的营销策略和产品策略，提供更个性化的产品和服务，提高用户满意度和忠诚度。

（3）加强数字营销：利用数字媒体和社交媒体平台进行有效的营销活动。通过内容营销、社交媒体广告、电子邮件营销等方式，提高品牌知名度和曝光度。

（4）持续改进和创新：根据市场反馈和数据分析结果，持续优化数字化经营策略和品牌特色，保持竞争优势。

通过以上方法，企业可以逐步提升数字化经营水平，塑造出具有特色的品牌。同时，要时刻关注市场变化和用户需求，不断调整和优化策略，以保持品牌的竞争力。

9. 优化产业链或跨界经营，塑造特色品牌

能源产业发展的关键词是融合，一是“政产学研金用”要融合发展，几大创新要素缺一不可；二是链条的融合，即产业链、创新链、人才链、资金链，将几大链条完全打通，才能将能源科技产业链真正做起来；三是领域的融合，将医药健康、能源科技等优势主导产业交叉融合，才能培育出新的领域、新的赛道，创造新的动能、新的优势。能源企业要推动能源产业融合，形成“商业共享经济”形式，营造和谐共赢的商业生态，搭建以大数据、物联网、人工智能技术为驱动，以消费者体验为核心，线上线下互相交互的人、物、场相关市场要素，形成“产业链、创新链、人才链、商品链、会员链、支付链”全面协同的新业态。

（二）深化品牌理论研究，培育品牌价值

企业生命周期与企业品牌建设都有其自身的演进逻辑，是两条独立的主线。同一行业内的不同企业所处的阶段不同，其适用的品牌建设路径和策略不同。企业应根据自身的情况选择合适的策略。这就需要企业加强品牌战略研究，包括品牌定位、核心价值梳理、市场状况分析、品牌投入和产出等分析。通过品牌研究确定企业的核心优势，进而提升品牌价值。企业应学习借鉴世界一流品牌的建设方法，规避品牌建设中存在的问题，学习积极的经验，不断提升品牌管理能力。

（三）加强危机监测与管理，保持品牌价值

品牌是企业竞争力和可持续发展能力的重要基础保障，是企业的技术优势和服务优势等硬实力的“软化”表现。在企业品牌建设的过程中，会遇到各种各样的问题和危机，影响品牌资产价值。企业有必要建立一套专门的品牌危机监测管理机制，及时发现生产和市场运营过程中出现的问题，维护品牌的良好形象。具体体现在以下方面：

1. 加强品牌保护

品牌是企业独特的标志，代表着企业的声誉和市场价值。能源企业要加强品牌保护，及时做好国内外商标注册，为企业参与国际竞争保驾护航。科学规划品牌保护系统，推进商标、字号、地理标志产品、专利技术、著作权等的保护。打击商标侵权行为，维护品牌正当权益，确保品牌资产权益不受侵犯。

2. 加强品牌风险管理

完善品牌管理制度，包括品牌推广、标识授权使用、知识产权管理、新闻发布、新闻应急、公益捐赠、媒体管理等多项通用制度。构建“全流程”

品牌风险评估机制、危机动态监测和预警机制，从品牌规划、品牌注册、品牌使用、品牌延伸、品牌退出等不同阶段开展全过程动态管理。

3. 妥善处理品牌危机

品牌不是孤立存在的个体，它与企业的生产经营息息相关，产品和服务质量关乎品牌声誉。品牌传播过程中，也容易产生各种各样的危机，例如不恰当的穿着、举止和表情，以及不恰当的语言都容易引发用户的失望、不满、反感、憎恶等不良情绪，给品牌带来阴影，造成品牌危机。一旦发生品牌危机，应及时召开会议分析舆情，制定危机应对预案，并及时回应社会关切，避免危机发酵，愈演愈烈。掌握舆情引导主动权，避免陷入被动局面。

五、能源品牌建设保障措施

（一）增加品牌建设资金投入

品牌建设需要人力、物力、财力支持，稳定的资金投入有利于品牌建设顺利开展。能源品牌管理部门应做好品牌建设年度资金规划，包含资金数量、用途、必要性等方面。鉴于不同企业的受众目标不一致，一些企业的客户是上下游产业链生产商，一些企业的客户是终端用户，因此企业应根据自身情况确定目标客户，定期调整品牌营销方向，进行资金投入，确定营销内容和传播渠道，才能取得良好品牌传播效果。

（二）打造专业营销队伍

企业要想在品牌建设中取得更好的成绩，离不开品牌专业人才的支持。企业应加强品牌人才培养力度，制订明确的人才培养计划，提供持续的专业培训和发展机会，以提升团队成员的专业素养和技能水平。培训内容包括品牌基本理论知识、能源产业特性、品牌战略、企业运营管理、新媒体营销、专业技能等方面，全方位提升人才综合素质。企业也可以积极寻找和吸引具有丰富经验和卓越能力的专业人才，通过招聘和选拔等方式将其纳入团队。企业应搭建人才交流平台，通过会议论坛等渠道进行交流，促进人才成长。

（三）争取更多资源支持

能源企业积极开拓品牌建设渠道，构建品牌管理的有效网络，多角度全方位提升品牌价值。定期对品牌建设进行回顾，对渠道开拓的效果进行评估与分析。建立完善的品牌管理体系，包括如下渠道：

1. 能源企业与政府建立良好的沟通机制

能源产业事关国家经济发展，是政府执政为民服务的有力抓手。能源企业与政府建立良好的沟通机制，有利于提升企业品牌形象，获得更多资源支持。

2. 能源企业与行业组织建立良好的沟通机制

能源企业可以充分利用能源行业组织资源，积极参与行业组织的交流与活动，如展会、论坛、评奖等活动，树立行业内的优势地位和良好口碑。同时，能源企业充分利用行业组织资源，有机会参与到行业标准制定与政策出台的决策中，提高企业综合实力和影响力。

总之，在竞争日益激烈的市场环境下，一个成功的品牌需要全体员工有品牌意识，认识到品牌建设的必要性，并自觉地将塑造品牌良好形象贯穿到工作中；还需要树立品牌的核心价值，形成一套基于核心原则的标准化、规范化的品牌管理体系；拓展品牌传播渠道，优化营销方式，提升品牌影响力；加强品牌危机管理，防微杜渐；此外，还需要争取更多资源支持，形成品牌建设合力，从而塑造国际一流品牌，为我国建设能源强国、品牌强国贡献力量。

第八章

我国能源产业品牌发展展望

品牌是企业特有的标志、是企业与国家竞争力的综合体现。面对经济全球化发展形势，能源省市和能源企业要准确把握品牌建设重要战略机遇期的深刻变革，强化战略引领、创新驱动、转型升级，始终坚持以品牌战略引领公司高质量发展，以公司高质量发展支撑品牌建设。

一、我国能源品牌建设重大机遇

（一）能源应用市场需求不断增大

品牌不是空中楼阁，需建立在现实的土壤中。能源企业品牌建设离不开企业具体的技术、产品或服务，否则品牌形象难以树立，即便品牌形象已经树立，没有技术、产品或服务支撑，品牌形象也苍白无力。由于我国人口众多，各种常规能源资源人均占有量远低于世界平均水平。随着我国工业化与城镇化的不断推进和经济高速发展，对电力的需求正不断扩大。据国家能源局统计，2022 年，全社会用电量 86372 亿千瓦时，同比增长 3.6%。分产业看，第一产业用电量 1146 亿千瓦时，同比增长 10.4%；第二产业用电量 57001 亿千瓦时，同比增长 1.2%；第三产业用电量 14859 亿千瓦时，同比增长 4.4%；城乡居民生活用电量 13366 亿千瓦时，同比增长 13.8%。2022 年，总发电量 8.7 万亿千瓦时。近几年，我国绿电交易量不断上升。2022 年，我国全年核发绿证 2060 万个，对应电量 206 亿千瓦时，较 2021 年增长 135%；交易数量达到 969 万个，对应电量 96.9 亿千瓦时，较 2021 年增长 15.8 倍。截至 2022 年底，全国累计核发绿证约 5954 万个，累计交易数量 1031 万个，促进了新能源消纳和能源转型。这些新业态和新模式的出现也带来新的商业模式，例如电力供应的共享经济模式，以及能源服务的个性化定制模式等。这些新的商业模式不仅为能源产业带来新的活力，也为消费者提供了更多的选择和便利。

（二）能源品牌发展环境不断优化

目前，中国能源技术进步和市场化程度不断提高，能源经济环境不断优化，已经形成完整的能源产业链。中国风电和光伏发电技术整体水平提升较快，产品具有国际竞争力。同时，中国拥有世界级的工程建设安装能力，建设多个世界首创宏伟工程，彰显了中国建造的伟力。此外，中国拥有庞大的资本市场支持，培育和孵化高科技企业发展壮大。这些因素为中国能源产业发展创造了有利条件，也提供了发展动能。

二、我国能源品牌建设发展趋势

（一）能源革命与数字革命融合助推品牌成长

“双碳”是能源品牌建设的主旋律。数字经济时代背景下，能源企业向智能化转变趋势明显。从能源企业市场运营视角看，从粗放型生产方式向集约型生产方式转变，从高碳向低碳、清洁能源方式转变是必然，这有利于生产要素的流动、资源的有效配置和效率的提升，推动社会可持续发展。在数字经济和能源革命深度融合的背景下，能源数字经济应运而生，助推经济社会发展的创新变革、效率变革、动力变革，也将带来能源品牌的变革，塑造出更具时代特征、更有生命力的新品牌。

（二）加快建设国际一流能源品牌是大势所趋

中国制造向中国创造转变、中国速度向中国质量转变、中国产品向中国品牌转变，是我国产业发展的总体国策，推动产业高质量发展。能源产业和能源企业高质量发展离不开品牌形象建设，品牌形象是企业在市场竞争中的锐利武器。各省份和企业应把品牌力的塑造和形象力的传播以及软实力建设摆上更加重要的议事日程，要扭转理不直、气不壮，名不响、牌不硬的被动局面，树立全新的品牌意识，不仅要有“好业绩”，还要有“好作为”，并且要有“好品牌”“好声音”“好形象”。

三、我国能源品牌建设未来前景

随着经济全球化不断深入，品牌已经成为全球经济和科技竞争的制高点，是企业乃至国家核心竞争力的重要标志和集中体现。党的二十大报告提出：“高质量发展是全面建设社会主义现代化国家的首要任务。”2023 年发布的《质量强国建设纲要》是首个由中共中央、国务院印发的中长期质量纲领性文件，确立了新时期质量工作的全新方位。我国能源产业经过数十年的砥砺奋发，产业市场空间不断拓展，能源品牌建设取得显著成效，知名度和美誉度不断提升，在世界舞台展示中国能源产业的磅礴力量、中国能源文化的瑰丽绚烂、中国践行能源命运共同体的理念和担当，为促进全球能源可持续发展作出重要贡献。

2023 年，第三届“一带一路”国际合作高峰论坛在北京举行。中国国家主席习近平发表题为《建设开放包容、互联互通、共同发展的世界》主旨演讲，高度评价“一带一路”倡议提出 10 年来，共建国家能源与低碳发展合作成就。国务院新闻办公室日前发布的《共建“一带一路”：构建人类命运共同体的重大实践》白皮书指出，截至 2023 年 6 月底，中国已与五大洲 150 多个国家、30 多个国际组织签署了 200 多份共建“一带一路”合作文件。中国能源企业打造重点项目工程，闪耀“一带一路”。这些项目涵盖了天然气、风电、光伏等领域：从中俄间第一条、我国第三条跨境天然气管道——中俄东线天然气管道，到贯穿中国与土库曼斯坦、乌兹别克斯坦和哈萨克斯坦的我国首条跨境天然气管道——中亚—中国天然气管道项目；从中亚地区装机容量最大的风电项目——哈萨克斯坦札纳塔斯风电站，到采用全球领先的塔式 + 槽式集中式光热发电技术的迪拜光热光伏电站，这些项目彰显了共建共享、合作共赢的理念。10 年来，中央企业积极响应、持续投入、广泛布局，在 140 个国家投资合作项目 5000 多个，投资金额累计超过 1 万亿美元，成功打造了一批重大项目和标志性工程。随着共建“一带一路”进入高质量发展新阶段，我国能源、电力领域也将迎来下一个黄金十年，为世界发展注入澎湃动能。

未来，我国能源产业在质量强国、品牌强国和“双碳”背景下，将不断增强品牌建设的内生动力，进行能源品牌建设理论创新和制度创新，优化能源品牌发展环境和资源支持，推动能源品牌建设与业务融合发展，能源品牌建设与其他产业融合发展，完善品牌管理制度，全面提升能源品牌硬实力和软实力；全员参与全方位加强能源品牌营销，打造能源品牌理论创新的基地、能源品牌文化传播的阵地、能源企业加速赋能的高地、能源产业价值增长的基地，充分利用国际国内两个市场、两种资源，拓展国际合作，大力推进品牌引领、品牌融入、品牌提升、品牌出海，输出中国能量、中国智造、中国方案，推动世界能源产业高质量发展。